Asadeh Ansari

—

Ganzer Mensch und moralische Person

CONTRADICTIO
Studien zur Philosophie und ihrer Geschichte

Herausgegeben von Günther Mensching

Band 14

Asadeh Ansari

Ganzer Mensch
und moralische Person

Der Freundschaftsbegriff bei
Thomas von Aquin und Johannes Buridan

Königshausen & Neumann

Die Autorin: Asadeh Ansari, Studium der Philosophie, Germanistik und Pädagogik an der Universität Trier, seit 2008 wissenschaftliche Mitarbeiterin am Lehrstuhl für Philosophie I der Theologischen Fakultät Trier.

Bibliografische Information der Deutschen Nationalbibliothek

Die Deutsche Nationalbibliothek verzeichnet diese Publikation in der Deutschen Nationalbibliografie; detaillierte bibliografische Daten sind im Internet über http://dnb.d-nb.de abrufbar.

D 385 (Zugleich Univ.-Diss. Trier 2015)

© Verlag Königshausen & Neumann GmbH, Würzburg 2016
Gedruckt auf säurefreiem, alterungsbeständigem Papier
Umschlag: skh-softics / coverart
Bindung: docupoint GmbH, Magdeburg
Alle Rechte vorbehalten
Dieses Werk, einschließlich aller seiner Teile, ist urheberrechtlich geschützt.
Jede Verwertung außerhalb der engen Grenzen des Urheberrechtsgesetzes ist
ohne Zustimmung des Verlages unzulässig und strafbar. Das gilt insbesondere
für Vervielfältigungen, Übersetzungen, Mikroverfilmungen und die Einspeicherung
und Verarbeitung in elektronischen Systemen.
Printed in Germany
ISBN 978-3-8260-5658-1
www.koenigshausen-neumann.de
www.libri.de
www.buchhandel.de
www.buchkatalog.de

VORWORT

Das vorliegende Buch ist die überarbeitete Fassung meiner im Frühjahr 2014 im Fachbereich I (Philosophie) der Universität Trier eingereichten Dissertation.

Meinem Lehrer Herrn Professor Dr. Gerhard Krieger danke ich für seine unermüdliche Betreuung der Arbeit und für seine engagierte Begleitung und Förderung meiner wissenschaftlichen Ausbildung.

Herrn Professor Dr. Johannes Königshausen und Herrn Professor Dr. Günther Mensching danke ich für die Aufnahme des Buches in die *Contradictio*-Reihe des Verlages *Königshausen und Neumann*.

Für zahlreiche Diskussionen danke ich Eva Bathis. Für ihre hilfreiche Unterstützung im Zuge der Erstellung des Manuskripts seien Heike Mockenhaupt-Hardt und Sebastian Stahlhofen gedankt.

Meiner Familie danke ich für ihre vielfältige, tatkräftige Unterstützung in allen Phasen des Dissertationsprojekts. Mein besonderer Dank gilt schließlich meinem Ehemann Peter Bodewein für seine Geduld und den stetigen Zuspruch, mit dem er über Jahre hinweg das Entstehen dieser Arbeit mitgetragen hat. Ihm ist dieses Buch gewidmet.

Trier, im Spätsommer 2015

INHALT

Einleitung

Mit dem Begriff der Freundschaft wird eine besondere Form von sozialer Beziehung bezeichnet, die seit der Antike über alle Epochen hinweg bis in die Gegenwart hinein Gegenstand philosophischer Reflexion ist.[1] Das Verständnis dessen, was Freundschaft ist und wie Freunde sind, ist dabei je nach den philosophischen Rahmenbedingungen, Interessen und Problemstellungen etwas anders gelagert, bewegt sich aber stets innerhalb einer Sphäre, die von zwei Endpunkten eingegrenzt wird. Gefühl und Vernunft, Liebe und Moral (oder Sittlichkeit[2]), bilden bis heute ein, wenn nicht *das* grundlegende „Spannungsverhältnis"[3], innerhalb dessen sich die jeweiligen Positionen zur Freundschaft ihren Standpunkt suchen. Der Gesichtspunkt des Gefühls liegt dabei auf der Hand: Freundschaft wird im Alltag als eine Beziehung verstanden, die in erster Linie durch Zuneigung gestiftet wird. Mit dem Aspekt der Vernunft bzw. der Moralität wird dieses Alltagsverständnis jedoch differenziert: Er betrifft das Verhalten der sich zugeneigten Freunde im Umgang miteinander und damit auch das Urteil über die Güte einer Person, das über bloße Zuneigung hinausgeht: „[...] Freundschaft [...] verlangt ein minimales positives Urteil über die Person, die der Freund ist."[4] Dieses Urteil, das den Aspekt des Gutseins der Freunde mit ins Spiel bringt, erweist sich als eine notwendige Bedingung von Freundschaft, die auch in der vorliegenden Arbeit von Bedeutung sein wird. Neben Liebe und Moral bilden Gemeinschaft und Individualität ein zweites grundlegendes Begriffspaar im Freundschaftsdiskurs. Ganz allgemein kann Freundschaft als ein Verhältnis beschrieben werden, das sowohl auf Zuneigung und Wertschätzung als auch auf dem moralischen Standpunkt beruht; eine Beziehung dieser Art besteht aber mindestens zwischen zwei Personen und ist dann ein exklusives Verhältnis, sie kann jedoch auf kleine Gruppen, ganze Gemeinschaften oder gar auf Gott und seine Schöpfung ausgeweitet werden.

---

[1] Einen historischen Überblick bietet der Artikel ‚Freundschaft' von Armin Müller, August Nitschke und Christa Seidel, in: Ritter, Joachim (Hrsg.): Historisches Wörterbuch der Philosophie, Bd. 2, Sp. 1105-1114, Basel 1972. Die Literaturhinweise in dieser Arbeit erfolgen bei Erstnennung vollständig, jede weitere Nennung beschränkt sich auf Autor und Erscheinungsjahr, bei Autoren mit mehreren Titeln eines Jahres mit Ergänzung um einen Kurztitel.

[2] ‚Moralität' und ‚moralisch' werden in dieser Arbeit synonym mit ‚Sittlichkeit' bzw. ‚sittlich' verwendet.

[3] Özmen, Elif: Art. ‚Freundschaft', S. 839, in: Kolmer, Petra / Wildfeuer, Armin G. (Hrsg.): Neues Handbuch philosophischer Grundbegriffe, S. 833-841, München 2011. Vgl. zu den folgenden Überlegungen Özmen 2011, S. 834-840, die eine „Gefühlsdimension" von einer „Urteilsdimension" unterscheidet (S. 833).

[4] Özmen 2011, S. 833.

Es gibt sowohl Konzepte von Freundschaft, die den Fokus auf die moralische Perspektive legen, als auch solche, die Freundschaft zu einer vornehmlich emotionalen Angelegenheit erklären. Während in der Antike und im Mittelalter die erstgenannte Perspektive dominiert und damit auch die Betonung der politischen oder auch heilsgeschichtlichen Bedeutung von Freundschaft, sind seit der Neuzeit und ihrer generellen Individualisierung „Privatisierungstendenzen"[5] zu beobachten, die mit einer Emotionalisierung von Freundschaft einhergehen. In der vorliegenden Arbeit betrifft jeder der vier genannten Gesichtspunkte, also Gefühl, Vernunft, Individualität und Gemeinschaft, einen Aspekt ihrer Fragestellung.

Die aristotelische Freundschaftsdiskussion in den Büchern VIII und IX der *Nikomachischen Ethik* bildet bis in die Gegenwart die Grundlage jeder ihr folgenden philosophischen Auseinandersetzung mit dem Thema. Seit Aristoteles verbindet sich mit dem Begriff der Freundschaft ein Bündel grundlegender ethischer Fragestellungen: Über die Kernfragen nach dem Wesen der Freundschaft, nach den Ursachen ihrer Entstehung und den Bedingungen ihres Erhalts berührt das Thema schließlich den gesamten Bereich der im Horizont des Interesses am guten Leben sich stellenden Fragen. Auch die vorliegende Arbeit nimmt ihren Ausgangspunkt bei Aristoteles, um sich im Besonderen mit den Freundschaftsbegriffen des Thomas von Aquin und des Johannes Buridan auseinanderzusetzen. Beide Autoren entwickeln ihre je eigene Vorstellung der Freundschaft in der Kommentierung und Interpretation der aristotelischen Bücher, beide gehen über Aristoteles hinaus, verarbeiten aber dessen Problemstellungen wie auch Lösungsvorschläge und vertiefen damit auch das Verständnis der aristotelischen Freundschaftsphilosophie.

Die Bestimmung der Freundschaft durch Aristoteles wirft eine entscheidende Frage in Bezug auf die skizzierte Dichotomie von Gefühl und Vernunft auf: Freundschaft wird von Aristoteles wesentlich durch das Wohlwollen um des anderen willen bestimmt und damit über ein bloßes Gefühl hinausgehoben, denn dieses Wohlwollen ist vernünftig und das Ergebnis der Erkenntnis, dass der Freund gut ist. Die Liebe zum Freund gründet daher in einer „Willenswahl"[6] (*prohairesis*). Hieraus ergibt sich zunächst die Frage, wie genau Freundschaft als Ausdruck eines vernünftigen Wollens, einer Wahl, zu verstehen ist. Dieser Gedanke betrifft zugleich das Begriffspaar von Individuum (oder genauer Individualität) und Gemeinschaft bzw. von Einzelnem und Allgemeinheit, denn für Aristoteles ist die Freundschaft ein exklusives, also exkludierendes Verhältnis; da-

---

[5] Özmen 2011, S. 838.
[6] Aristotelis Ethica Nicomachea (EN) 1157 b31, rec. Ingram Bywater, Oxford 1894. Alle deutschen Übersetzungen sind folgender Ausgabe entnommen: Aristoteles, Philosophische Schriften in sechs Bänden, Band 3: Nikomachische Ethik. Nach der Übersetzung von Eugen Rolfes, bearbeitet von Günther Bien, Darmstadt 1995.

her kann die Frage zugespitzt werden als Frage nach dem *Grund* der Wahl des Freundes. Aristoteles selbst lässt offen, worin die Entscheidung für eine Person gründet; der Verweis auf ihre Tugend trägt indes wenig zur Klärung bei, da es ja mehrere tugendhafte Menschen gibt. Die sachliche Problemstellung der Arbeit bildet damit die Frage, worin die Entscheidung für einen Freund eigentlich besteht, oder anders ausgedrückt, für wen (oder was) sich der Freund mit der Wahl seines Freundes entscheidet, womit gleichzeitig die Frage nach der Bedeutung des Individuums zur Debatte steht. Den historischen Spannungsbogen der Arbeit bilden die Auseinandersetzung mit zwei mittelalterlichen Autoren, die dieses Problem unter derselben Voraussetzung des aristotelischen Freundschaftsbegriffs je unterschiedlich lösen, sowie ihr Vergleich mit der Position Immanuel Kants. Methodisch orientiert sich die Arbeit an der Frage nach dem Zusammenhang zwischen Freundschaft, Wille und Individualität und der Hypothese, dass bei der Begründung der Freundschaft Wille und Individualität die zwei entscheidenden Größen darstellen.

Das Kapitel I dieser Arbeit widmet sich der Freundschaftsdiskussion des Aristoteles in den Büchern VIII und IX der *Nikomachischen Ethik*, die Thomas und Buridan ihrerseits zur Grundlage ihrer Überlegungen machen. Dabei wird zunächst einleitend die aristotelische Konzeption der Glückseligkeit als Thema der *Nikomachischen Ethik* insgesamt und Kontext der Freundschaftsbücher dargestellt. Zweitens werden die Begriffe der Freiwilligkeit und der Willenswahl erörtert, um zu zeigen, dass Aristoteles selbst noch nicht über einen ausgereiften Begriff von Willensfreiheit verfügt, aber bereits die für den Freundschaftsbegriff wesentliche Unterscheidung von Gefühl und Vernunft vornimmt und damit die Weichen für die weitere Entwicklung dieses Spannungsfeldes stellt. Es folgt eine Erörterung der wichtigsten Elemente des aristotelischen Freundschaftsbegriffs: die Bestimmung der Freundschaft als gegenseitiges, tätig werdendes Wohlwollen, die Einteilung in verschiedene Freundschaftstypen und die Hervorhebung der Tugendfreundschaft als Freundschaft im vollkommenen Sinn. Dieser erste Teil mündet in die Problemstellung, die sich aus der Rückbindung der Freundschaft an die Tugend des Freundes ergibt: Es bleibt bei Aristoteles letztlich unklar, worin die Freundschaft der Tugendhaften als willentliches Verhältnis gründet. Mit dem aristotelischen Modell ist nicht erklärbar, warum wir uns für eine Person entscheiden oder, anders formuliert, wen bzw. was diese Wahl eigentlich zum Gegenstand hat.

In Kapitel II wird das Freundschaftsverständnis des Thomas von Aquin als Interpretation der aristotelischen Ethik im Rahmen eines christlich-theologisch geprägten Denkens vorgestellt, die eine erste Antwort auf die aufgeworfene Frage gibt. Die Auseinandersetzung des Thomas mit dem Freundschaftsbegriff vollzieht sich einerseits im Rahmen der theologischen Synthese, insofern er die zwischenmenschliche Freundschaft in den Kontext eines spezifisch christlichen Erfüllungsstrebens sowie einer uneingeschränkten Nächstenliebe nach dem Modell der Liebe Gottes zum Menschen in der *caritas* einbettet. Andererseits entwickelt Thomas ein ganz bemerkenswertes Verständnis von Freundschaft als Anerkennung des Freundes in seiner Individualität, zur Liebe zum ganzen Menschen ohne die aristotelische Voraussetzung moralischer Vorzüglichkeit. Es zeigt sich, dass die für das Mittelalter beispielhafte Rückbindung an eine theologische Sinnbestimmung bei Thomas in der Freundesliebe zugunsten einer rein philosophischen Begründung der Liebe in den Hintergrund tritt. Thomas liefert mit diesem Verständnis zugleich einen eigenen Lösungsansatz für das skizzierte Problem bei Aristoteles, der aber gleichzeitig dessen Strebensethik verpflichtet bleibt.

Den Ausgangspunkt der Auseinandersetzung mit Johannes Buridan in Kapitel III bildet zunächst die Darstellung der Grundlagen seines Willensbegriffs und des sich hieraus ergebenden Verständnisses von Freiheit und Moralität. Es folgt die Interpretation des Freundschaftskommentars, der in seiner Bedeutung als Beitrag zur aristotelischen Freundschaftsdiskussion bisher noch weitgehend unbeachtet geblieben ist. Hierbei stehen die für die Fragestellung relevanten Textstellen, die Buridans Konzeption in besonderer Weise verdeutlichen, im Mittelpunkt der Analyse. Im Ergebnis beschreibt Buridan Freundschaft im Inneren als Anerkennung der Freiheit des Freundes, der im Äußeren eine diese Freiheit respektierende Freundschaftspraxis entspricht. Das so verstandene Freundschaftsverhältnis steht auf beiden Ebenen unter der Voraussetzung der Wechselseitigkeit, die ihrerseits die Gleichheit der Freunde fordert, und gewinnt einen normativen Charakter. Mit der Einsicht, dass sich zwei Menschen stets nur in ihrer (inneren) Freiheit gleich sind, im Äußeren aber zumeist verschieden, stehen die Freunde aber vor der Herausforderung, der Voraussetzung der Gleichheit unter der Bedingung ihrer Ungleichheit gerecht zu werden und ihr Verhältnis entsprechend zu gestalten.

In Kapitel IV wird schließlich das Verhältnis der mittelalterlichen Konzepte von Freundschaft zum neuzeitlichen Denken Immanuel Kants angesprochen. Die leitende Hinsicht bildet dabei der Subjektgedanke als grundlegendes moralisches Konzept. Gemäß der Themenstellung dieser Arbeit stellt sich die Frage, inwiefern der kantische Subjektbegriff in dessen Ausführungen zur Freundschaft seinen Ausdruck findet und wo Gemeinsamkeiten insbesondere zwischen Buridan und Kant zu finden sind. Dieser Vergleich begründet sich mit der feststellbaren Gemeinsamkeit zwischen den beiden Autoren in Bezug auf ihr jeweiliges Verständnis von Willensfreiheit und ist insbesondere von philosophiehistorischem Interesse.

Mit KAPITEL V endet die Arbeit schließlich in einer Zusammenfassung der Ergebnisse, die von der Problemstellung durch die aristotelische Freundschaftskonzeption über eine objektbezogene Antwort des Thomas von Aquin schließlich den buridanschen Lösungsansatz auf der Subjektebene in den Blick nimmt, der Übereinstimmungen zum neuzeitlichen Verständnis Kants aufweist. Thomas von Aquin und Johannes Buridan werden in dieser Arbeit weniger einander gegenübergestellt, als dass es vielmehr ein Ziel ist, zu zeigen, dass das Mittelalter verschiedene Antworten auf die bis in die Gegenwart von Interesse bleibende philosophische Frage nach Grund und Sinn menschlicher Beziehungen zu geben vermag. Während Thomas die Einzigartigkeit des Freundes betont, die die Liebenswürdigkeit seiner Person als ganze und damit über seine Tugend hinaus herausstellt, wird bei Buridan die Freiheit zur entscheidenden Voraussetzung der Fähigkeit, dem Freund Anerkennung zu gewähren, sowie der Zielgrund dieser Anerkennung. Während die buridansche Position mit derjenigen Kants Übereinstimmungen aufweist, kann der thomasische Ansatz wiederum als Vorläufer einer modernen Position wie der Von Siemens'[7], die ebenfalls auf die Einzigartigkeit des Freundes verweist, eine historische Alternative zur kantischen Perspektive darstellen.

---

[7] Von Siemens, Nathalie: Aristoteles über Freundschaft. Untersuchungen zur Nikomachischen Ethik VIII und IX, S. 107ff, Freiburg / München 2007.

I.   GLÜCK UND TUGEND: ARISTOTELES

I.1   Aristotelische Ethik und Freundschaft

Aristoteles entfaltet seine Freundschaftsphilosophie in den Büchern VIII und IX der *Nikomachischen Ethik*.[1] Die Behandlung der Freundschaft ist Teil der umfassenden Auseinandersetzung mit der Frage nach dem menschlichen Glück bzw. der Glückseligkeit (*eudaimonia*) und ihrer Erreichbarkeit durch das eigene Handeln als dem zentralen Thema der *Nikomachischen Ethik*. Der Zusammenhang zwischen dem Verständnis menschlichen Handelns als zielgerichteter Tätigkeit[2] und der Erörterung der Freundschaft steht daher im Mittelpunkt der folgenden Überlegungen. Die Bestimmung der Glückseligkeit als „das höchste Gut"[3] menschlichen Lebens und das „Endziel allen Handelns"[4] führt zum zentralen Begriff der Tugend (*aretê*), der hier von weitergehendem Interesse ist, insofern Aristoteles die Freundschaft als „eine Tugend oder mit der Tugend verbunden"[5] einführt.

Nach Aristoteles strebt der Mensch in all seinem Handeln letztlich nach der eigenen Glückseligkeit als dem höchsten Gut,[6] was allgemein auch als „Gut-Leben"[7] beschrieben wird. Er begründet den Endzielcharakter des Glücks damit, dass eben nur das Glück „allezeit seinetwegen und niemals eines anderen wegen gewollt wird"[8]. Zwar räumt er ein, dass auch andere Ziele um ihrer selbst willen erstrebt werden, wie etwa die Ehre, die

---

[1]   Zur aristotelischen Ethik als „praktische[r] Philosophie" und „Grundriß-Wissenschaft" siehe Höffe, Otfried: Praktische Philosophie. Das Modell des Aristoteles, S. 99, Berlin ³2008.

[2]   EN 1094 a1-7.

[3]   EN 1095 a17.

[4]   EN 1097 b21.

[5]   EN 1155 a4.

[6]   Zu den Begriffen ‚Streben' und ‚Gut', die „nur im Verhältnis zu einander bestimmt werden" können, vgl. Höffe 2008, S. 39-44: Mit dem Grundgedanken, dass jedes Handeln etwas erstrebt und dieses Erstrebte als Gut bezeichnet wird, gibt Aristoteles zunächst eine bloße „Naturbeschreibung", dabei beschreibt „die eine Kategorie für menschliches Handeln, das Gute, [...] jenes Moment, das etwas [das Streben] in Bewegung setzt, ohne selbst bewegt zu sein [...]." (S. 40). Entscheidend für das Verständnis der aristotelischen Begriffe ist, dass hier noch keinerlei „gehaltliche[] und formale[] Vorstellungen von Gutsein" (S. 41) impliziert werden. Die „andere Grundkategorie [...] des Strebens [bezeichnet] allgemein jede Bewegung, die ohne Gewalt geschieht, jede Bewegung also, die spontan anfängt." (S. 42).

[7]   EN 1095 a19. Bereits im dritten Kapitel von Buch I deutet sich an, was Aristoteles in den Kapiteln 7 und 8 des X. Buches der EN erörtert: die vollendete Glückseligkeit besteht in der theoretischen Lebensweise als der höchsten dem Menschen möglichen Lebensform; an zweiter Stelle steht das politische Leben.

[8]   EN 1097 a33f.

Lust oder die Tugend,[9] diese werden aber, wenn nicht nur, so doch auch „um der Glückseligkeit willen [gewollt] in der Überzeugung, eben durch sie ihrer teilhaftig zu werden"[10]. Für Aristoteles liegt die Vorstellung der Fähigkeit, die Perspektive des persönlichen Wohlergehens vollkommen außer Acht zu lassen und etwas anderes außer dem eigenen Glück allein um seiner selbst willen zu wollen, außerhalb des Denkbaren.[11] Jedes Gut wird immer auch um des eigenen Glücks willen gewollt. In diesem Primat der eigenen *eudaimonia* gründet eine Typisierung der aristotelischen Ethik als ‚eudämonistisch‘.[12]

Der allgemein gefasste Begriff der Glückseligkeit, des Gut-Lebens, bedarf einer präziseren Bestimmung. Glückseligkeit ist zwar auch an (kontingente) äußere Umstände gebunden, aber sie ist deshalb nicht reine Glücksache.[13] Man kann Glück haben, ohne doch glückselig zu sein, Glück ist aber auch nicht mehr ein Gnadengeschenk der Götter, auf das bloß passiv gehofft werden kann. *Eudaimonia*, von einem guten Geist beseelt zu sein,[14] fällt einem nicht von außen zu, sie ist nicht als ein sich bloß einstellender Zustand zu verstehen, der erlitten wird, sondern liegt ganz wesentlich in einer Aktivität des Glückseligen selbst.[15] Sie besteht nach Aristoteles in einer „eigentümlich menschliche[n] Tätigkeit", weil „für alles, was eine Tätigkeit [...] hat, in [dieser] Tätigkeit das Gute und Vollkommene liegt [...]."[16] Der Mensch hat nun zweifelsohne eine Tätigkeit, und die ihm eigentümliche Tätigkeit, die ihn von allen anderen Lebewesen und deren Tätigkeiten unterscheidet und über sie hinaushebt, ist das „nach dem vernunftbegabten Seelenteile tätige [...] Leben"[17]. Und da hier nicht jegliche menschliche Tätigkeit, ja nicht einmal jegliche vernunftgeleitete menschliche Tätigkeit ausfindig gemacht werden soll, sondern die ausgezeichnete und zu erstrebende, also *gute* Tätigkeit gesucht wird, be-

---

[9]   EN 1097 b2.
[10] EN 1097 b4f.
[11] Diese Position wird dann Kant mit Bezug auf den autonomen Willen vertreten. Vgl. dazu Höffe 2008, S. 49f.
[12] Vgl. z.B. Pieper, Annemarie, Einführung in die Ethik. S. 280f, Tübingen ⁶2007; Stemmer, Peter / Schönberger, Rolf / Höffe, Otfried / Rapp, Christof: Art. ‚Tugend‘, Sp. 1533, in: Ritter, Joachim (Hrsg.): Historisches Wörterbuch der Philosophie, Bd. 10, Sp. 1532-1570, Basel / Stuttgart 1998.
[13] EN 1099 a31-b8. Vgl. zu äußeren Bedingungen des Glücks, der Beschränkung auf „Freie edler Abstammung" und den gesellschaftsphilosophischen Implikationen Städtler, Michael: Die Freiheit der Reflexion, S. 228, Berlin 2003.
[14] Vgl. Ritter, Joachim / Spaemann, Robert: Art. ‚Glück, Glückseligkeit‘, Sp. 680: „Glücklich ist, wer in sich einen guten Dämon zum Führer hat." In: Ritter, Joachim (Hrsg.): Historisches Wörterbuch der Philosophie, Bd. 3, Sp. 679-707, Basel / Stuttgart 1974.
[15] EN 1098 b35f.
[16] EN 1097 b25-28.
[17] EN 1098 a3f.

stimmt Aristoteles die Glückseligkeit als tugendhaftes, vernunftgeleitetes Leben.[18] Diese gute Tätigkeit ist der Weg zur *eudaimonia* und das Ziel menschlichen Lebens.

Die Seele als „Ort" der Tugend und das den Menschen Auszeichnende ist zwar als Einheit zu verstehen, dennoch können in ihr unterschiedliche Kräfte voneinander unterschieden werden: Sie besteht aus einem vernünftigen und einem unvernünftigen Teil.[19] Das Strebevermögen gehört zwar zum unvernünftigen Teil, insofern seine Dynamik sich natural begründet, doch diese ist durch den vernünftigen Teil steuerbar, weshalb das (an sich unvernünftige) Streben Anteil an der Vernunft hat: Im Streben verbindet sich der unvernünftige mit dem vernünftigen Seelenteil.[20] Das Verhältnis zwischen Streben und Vernunft vergleicht Aristoteles mit dem Verhältnis eines Kindes zu seinem Vater: Das Kind, selbst ohne Vernunft, begegnet seinem vernünftigen Vater und dessen Mahnungen, Ratschlägen und Vorschriften gegenüber mit Gehorsam, aber ohne Einsicht in diese; wie der Vater das Kind erzieht, soll die Vernunft nun das Streben ermahnen und Stück für Stück in die richtige Richtung lenken.[21] Menschliches Streben ist deshalb nicht bloß blinder, natürlicher Trieb, es besteht vielmehr in einer von der Vernunft (auf etwas hin) gelenkten Neigung. Worauf hin die Vernunft die Neigung lenkt, was also das Ziel des vernünftigen Strebens ist, bestimmen die sittlichen Tugenden, die sich durch Gewöhnung bilden.[22]

Entsprechend der verschiedenen Seelenteile unterscheiden sich die Tugenden der Seele in „*dianoëtische* oder *Verstandestugenden*"[23] und „*ethische* oder *sittliche Tugenden*"[24]. Die ethische bzw. sittliche Tugend, „[die] es mit den Affekten und Handlungen zu tun hat"[25], wird auch als „Charaktertugend"[26] bezeichnet. Tugenden sind unterschiedlicher Art und entwickeln sich deshalb auch auf unterschiedliche Weise. Sie setzen günstige äußere Bedingungen und innere Fähigkeiten voraus, doch damit sie nicht bloße Anlagen bleiben, sondern sich tatsächlich entfalten und wirksam werden, bedürfen diejenigen, die sie erwerben möchten, der Unterstützung durch andere Menschen, die sie anleiten, bis die Tugenden zur

---

[18] EN 1098 a16-18: „[...] das menschliche Gut ist der Tugend gemäße Tätigkeit der Seele, und gibt es mehrere Tugenden: der besten und vollkommensten Tugend gemäße Tätigkeit."

[19] EN 1102 a27f.

[20] EN 1102 b11-35.

[21] EN 1103 a1-4.

[22] EN 1103 a15-18.

[23] EN 1103 a5.

[24] Ebd.

[25] EN 1106 b16f.

[26] EN 1106 b16. Vgl. dazu Anmerkung 153.

„Gewohnheit" werden.[27] Denn es gibt zwar so etwas wie eine „natürliche" Tugend, da in jedem Menschen von Natur aus eine gewisse Neigung zu tugendhaftem Handeln angelegt ist und jeder schon mit seiner Geburt bestimmte „Charaktereigenschaften" mitbringt.[28] Doch tugendhaft im eigentlichen Sinne wird der Mensch erst durch den stetigen Vollzug tugendhafter Handlungen nach Maßgabe der Anleitung durch bereits Tugendhafte, was zu einer Verfestigung des Gelernten führt.[29] Jedoch zielt die Erziehung nicht bloß auf den Vollzug von Tugenden, sie möchte darüber hinaus die Empfindungen des Zöglings von Lust und Unlust so modifizieren, dass er an der Tugend Lust empfindet und auf das Laster mit Unlust reagiert.[30] Dieser Eingriff in die Ausrichtung der Empfindungen ist notwendig, weil die Motivation menschlichen Handelns letztlich immer an Lust gebunden ist: Wir erstreben die Glückseligkeit, und diese ist stets „mit Lust verbunden"[31]. Da nun die Glückseligkeit, die jeder Mensch von Natur aus erstrebt, im tugendhaften Handeln besteht, ist das Ziel eindeutig. Der Mensch soll Gefallen an der Tugend finden und sie erstreben, und dies gelingt ihm durch den wiederholten Vollzug tugendhafter Handlungen.

Tugendhaftigkeit wird also durch tugendhafte Handlungen entwickelt. Die konkrete Bestimmung eines Kriteriums dessen, worin nun genau die Tugend und die Tugenden bestehen, ist nach Aristoteles allerdings nicht möglich, da die konkreten Umstände vielfältig sind und keine allgemeingültige Vorschrift erlauben.[32] So kann lediglich die Natur der Tugend abstrakt als Mäßigung und Mitte angegeben werden: Dem Tugendhaften gelingt es in Bezug auf seine Affekte und Handlungen, die Extreme zu meiden und stattdessen die Mitte zwischen Übermaß und Mangel zu treffen, indem er sich zu seinen Affekten klug verhält.[33] Dabei gibt es Af-

---

[27] EN 1103 a14-18: „Wenn sonach die Tugend zweifach ist, eine Verstandestugend und eine sittliche Tugend, so entsteht und wächst die erstere hauptsächlich durch Belehrung und bedarf deshalb der Erfahrung und der Zeit; die sittliche dagegen wird uns zuteil durch Gewöhnung, davon hat sie auch den Namen erhalten, der nur wenig von dem Wort Gewohnheit verschieden ist."

[28] EN 1144 b4.

[29] EN 1103 a31-1103 b2.

[30] EN 1104 b11-13.

[31] EN 1152 b6.

[32] EN 1103 b35-1104 a10.

[33] EN 1106 b8-18: „Wenn nun jede Wissenschaft und jede Kunst ihre Leistung dadurch zu einer vollkommenen gestaltet, daß sie auf die Mitte sieht und dieselbe zum Zielpunkt ihres Tuns macht – deswegen pflegt man ja von gut ausgeführten Werken zu sagen, es lasse sich nichts davon- und nichts dazutun, in der Überzeugung, daß Übermaß und Mangel die Güte aufhebt, die Mitte aber sie erhält – [...] so muß wohl [...] die Tugend nach der Mitte [zielen], die sittliche oder Charaktertugend wohlverstanden, da sie es mit den Affekten und Handlungen zu tun hat, bei denen es eben ein Übermaß, einen Mangel und ein Mittleres gibt." Vgl. zur „apore-

fekte und Handlungen, die an sich schlecht sind und in Bezug auf die es keine gute Mitte gibt.[34] Die Bestimmung der Mitte als Maß der Tugend sollte aber umgekehrt nicht als Forderung nach Mittelmäßigkeit missdeutet werden: Tugendhaftes Handeln kann durchaus mit emotionalem Engagement verbunden sein. Daher ist die Bestimmung der Tugend als Mitte im Sinne einer Spezifizierung hinsichtlich jener Affekte und Handlungen zu verstehen, die zwar über- oder untertrieben werden können, aber als solche als gut beurteilt werden – die Empfehlung der Mitte gilt nicht in Bezug auf Affekte und Handlungen überhaupt.

Zur näheren Bestimmung des Wesens der menschlichen Tugend unterscheidet Aristoteles zunächst „dreierlei psychische Phänomene [...]: Affekte, Vermögen und jene dauernden Beschaffenheiten, die man Habitus nennt"[35]. Als Affekte sind alle Phänomene zu bezeichnen, die in ihrem Träger Lust oder Unlust hervorrufen.[36] Das Vermögen ist das, was den Menschen „für diese Gefühle empfänglich macht"[37]. Tugenden sind weder Affekte noch Vermögen, denn Affekte stellen sich ganz unwillkürlich ohne unser Zutun ein, wir erleiden sie passiv, Vermögen sind Naturanlagen; weder Affekte noch Vermögen sind Gegenstand moralischer Beurteilung.[38] Damit ist die Tugend ein „Habitus"[39] (*hexis*), eine uns eigentümli-

---

tischen" Vorstellung des Begriffs der Mitte in der Ethik, die zum „Verlust der Bestimmbarkeit des Mittleren" führt: Städtler, Michael: Die Freiheit der Reflexion, S. 230, Berlin 2003; Vgl. zum Begriff der Mitte auch James Opie Urmson, der betont, dass Aristoteles dem Tugendhaften nicht die Umorientierung an mittelmäßigen Affekten und Handlungen empfiehlt, vielmehr traut er ihm einen vernunftgeleiteten Umgang mit den eigenen Affekten und Handlungen zu; es geht folglich nicht darum, ob oder was gefühlt wird, sondern wann und wie; Urmson, James Opie: Aristotle's Doctrine of the Mean, S. 161, in: Rorty, Amélie (Hrsg.): Essays on Aristotle's Ethics, S. 157-187, Berkeley 1980. Vgl. auch EN 1105 b32-34: „[...] denn man wird nicht gelobt, wenn man sich fürchtet oder wenn man zornig wird, [...] sondern wenn es auf bestimmte Weise geschieht [...]."

34 EN 1107 a8-14: „Doch kennt nicht jede Handlung oder jeder Affekt eine Mitte, da sowohl manche Affekte, wie Schadenfreude, Schamlosigkeit und Neid, als auch manche Handlungen, wie Ehebruch, Diebstahl und Mord, schon ihrem Namen nach die Schlechtigkeit in sich schließen. Denn alles dieses und ähnliches wird darum getadelt, weil es selbst schlecht ist, nicht sein Zuviel oder Zuwenig."

35 EN 1105 b19f.

36 EN 1105 b21ff.

37 EN 1105 b23f.

38 EN 1105 b28-1106 a10: „Affekte sind nun die Tugenden und die Laster nicht, weil wir nicht wegen der Affekte tugendhaft oder lasterhaft genannt werden, wohl aber wegen der Tugenden und Laster, und weil wir nicht wegen der Affekte gelobt und getadelt werden [...], wohl aber wird uns wegen der Tugenden und der Laster Lob oder Tadel zuteil. Ferner werden wir zornig und geraten wir in Furcht ohne vorausgegangene Selbstbestimmung, die Tugenden aber sind Akte der Selbstbestimmung oder können doch von diesem Akt nicht getrennt werden [...]. Aus diesen Gründen sind die Tugenden auch keine Vermögen. Denn wir heißen nicht darum

che dauerhafte Disposition, die bewirkt, „daß wir uns in Bezug auf die Affekte richtig und unrichtig verhalten"[40]. Sie ist also eine stabile Einstellung in Bezug auf Affekte und Handlungen, zu der wir uns *entscheiden*; ist sie uns erst zu eigen, unterliegt sie einer nur geringen Flexibilität, sich charakterlich zu verändern, ist dann kaum noch möglich.[41] Tugenden (und ebenso Laster) sind überlegte „Akte der Selbstbestimmung"[42]. Insofern sie Akte sind, ereignen sie sich nicht einfach in uns, sondern werden von einer verantwortlichen Instanz in uns aktiv vollzogen. Im Folgenden ist zu erklären, was genau unter dieser Instanz zu verstehen ist.

I.2   Ein freier Wille bei Aristoteles?

Mit der Erklärung, dass die Tugend als Habitus im Gegensatz zu Vermögen und Affekten keine natürliche Gegebenheit, aber auch keine unwillkürliche Reaktion auf einen von außen auf uns einwirkenden Reiz ist, sondern vielmehr etwas, was in unserer Macht steht, ein Akt der Selbstbestimmung, verweist Aristoteles auf sein Verständnis einer spezifischen Art menschlichen Handelns aufgrund von *Freiwilligkeit*, das den Einzelnen dazu befähigt, sich in seinem Handeln entweder zur Tugend oder zum Laster selbst zu bestimmen.

Den Anfangspunkt jeglichen Handelns bildet das Streben: ein Mensch handelt dann, wenn er etwas erstrebt, genauer gesagt, wenn er sich ein Objekt seines Strebens zum Ziel macht. Erst wenn ein Erstrebtes zum Ziel gemacht wird, kommt es zur Handlung – insofern ist etwas erst dann gut, wenn es Ziel ist und als solches erstrebt wird.[43] Beim Menschen ist dieses Streben als „Willenswahl"[44] (*prohairesis*) ein durch Vernunft ge-

---

39   gut oder böse, weil wir das bloße Vermögen der Affekte besitzen [...]. Überdies sind die Vermögen Naturgabe, gut oder böse aber sind wir nicht von Natur, wie wir schon oben ausgeführt haben."
39   EN 1105 b12.
40   EN 1105 b27f.
41   EN 1103 b21-25: „[...] aus gleichen Tätigkeiten erwächst der gleiche Habitus. Daher müssen wir uns Mühe geben, unseren Tätigkeiten einen bestimmten Charakter zu verleihen; denn je nach diesem Charakter gestaltet sich der Habitus. Und darum ist nicht wenig daran gelegen, ob man gleich von Jugend auf sich so oder so gewöhnt; vielmehr kommt hierauf sehr viel, oder besser gesagt, alles an." Zur Frage nach der Veränderbarkeit des Charakters: Di Muzio, Gianluca: Aristotle on Improving One's Character, in: Phronesis Nr.45, 2000, S. 205-219.
42   EN 1106 a3.
43   Vgl. Sherman, Nancy: The fabric of character. Aristotle's theory of virtue, New York 1989, S. 62f: „Motivation requires some form of desire [...] it is less an agent's awareness of his affective state that moves him than an awareness of the *objects* of his desires [...] it is because something seems good to us that we desire it, and not that it is good because we desire it." Vgl. auch Anm. 6.
44   EN 1111 b5.

lenktes, also „überlegtes Begehren",[45] (*bouleutikhe orexis*) und nach aristotelischem Verständnis realisiert sich dieses überlegte Begehren in einer freiwilligen Handlung, die als Mittel zum zu erreichenden Objekt als dem Ziel führt.[46] Die Annahme, dass dem Menschen im Hinblick auf sein eigenes Fühlen und Handeln Selbstbestimmbarkeit durch Vernunft zukommt, stellt Aristoteles vor die Aufgabe, die Begriffe der Freiwilligkeit und der Willenswahl zu klären, denn – dies ist der Ausgangspunkt der gesamten Diskussion – die moralische Beurteilung menschlichen Handelns, die sich auf die Differenz von Gut und Böse bezieht, setzt bei der Unterscheidung zwischen freiwilligen und unfreiwilligen Handlungen an.[47] Die alltägliche Beobachtung begründet nach Aristoteles die Auseinandersetzung mit der Frage nach der Freiwilligkeit.[48] Menschliche Aktivität vollzieht sich stets in einer Umwelt, die das Tun des Einzelnen zur Kenntnis nimmt; es gibt eine Art von Tun, das moralische Beurteilungen hervorruft: Tätigkeiten, die freiwillig vollzogen wurden – und nur diese – werden als Handlungen bezeichnet und sind Gegenstand von Lob und Tadel.

Es wird sich zeigen, dass die aristotelische Vorstellung der Selbstbestimmung durch Vernunft nicht im Sinne eines Autonomiebegriffs missverstanden werden darf, wie ihn die Neuzeit und hier insbesondere Immanuel Kant im Zusammenhang mit seinem Verständnis von Willensfreiheit entwirft. Mit diesem Begriff verbindet sich im weiteren Verlauf der vorliegenden Untersuchung die Frage nach der Letztbegründung der Entscheidung für die Freundschaft zu einer Person. Aristoteles selbst versteht die freie Entscheidung für einen bestimmten Freund lediglich als Willenswahl und damit im Kontext der zu erreichenden *eudaimonia* – Willenswahl bestimmt die Mittel zum Erreichen eines Ziels, nicht das Ziel selbst. Im Folgenden wird skizziert, was Aristoteles unter Freiwilligkeit und Willenswahl versteht und was für ihn Selbstbestimmbarkeit durch Vernunft bedeutet.

---

[45] EN 1113 a11.

[46] EN 1112 b32-1113 a2.

[47] EN 1109 b30-34: „Da die Tugend es mit Affekten und Handlungen zu tun hat und diese, wenn sie freiwillig sind, Lob und Tadel finden, wenn aber unfreiwillig, Verzeihung, zuweilen auch Mitleid, so kann der Moralphilosoph nicht wohl umhin, den Begriff des Freiwilligen und des Unfreiwilligen zu erörtern."

[48] Eine ausführliche Darstellung zum Thema dieses Kapitels, insbesondere zur Unterscheidung von Freiwilligem und Unfreiwilligem sowie zur moralischen Verantwortlichkeit für das eigene Handeln und ihrer Begründung hat z. B. Susan Sauvé Meyer geliefert: Aristotle on moral responsibility: character and cause, Oxford 1993; wesentlich zum selben Thema dies.: Aristotle on the Voluntary, in: Kraut, Richard (Hrsg.): The Blackwell guide to Aristotle's Nicomachean ethics. S. 137-157, Oxford 2006.

I.2.1 Freiwilligkeit und Unfreiwilligkeit

Aristoteles setzt bei der Erörterung von Freiwilligkeit und Unfreiwilligkeit zunächst negativ beim Unfreiwilligen an:

> „Unfreiwillig scheint zu sein, was aus Zwang oder Unwissenheit geschieht. Erzwungen oder gewaltsam ist dasjenige, dessen Prinzip außen liegt, und wo der Handelnde oder der Gewalt Leidende nichts dazutut [...]."[49]

Für ein unfreiwilliges Tun ist der Handelnde nicht verantwortlich, weil er nicht die *Ursache* dieser Tätigkeit ist, sie ist ihm folglich weder als moralische Leistung anzurechnen, noch darf sie ihm als moralische Verfehlung vorgeworfen werden.[50] Die beiden genannten Kriterien des Zwangs und der Unwissenheit sind ihrerseits nochmals zu differenzieren. Aristoteles verweist in seinen Beispielen für Zwang zunächst auf äußerlich einwirkende Kräfte,[51] allerdings räumt er selbst ein, dass es auch Tätigkeiten gibt, die „gemischter Natur"[52] sind, also Handlungen, die niemand „an sich"[53] wählen würde, die aber „aus Furcht vor größeren Übeln oder wegen etwas Gutem"[54] vollzogen werden. Diese Handlungen bilden das Gros unfreiwilliger Handlungen durch Zwang, und hier sind die Zwänge innerlicher, d.h. psychischer Natur im Gegensatz zu physischen Kräften. Wird X von demjenigen zu einer bestimmten Handlung gezwungen, der einen anderen Menschen in seiner Gewalt hat und diesen zu töten droht, handelt X unter Zwang; ebenso handelt derjenige aus Zwang, der das

---

49 EN 1110 a1-3.

50 Vgl. zur Frage, was es bei Aristoteles bedeutet, dass der Handelnde Ursache (s)einer Handlung ist: Meyer 1993, S. 149-169; Aristoteles versteht den Menschen als Ursprung einer Handlung im Sinne eines Selbst-Bewegers, der seinerseits unbewegt ist und anderes (hier die Handlung) als dessen Ursprung bewegt: „[...] in calling the voluntary agent the origin of action, [Aristotle] means that the agent is a self-mover. [...] The crucial causal fact about self-movement concerns the causation of the movement or action itself, not the prior causation of the dispositions involved in producing the movement or action. [...] the self-mover is unmoved in causing its own motion." (S. 151f). Dabei ist es eigentlich der Charakter des Menschen, der die „causal power that makes the voluntary agent a self-mover" (S. 154) bildet: „[...] the unmoved mover is simply a disposition of the capacities that are exercised in a sequence of events [...] [it] is a state of character, which on Aristotle's view is a disposition to act and react in certain ways in certain circumstances." (S. 156). Der Handelnde ist der „non-accidental cause" (S. 159) seiner Handlung, der Charakter als „disposition for feeling and action that expresses the agent's conception of happiness" (S. 166) ist die einzige Kraft, die in dieser nicht-akzidentellen Weise etwas hervorbringt.

51 EN 1110 a3-12. Zur Unterscheidbarkeit zwischen äußerlichen und innerlichen Zwängen vgl. Meyer 1993, S. 93-121.

52 EN 1110 a11.

53 EN 1110 a19.

54 EN 1110 a4.

Schiff im Sturm um ein mitgeführtes Gut erleichtert, um Menschenleben zu retten. In diesen Fällen ist das Getane „an sich zwar unfreiwillig, jedoch für jetzt und um der und der Rücksicht willen freiwillig."[55] Das Zwingende dieser Handlungen liegt in Umständen, die derart sind, dass sie dem Handelnden unter der Voraussetzung, dass es Güter gibt, die er immer und ohne Einschränkung wollen oder beschützen soll, keine Wahl lassen: Er steht vor einer Alternative, die für ihn letztlich keine ist.

Zwar gilt im Allgemeinen, dass Handlungen, die aus Zwang heraus vollzogen wurden und insofern unfreiwillige Tätigkeiten sind, dem Handelnden nicht zur Last gelegt werden können, ihm aber auch nicht anzurechnen sind. Allerdings wird ein Mensch, der um eines hohen Gutes willen *freiwillig* außergewöhnlich Schlechtes erträgt, gelobt.[56] Aristoteles spricht zudem Fälle von schlechten Handlungen unter Zwang an, die zwar nicht zu loben, wohl aber zu verzeihen sind: In diesen Fällen ist die Handlung zwar schlecht, die Konsequenzen der Alternative(n) zu ertragen wäre aber keinem Menschen zuzumuten.[57] Er sieht also durchaus, dass es Situationen gibt, die kaum bedingungslos ein tugendhaftes Handeln einfordern dürften. Andererseits gibt es auch solche Situationen, die von einem Menschen eben gerade das Außergewöhnliche verlangen: wenn die erzwungene Handlung derart verwerflich ist, dass sie unter keinen Umständen zu rechtfertigen ist, muss der Tugendhafte standhaft bleiben und die Handlung verweigern – hier ist es ganz unbedingt geboten, sich zu widersetzen, gleich, um welchen Preis dies geschieht.[58] Es kann also der Fall eintreten, dass das eigentlich nicht Zumutbare geboten ist, da die Alternative ihrerseits um nichts anderes willen durch einen Handelnden bewirkt werden darf – mag es auch sein, dass das Ziel auf anderem Wege zustande kommt, so darf es zumindest nicht das Ergebnis der Handlung eines tugendhaften Menschen sein. Hier stellt sich die Frage nach einem Kriterium, das einen konkreten Fall beurteilen lässt.

Unwissenheit ist grundsätzlich verwerflich, denn wer im vollen Besitz seiner geistigen Kräfte ist, kann unmöglich völlig unwissend sein, daher ist „[f]reigewollte Unwissenheit […] keine Ursache des Unfreiwilligen, sondern der Schlechtigkeit;"[59] wer sein Tun dennoch mit völliger Unwissenheit entschuldigt, ist entweder krank oder amoralisch. Lediglich hinsichtlich einzelner „Umstände"[60], insbesondere in Bezug auf den „Gegenstand und […] Zweck der Handlung"[61], ist Unkenntnis möglich und

---

55 EN 1110 b2f.
56 EN 1110 a21ff.
57 EN 1110 a24ff.
58 EN 1110 a26-29.
59 EN 1110 b30ff.
60 EN 1111 a17.
61 EN 1111 a18f.

als unfreiwillig zu verzeihen, wenn „Schmerz und Reue"[62] folgen. Wer seinem Freund durch sein Handeln helfen will, ihm aber tatsächlich schadet, hat daher in Unwissenheit gehandelt. Besteht Unkenntnis aber in Bezug auf etwas, das jedem zu wissen unterstellt werden kann, ist die daraus entstandene Handlung zu tadeln; der Betrunkene handelt daher nicht aus Unwissenheit, sondern lediglich „ohne Wissen"[63]. Generell handelt der schlechte Mensch ohne Wissen, er weiß nicht, „was er tun und was er meiden soll, und eben dieser Mangel ist es, durch den der Mensch ungerecht und überhaupt schlecht wird."[64] Grundsätzlich ist die Hinnahme des Zustandes des eigenen Nichtwissens moralisch nicht zu rechtfertigen. Zwar wird niemandem Allwissenheit abverlangt, der Handelnde kann in Bezug auf einzelne Umstände des konkreten Handelns durchaus in Unwissenheit sein, und ein Handeln ohne die Kenntnis dieser Umstände ist unfreiwillig. Wer eine gewisse Unvorhersehbarkeit des Handelns in Bezug auf seine Ergebnisse einsieht, muss die Forderung nach Allwissenheit aufgeben, wenn Handeln überhaupt möglich sein soll. Es gibt aber ein Maß an Wissen, das jedem Menschen unterstellt werden kann und muss.[65] Der Unterschied zwischen „Unwissenheit" und „ohne Wissen" ist also ein gradueller.

Eine Handlung ist daher dann im vollen Sinne freiwillig, wenn sie ohne Zwang vollzogen wird und wenn der Handelnde über ein gewisses Maß an Wissen hinsichtlich der allgemeinen zur Einschätzung der Situation relevanten Umstände verfügt; sind diese Voraussetzungen erfüllt, ist der Handelnde als Ursache seiner Handlung anzusehen:

> „Da unfreiwillig ist, was aus Zwang oder Unwissenheit geschieht, so möchte freiwillig sein, *dessen Prinzip in dem Handelnden ist und zwar so, daß er auch die einzelnen Umstände der Handlung kennt.* Denn es ist wohl verkehrt, wenn man als unfreiwillig bezeichnet, was aus Zorn oder Begierde geschieht."[66]

Mit der im Folgenden zu diskutierenden Rückführung bestimmter Handlungen auf die Willenswahl differenziert Aristoteles menschliches Handeln innerhalb der Sphäre des Freiwilligen noch einmal aus. Er zielt mit dieser Ausdifferenzierung erstens auf die Verdeutlichung der herausragenden Stellung des Menschen innerhalb der Natur aufgrund seines Vernunftvermögens überhaupt ab; zweitens zeichnet die jeweilige Qualität der Betätigung dieses Vernunftvermögens den einzelnen (tugendhaften) Menschen unter anderen aus; drittens zeigt sich, dass – nicht ausschließ-

---

[62] EN 1111 a20.
[63] EN 1110 b27.
[64] EN 1110 b28ff.
[65] EN 1111 a6ff.
[66] EN 1111 a22-25.

lich, aber doch wesentlich, soweit es um das vom Menschen selbst zu Erwirkende geht – von dieser Qualität das Erreichen des Endzieles allen menschlichen Strebens, der *eudaimonia*, sowie der untergeordneten Ziele abhängt. Im vorliegenden Zusammenhang ist vor allem die Frage interessant, ob die Fähigkeit zur Willenswahl als Leistung menschlicher Vernunft von Bedeutung für die Tugend der Freundschaft sein kann. Diese Fragestellung ist einzuordnen in die Diskussion um die Tugend im Allgemeinen. Im Blick auf die Unterscheidung von Freiwilligkeit, Unfreiwilligkeit sowie Unwissenheit ist festzuhalten, dass Aristoteles die moralischen Bewertungen, die sich in Reaktionen wie Lob, Tadel, aber auch Verzeihung oder Mitleid ausdrücken, bisher allesamt auf Handlungen bezogen hat – Verantwortung tragen Menschen also in erster Linie für ihr *Handeln*.[67]

I.2.2 Willenswahl

Aristoteles erörtert mit dem Begriff der „Willenswahl" bzw. „Entschließung"[68] (*prohairesis*) eine spezifische Art freiwilligen Handelns. Er bezeichnet Willenswahl gleich zu Beginn des Kapitels als das „Eigentümliche der Tugend"[69] und deutet damit ihren Stellenwert im Kontext der Gesamtdiskussion an. Die Willenswahl verlangt dem Handelnden eine Entscheidung zwischen mehreren Handlungsalternativen ab, und diese Entscheidung kann moralisch beurteilt werden.[70] Für welche der gegebenen Handlungsalternativen sich der Handelnde entscheidet, begründet seine „sittliche Qualität"[71]. Die moralische Verantwortlichkeit des Handelnden

---

[67] Vgl. Meyer 2006, S. 138f. sowie dies. 1993, S. 47f: „[...] agents and their states of character are praiseworthy because they are productive (*praktikoi*) of good things [...]. The good things of which virtue is productive are feelings and actions. [...] the efficient-causal relation necessary for the praiseworthiness of states of character is the causal relation between the agent (or her state of character) and a good action or feeling. It is not an efficient-causal relation between the agent and the state of character." Meyer zufolge beziehen sich Lob und Tadel bei Aristoteles nicht auf die Erlangung bzw. den Besitz eines guten Charakters als solchen: ein tugendhafter Mensch ist für seine Tugend (als Charaktereigenschaft) zu loben, weil und insofern aus diesem seinem tugendhaften Charakter gutes Handeln und Fühlen hervorgeht und er daher für sein gutes Handeln und Fühlen verantwortlich ist; diese Verantwortlichkeit für das eigene Handeln setzt aber nicht die Verantwortlichkeit für den eigenen *Charakter* voraus. Meyer selbst verweist allerdings auch auf EN 1114 a4-13, wo Aristoteles explizit von der Verantwortlichkeit für den eigenen Charakter spricht. Ihr zufolge geht Aristoteles aber von einer bloß eingeschränkten Verantwortlichkeit für den eigenen Charakter aus (Meyer 2006, S. 122-128). Vgl. auch Anm. 88 zur „Asymmetry Thesis".

[68] EN 1111 b5.

[69] EN 1111 b6.

[70] EN 1111 b33f.

[71] EN 1112 a2.

und die moralische Beurteilung einer Handlung beziehen sich somit nicht nur auf die äußerlich erkennbare Handlung selbst, denn diese kann erst beurteilt werden, wenn ihr Ursprung verstanden wird – daher impliziert die Beurteilung der Handlung die Beurteilung der ihr vorausgehenden Entscheidung. Der Blick auf die Willenswahl eines Menschen ist für dessen moralische Beurteilung aussagekräftiger als die Beobachtung der äußerlichen Handlung, weil die Willenswahl in höherem Maße Ausdruck seines Charakters ist.[72] Eine Handlung aufgrund von Willenswahl ist freiwillig, aber sie ist mehr als das, sie zeichnet sich über die Freiwilligkeit hinaus durch eine der Handlung vorausgegangene Überlegung aus.[73] Die Willenswahl wird als freiwillige, unter Kenntnis und Berücksichtigung der Handlungsumstände zustande gekommene Entscheidung nach vorausgegangener Überlegung bestimmt, und zu dieser Überlegung bedarf es der Vernunft.[74] Die Fähigkeit zur Willenswahl ist daher eine spezifisch menschliche Kompetenz, deren Anlage jeder Mensch *qua* Geburt in sich trägt, die sich aber erst im Laufe des Erwachsenwerdens voll entwickelt. Entsprechend dieser Bestimmung betont Aristoteles, dass der Begriff der Willenswahl (*prohairesis*) nicht mit dem des Wollens (*boulesis*) zu verwechseln ist:

> „Aber auch Wille ist sie [die Willenswahl] nicht. Denn es gibt keine Wahl des Unmöglichen [...]. Dagegen gibt es ein Wollen des Unmöglichen, z. B. nicht zu sterben. Und das Wollen geht auch auf solches, was man selber gar nicht verwirklichen kann [...] dagegen wählt solches niemand, sondern nur das, was man durch sich selbst erreichen zu können glaubt. Ferner geht der Wille mehr auf den Endzweck, die Wahl auf die Mittel zum Zwecke. So wollen wir z. B. die Gesundheit, die Mittel dazu aber wählen wir, und wollen die Glückseligkeit und sagen, daß wir sie wollen, dagegen zu sagen, daß wir sie wählen, geht nicht an. Denn die Willenswahl scheint überhaupt nur da sich zu finden, wo etwas in unserer Macht steht."[75]

Der Gegenstand der Willenswahl ist ein eingeschränkter, es kann nur dasjenige Objekt der Willenswahl werden, dessen Verwirklichung überhaupt

---

[72] EN 1111 b5ff: „Die Willenswahl scheint [...] noch mehr als die Handlungen selbst den Unterschied der Charaktere zu begründen".

[73] EN 1111 b6-10: „Die Willenswahl ist etwas Freiwilliges, fällt aber nicht mit dem Freiwilligen zusammen, sondern letzteres hat einen weiteren Umfang. Das Freiwillige oder Spontane findet sich auch bei den Kindern und den anderen Sinnenwesen, eine Willenswahl dagegen nicht; und rasche Handlungen des Augenblicks nennen wir zwar freiwillig, sagen aber nicht, daß sie aufgrund vorbedachter Willenswahl geschehen sind."

[74] EN 1112 a15ff.

[75] EN 1111 b20-30.

möglich ist und zugleich in der Macht des Handelnden selbst liegt.[76] Ferner bedarf die Willenswahl eines Ziels, auf das sich die von ihr zu wählende Handlung bezieht. Was Aristoteles dagegen als Wollen beschreibt, ist ein von der Willenswahl zu unterscheidendes Streben; es beinhaltet einmal ein (irreales) Wünschen, zum anderen aber auch das Streben nach Glückseligkeit als dem eigentümlichen Ziel des Menschen. Der Mensch wählt sich also nicht erst selbstständig das Ziel seines Wollens im Sinne des Strebens aus, er findet es vielmehr immer schon von Natur aus vor.[77] Aristoteles erkennt zwar eine Vielzahl einzelner Ziele an, ordnet diese aber allesamt diesem letzten Ziel der Glückseligkeit unter, auf das sie ausgerichtet sind. Dieser Zusammenhang zwischen der Zielausrichtung überhaupt und der Wahlmöglichkeit in Bezug auf bestimmte Ziele ist eine naturgegebene Struktur und steht nicht zur Disposition.

Jeder Mensch strebt also immer schon nach Glückseligkeit, jeder Mensch erstrebt die Glückseligkeit *durch* einzelne mittlere Ziele, aber diese Ziele, die ihrerseits Teil des Endziels sind, zu dem sie führen sollen, sind vielfältig und hängen von der jeweiligen Beurteilung des Einzelnen ab.[78] Nach aristotelischer Vorstellung gibt es eine allgemeingültige Bestimmung dessen, worin das für den Menschen höchste Gut und damit die Glückseligkeit besteht, es gibt aber eben auch die Möglichkeit des Irrtums.[79] Für den guten Menschen, den Tugendhaften, der über die richtige Einschätzung verfügt, ist das Ziel, das zur Glückseligkeit führt, und damit das Objekt seines Strebens „das in Wahrheit Gute"[80], das ihm auch als gut erscheint. Er vermag es, das richtige Urteil hinsichtlich des Guten zu fällen und daher das richtige Ziel zu erstreben, bei ihm stimmt das eigene

---

[76] Sherman betont, dass das Wollen des Unmöglichen gar nicht einer moralischen Be- oder Verurteilung unterworfen ist, das Wählen des Unmöglichen (insofern es zur Intention für das eigene Handeln gemacht werden soll) hingegen durchaus (Sherman 1989, S. 65f).

[77] Vgl. Höffe 2008, S. 44: Bei Aristoteles „sind die Ziele als ein Faktum angesetzt […]. Hier liegt die Grenze der aristotelischen Reflexion: Ziele sind nicht bloß zu verfolgen, sondern auch und allererst zu setzen. Die Vernunft ordnet nicht bloß die vorhandenen Neigungen: sie kann auch bestimmen, was überhaupt zu ordnen ist. Diese Aufgabe denkt Kant im Begriff eines Willens, der autonom ist." Vgl. auch S. 126f: Für Aristoteles ist das „Gute[] schon mit den verschiedenen Handlungen und das Gute an sich, das Glück, mit dem Leben als solchem als Ziel gesetzt […]. Aristoteles setzt voraus, daß die Ziele nicht zu setzen, sondern zu sehen sind […]. Was Kant im Begriff des Willens denkt, reflektiert Aristoteles nicht: eine Distanz des Strebens in sich, durch die selbst die Ziele Gegenstand der Überlegung und Entscheidung werden".

[78] EN 1095 a20-28.

[79] EN 1095 b14-1096 a10. Viele Menschen sind nach Aristoteles der Ansicht, in der Lust bestehe die Glückseligkeit, andere wiederum meinen, die Glückseligkeit durch Ehre zu erreichen.

[80] EN 1113 a25.

Urteil mit der Wahrheit über das Gute überein.[81] Für die Meisten ist das Ziel ebenfalls das „gut Scheinende", aber sie irren sich in der Beurteilung dessen, was ein Gut ist; die Wahrheit stimmt nicht mit ihrem Urteil überein, sie wollen daher das falsche Ziel.[82] Es ist also eine Frage des richtigen Urteils, ob das richtige Ziel gewollt wird. Die Glückseligkeit ist in der Weise in die Macht des Handelnden gestellt, als er darüber zu entscheiden vermag, welche konkreten Ziele dieses Glück realisieren lassen. Eine Entscheidung darüber, überhaupt nach dem Glück zu streben, gibt es dagegen nicht.

Die Aufgabe der Willenswahl besteht nun darin, durch Überlegung eine Handlung zu bestimmen, die als Mittel zum Ziel führt, *nicht* aber das Ziel selbst – dieses wird in der Phase der Willenswahl bereits erstrebt, es ist also zum Zeitpunkt der Überlegung dieser schon vorgegeben.[83] Die Fähigkeit und Bereitschaft zur Überlegung in Hinsicht auf das Handeln, die Klugheit (*phronêsis*),[84] wird als praktische Vernunft in der Willenswahl wirksam, sie beschränkt sich allerdings nicht auf das einzelne Ziel und dessen Verwirklichung, vielmehr bedenkt sie den Zusammenhang zwischen Einzelziel und Endziel und damit das Erreichen des Endziels überhaupt.[85] Das Prinzip des Handelns als solches ist somit die Willenswahl,

---

[81]   EN 1113 a29ff.

[82]   EN 1113 a25f.

[83]   EN 1112 b11-16: „Unsere Überlegung betrifft nicht das Ziel, sondern die Mittel, es zu erreichen. Der Arzt überlegt nicht, ob er heilen, der Redner nicht, ob er überzeugen, der Staatsmann nicht, ob er dem Gemeinwesen eine gute Verfassung geben, und überhaupt niemand, ob er sein Ziel verfolgen soll, sondern nachdem man sich ein Ziel gestellt hat, sieht man sich um, wie und durch welche Mittel es zu erreichen ist;" Vgl. dazu Sherman 1989, S. 80-94; Sherman zufolge impliziert die Willenswahl als Prozess der Entscheidung für das beste Mittel stets eine Überlegung hinsichtlich der Ziele, die selbst wiederum Mittel zum Ziel sind, insofern sie auf ihre Kohärenz mit anderen Zielen hin zu beurteilen sind und sich stets auf die Konzeption guten Lebens im Ganzen rückbeziehen lassen sollen; den Ausgangspunkt bildet zwar stets ein Streben, das sich auf ein gegebenes Objekt bezieht, aber deswegen ist die Zielsetzung nicht vollkommen unveränderlich, vielmehr unterliegt sie in der *prohairesis* der stetigen Modifizierung; Streben und Willenswahl erweisen sich somit als zwei Teile desselben „dialectical process" (ebd. S. 94). Ähnlich zur Konkretisierung der Ziele in der Überlegung auch Höffe 2008, S. 124f.

[84]   EN 1140 b20f: „Klugheit [ist] ein untrüglicher, vernünftiger Habitus des Handelns [...] in Dingen, die die menschlichen Güter betreffen." Zum Verhältnis von Tugend und Klugheit vgl. Smith, A. D: Character and Intellect in Aristotle's Ethics, in: Phronesis Nr. 41, 1996, S. 56-74.

[85]   EN 1140 a24-31: „Ein kluger Mann scheint sich also darin zu zeigen, daß er wohl zu überlegen weiß, was ihm gut und nützlich ist, nicht in einer einzelnen Hinsicht, [...] sondern in Bezug auf das, was das menschliche Leben gut und glücklich macht. [...] Demnach wird denn auch klug im allgemeinen der sein, wer wohl und richtig überlegt." Vgl. auch EN 1141 b8-16: „Die Klugheit aber hat es mit den irdischen und menschlichen Dingen zu tun, mit Dingen, die Gegenstand der Überle-

das Prinzip einer konkreten Handlung aber ist der Zweck, weil sich nach ihm bestimmt, was diesen Zweck realisieren lässt und wie dies geschehen kann.[86] Die Willenswahl trifft nicht die Entscheidung darüber, ob überhaupt zu handeln ist; das schließt aber nicht aus, dass im konkreten Fall entschieden wird, zu handeln. Insofern wird auch nicht über die Ausrichtung auf das Glück überhaupt entschieden, aber durchaus darüber, ob das Glück durch dieses oder jenes Ziel zu erreichen ist. Daher bildet die Tugend die Basis der Entscheidung darüber, dass durch sie das Glück realisiert werden kann, indem sie als Ziel und Zweck fungiert.

I.2.3   Freiwilligkeit von Tugend und Laster

Durch die Willenswahl bestimmen wir also die Mittel zum Zweck, und weil diese Wahl der Mittel nach Aristoteles eine überlegte, freie Entscheidung ist, deren Prinzip im Handelnden liegt, sind auch die auf diese Mittel gerichteten Handlungen selbst für Aristoteles als freiwillig zu betrachten:

> „Da nun also der Zweck Gegenstand des Wollens ist und die Mittel zum Zweck Gegenstand der Überlegung und der Willenswahl, so sind wohl die auf diese Mittel gerichteten Handlungen frei gewählt und freiwillig. In solchen Handlungen bestehen aber die Tugendakte."[87]

Weiterhin stellt Aristoteles fest, dass, wenn die tugendhaften Handlungen Gegenstand freier Wahl sind, es gleichermaßen auch die lasterhaften Handlungen sein müssen: der Mensch kann sich freiwillig dazu entschließen, gut zu handeln und damit tugendhaft zu sein, er kann sich aber genauso für das böse Handeln entscheiden und dafür, ein schlechter Mensch zu sein:

> „Aber auch die Tugend wie das Laster steht bei uns. Denn wo das Tun in unserer Gewalt ist, da ist es auch das Unterlassen, und wo das Nein, da auch das Ja. [...] Steht es aber bei uns, das Gute und das Böse zu tun und zu unterlassen – und das machte nach unserer früheren Darlegung die Tugend und Schlechtigkeit der Person aus – so steht es folgerichtig bei uns, sittlich und unsittlich zu sein [...]. Oder man müsste unsere Ausführungen von vorhin anzwei-

---

gung sind. [...] Auch geht die Klugheit nicht bloß auf das Allgemeine, sondern auch auf die Erkenntnis des Einzelnen. Denn sie hat es mit dem Handeln zu tun, das Handeln aber bezieht sich auf das Einzelne und Konkrete."

[86]   EN 1139 a31-35: „Prinzip des Handelns im Sinne des bewegenden, nicht des Zweckprinzips, ist die Willenswahl und das der Willenswahl das Begehren und der Begriff oder die Vorstellung des Zweckes [...]. Das Denken für sich allein aber bewegt nichts, sondern nur das auf einen bestimmten Zweck gerichtete, praktische Denken."

[87]   EN 1113 b3-6.

feln und leugnen, daß der Mensch das Prinzip und der Urheber seiner Handlungen sei, wie er auch der Vater seiner Kinder ist."[88]

In dieser Textpassage wird deutlich, dass wir nicht bloß die Verantwortung für unsere einzelnen Akte tragen, vielmehr entscheiden wir uns durch unser Handeln dazu, überhaupt sittlich (oder unsittlich) zu sein, es geht also um die Qualität unserer Person im Ganzen.[89] Die Beschränkung des möglichen Gegenstandes menschlicher Willenswahl auf die Mittel zum Zweck bedeutet also für Aristoteles keineswegs eine Einschränkung in Bezug auf das Verständnis des Menschen als des Prinzips seines Handelns. Die Verantwortlichkeit des Einzelnen für sein Handeln gilt für jegliches Handeln aufgrund freiwilliger, überlegter Entscheidung – sie muss dem Handelnden daher für gutes wie auch für schlechtes Handeln gleichermaßen zukommen, ansonsten wäre er nicht mehr als Prinzip seines Handelns zu verstehen. Der schlechte Mensch muss also für sein Handeln gleichermaßen verantwortlich sein wie der gute, „weil dem schlechten Mann die gleiche Selbstbestimmung bezüglich seiner Handlungen, wenn auch nicht bezüglich des Zieles zukommt [wie dem guten]."[90] Für Aristoteles trägt der Mensch für die von ihm gewollten Ziele zumindest mittelbar eine Verantwortung. Zwar steht in der Willenswahl das Ziel des Handelns selbst nicht mehr zur Disposition, sondern ist ein vom Willen vorgegebenes,[91] aber nach aristotelischer Auffassung liegt die Handlung

---

[88] EN 1113 b6-19.

[89] Vgl. Pakaluk, Michael: Aristotle's Nicomachean Ethics. An Introduction. Cambridge 2005, S. 145: Pakaluk weist auf eine scheinbare Schwäche der Argumentation hin: „The crucial step is [if virtuous actions are up to us, so is being virtuous], and Aristotle gives no explicit justification for it." Der Schluss von einer Verantwortlichkeit des Handelns auf eine Verantwortlichkeit des Seins scheint tatsächlich schwierig; allerdings kann man mit Aristoteles argumentieren, dass sittlich zu sein gerade darin besteht, sittlich zu handeln, deshalb liegt beides gleichermaßen in der Macht des Handelnden; so argumentiert auch Meyer 1993: „Gut sein", ist hier mit „gut handeln" zu identifizieren, dieses „Gut sein" bedeutet aber nach Meyer nicht schon „einen guten Charakter zu haben" (S. 130f).

[90] EN 1114 b20f; Zur sog. „Asymmetry Thesis" siehe Meyer 1993, S. 129-145 sowie dies. 2006, S. 151-153; Meyer zufolge geht es Aristoteles nicht darum zu zeigen, dass der Mensch für seinen Charakter verantwortlich ist, sein Anliegen beschränkt sich darauf, den Leser (gegen die sokratische These von der Unfreiwilligkeit schlechten Handelns) davon zu überzeugen, dass er für sein eigenes *Handeln* verantwortlich ist. Um dieser These der Verantwortlichkeit für das eigene Handeln willen argumentiert er, dass zwischen gutem und schlechten Handeln keine Asymmetrie in dem Sinne besteht, dass gutes Handeln freiwillig ist, schlechtes jedoch nicht, sondern dass in beiden Fällen das Handeln gleichermaßen seinen Ursprung im Handelnden findet und deshalb auch gleichermaßen freiwillig oder unfreiwillig sein muss. Er wendet sich damit gegen die sokratische Ansicht, nach der niemand freiwillig das Schlechte tut.

[91] EN 1114 b13-16.

selbst als Mittel, das zu diesem (vorgegebenen) Ziel führt, in der Macht des Handelnden; unabhängig vom Ziel hat der Handelnde daher die Möglichkeit, diese Handlung zu vollziehen oder zu unterlassen.[92] So, wie ein Mensch ist, ist auch sein Ziel beschaffen, und für seine Beschaffenheit trägt er zumindest teilweise die Verantwortung, denn durch Handlungen wird der Mensch, der, der er ist, und von den Handlungen wurde ja bereits gezeigt, dass sie in der Macht des Menschen selbst liegen.[93] Daher ist der Einzelne verantwortlich für die Qualität seiner Ziele, denn er ist verantwortlich für die Qualität ihres Ursprungs, der in seinem Habitus liegt, weil er sich diesen durch sein Handeln angeeignet hat, und er ihn zu einem guten oder aber einem schlechten Menschen macht.[94]

Aristoteles betont, dass allein der Vollzug der richtigen Handlung noch nicht die hinreichende Bedingung ihrer Qualität ist. Damit das Handeln wirklich tugendhaft ist, reicht es nicht aus, tugendhaft zu handeln, vielmehr ist die Willenswahl ein erstes entscheidendes Kriterium der Beurteilung, weil erst durch die Willenswahl die Handlung eine vernünftig gewählte wird und der Handelnde in vollem Maße als ihr Urheber für sie verantwortlich ist.[95] Neben dem Aspekt des Zustandekommens der Handlung bildet die innere Haltung des Handelnden die zweite Bedingung der Qualität seiner Handlung: Diese muss um ihrer selbst willen vollzogen worden sein (im Gegensatz zu einer tugendhaften Handlung, die vollzogen wird, um z.B. zu Ehre oder Reichtum zu gelangen).[96]

I.2.4   Der Mensch als Prinzip seiner Handlungen

In der *Nikomachischen Ethik* wird mit dem Begriff der Willenswahl das menschliche Handeln als eine freiwillige Aktivität erörtert, deren Prinzip der Mensch selbst, d.h. seine Vernunft, ist, und die ihn in besonderer Weise auszeichnet. Der Begriff der Willenswahl soll eine Antwort auf die Frage nach dem Ursprung des Handelns und der Verantwortlichkeit des Einzelnen für dieses Handeln geben. Allerdings legt Aristoteles mit der Willenswahl den Akzent auf die Bestimmung des *Wie* des Handelns durch

---

[92]   EN 1114 b16-21.

[93]   EN 1114 a7-10: „Denn die Akte, die man in einer bestimmten Richtung ausübt, machen einen zu einem solchen, wie man ist […]. Akte, die in einer bestimmten Richtung erfolgen, [erzeugen] einen entsprechenden Habitus […]."

[94]   EN 1114 b2f: „[…] wenn jedermann an einem Habitus, den er hat, in der oder jener Weise schuld ist, [muss] er in derselben Weise auch an seiner Vorstellung [des Ziels] selber schuld sein". Vgl. auch EN 1114 b21-25: „Wenn demnach die Tugenden, wie man behauptet, freiwillig sind – denn einerseits sind wir an unseren Beschaffenheiten irgendwie mit schuld, und andererseits hängt die Qualität des Zieles, das wir uns vorsetzen, von unserer eigenen Qualität ab –, so müssen auch die Laster freiwillig sein; denn beide verhalten sich gleich."

[95]   EN 1144 a20ff.

[96]   Ebd. Vgl. Sherman 1989, S. 114ff.

den Handelnden selbst, dagegen liegt die Zielbestimmtheit als solche ebenso wenig in der Entscheidung des Handelnden wie das Wollen der Glückseligkeit als Endziel. Zielbestimmtheit und Ausrichtung auf das Glück gründen im Streben, das die naturale Grundlage der Dynamik jeglichen Handelns darstellt. Es ist dem Menschen zwar möglich, sich zu vorgefundenen Bestrebungen zu verhalten, aber er kann nicht vom Streben überhaupt Abstand nehmen oder von der Orientierung am Endziel.

Entsprechend der aristotelischen Argumentation hinsichtlich der moralischen Beurteilung des Einzelnen ist entscheidend, *wie* der Mensch zu seinem Ziel kommt, denn die Vernunft wählt in ihrer Eigenschaft als Vermögen zur Willenswahl lediglich unter mehreren zur Verfügung stehenden Mitteln dasjenige heraus, was ihr geeignet scheint, das vorgegebene Ziel (Glückseligkeit) zu treffen, sie ist also Instrument. Weil das Handeln aber bloß Mittel zum Zweck ist, ist die Wahl auch hinsichtlich ihres Gegenstandes eine durch diesen Zweck eingeschränkte; daher ist sie nicht in Bezug auf die Mittel und noch weniger in Bezug auf das Ziel frei im Sinne eines vom naturalen Streben unabhängigen Wollens. Wenn überhaupt eine gewisse Freiheit bestehen soll, kann diese lediglich im Sinne einer mittelbaren Verantwortlichkeit für den Erwerb der richtigen Haltungen verstanden werden, die dann ihrerseits die richtige Wahl der Ziele bedingen. Weil aber das Ziel ist, wie der Mensch ist, der Mensch aber durch seine *Handlungen* wird, wer er ist, und seine Handlungen wiederum dem Ziel entsprechen, das vorgefunden wird, muss man bereits tugendhaft sein, um tugendhaft handeln zu können und um tugendhafte Ziele zu erstreben. Andererseits wird man gerade tugendhaft, indem man tugendhaft handelt und tugendhafte Ziele erstrebt. Diese Argumentation, die Aristoteles anführt, um seine These der Freiwilligkeit der Tugend zu untermauern, führt zu einem Zirkel, der die Abhängigkeit des Einzelnen 1. von der inneren gegenseitigen Bedingtheit zwischen Handlung und Charakter und 2. von den äußeren Bedingungen seiner Erziehung bzw. der Gesellschaft, in der er aufwächst, verdeutlicht.[97]

Im aristotelischen Begriff der Willenswahl als überlegter Freiwilligkeit ist der Gedanke eines vernünftigen Willens im Sinne eines spontanen Tätigseins aus sich selbst heraus und eines rationalen, reflexiven Wollens,

---

[97] Vgl. zu diesem Zirkelschluss Städtler 2003, S. 232f, dem zufolge Aristoteles mit dem „autoritäre[n] Vorbild" lediglich eine „Scheinlösung" anbietet, die das Problem nur verlagert. Wie der Unverständige seinem Vorbild gehorcht, so soll auch der unvernünftige Seelenteil auf den rationalen Seelenteil hören. Es bleibt jedoch unklar, wie dies gedacht werden kann. Meyer zufolge ist Aristoteles von einer eingeschränkten Verantwortlichkeit für den eigenen Charakter überzeugt (Meyer 1993, S. 126f); vgl. auch Rowe / Broadie 2002, S. 41: „[...] although early upbringing certainly plays a major part, nevertheless to some extent it depends on the developing individual himself whether or not he comes to be one or another sort of person."

wie Buridan und auch Kant es verstehen, nicht enthalten.[98] Die aristotelische Willenswahl entscheidet erstens nicht darüber, ob überhaupt gehandelt werden soll – die Bejahung des eigenen Willens und die Initiative hinsichtlich des Handelns als solches stehen nicht zur Debatte, es steht vielmehr fest, dass gehandelt wird und werden muss.[99] Zweitens soll die Willenswahl als Instrument die Entscheidung zu einer bestimmten Handlung
treffen, diese Handlung ist aber ihrerseits auf ein Ziel bezogen, über das
die Willenswahl nicht entscheidet – das Ziel ist Gegenstand des Strebens.
Nicht die Willenswahl, sondern die anerzogene Tugend entscheidet darüber, ob ein Ziel gut ist oder nicht. Die Vernunft findet im Bereich der
Praxis als Klugheit (*phronêsis*) lediglich die geeigneten Mittel zum erstrebten Ziel.

Nach Aristoteles ist menschliches Handeln in eine von der Natur
vorgegebene Struktur eingebettet. Diese Struktur besteht in der Hierarchie der Ziele und der Einordnung des Handelns als Mittel zum gegebenen Ziel in diese Hierarchie, weshalb es nur mit Einschränkung frei bestimmbar sein kann, denn die Möglichkeit, sich zu gegebenen Zielen zu
verhalten, zu entscheiden, ob man ihre Realisierung durch ein entsprechendes Handeln vorantreibt oder unterlässt, setzt eine Bewertungskom-
petenz in Bezug auf Ziele voraus, die im aristotelischen Modell ihrerseits
von der Erziehung und der Gewöhnung abhängt, die einem zuteil wurde
und zu dem gemacht hat, der man ist.[100] Der Mensch ist daher nur insofern Prinzip des Handelns, als sein Charakter Prinzip des Handelns ist,

---

[98] Diese Kritik an Aristoteles setzt ihrerseits natürlich schon einen Freiheitsbegriff
voraus, der erst mit Buridan entwickelt wird. Vgl. dazu das Kapitel III.1.

[99] Insofern kann die Kennzeichnung der *prohairesis* als „practical immediacy" (Rowe /
Broadie 2002, S. 42) als relativ verstanden werden: „1. Aristotelian decision [...] is
a sort of prescription. It is an all-things-considered judgement of what to do. This
means that it is immediately practical by contrast with prescriptions (decision-
analogues) based on considerations belonging to a limited field, like that of a special expertise such as medicine [...]. 2. Aristotelian decision has practical immediacy by comparison with a wish (*boulēsis*), i.e. the desire for an object which, if at-
tainable, can only be attained through intermediate steps not yet identified." Die
entscheidende Instanz ist letztlich der Charakter: „[...] the *will* to enact [reason] is
a matter of character, built up by habituation. In this respect, a decision is more
like a judgement than it is like a desire [...]. The soul of a rational agent should be
in a settled condition in which it is ready to carry out its own decisions without
fuss. Good and bad dispositions of character are this kind of settled condition,
which is why Aristotle defines them as ‚issuing in decisions'." (S. 43f).

[100] Vgl. Pakaluk 2005, S. 144: Pakaluk bemerkt, dass Aristoteles (und seine Zeit) das
Problem der Willensfreiheit nicht kennen; es entstehe erst, wenn man von einem
deterministischen Weltbild ausgehe; ihm gehe es lediglich um den Aufweis der
Verantwortlichkeit des Einzelnen für das eigene Handeln durch die Demonstration
der Verantwortlichkeit für den eigenen Charakter, der Ursprung dieses Handelns
sei. Dies gelingt m. E. gerade nicht.

die Bildung des Charakters aber liegt nur eingeschränkt bei ihm. Aristoteles zufolge trägt man für die Bildung seines Charakters selbst die Verantwortung, gleichwohl ist es doch nach seiner eigenen Aussage in erster Linie der Erziehende als Vorbild und Lehrer, der den Charakter seines Zöglings in der Gewöhnung anleitet und formt, weshalb auch eine Gesetzgebung als gesamtgesellschaftlicher Rahmen notwendig ist, die die richtige Erziehung gewährleistet.[101]

I.3 Freundschaft bei Aristoteles

I.3.1 Freundschaft und Wohlwollen

Aristoteles erörtert den Begriff der Freundschaft (*philia*)[102] in der *Nikomachischen Ethik* vor dem Hintergrund der Frage nach dem guten Leben. Er misst Freundschaftsverhältnissen in allen Varianten eine wesentliche Bedeutung für ein gelingendes Leben bei, er hält sie sogar für lebenswichtig, denn, so Aristoteles, „[o]hne Freundschaft möchte niemand leben, hätte er auch alle anderen Güter."[103] In freundschaftlichen Beziehungen zu anderen Menschen zu stehen ist eine Bedingung für ein glückliches Leben; Freundschaft entspricht einem den Menschen von der Natur gegebenen Bedürfnis und auch einer Fähigkeit, die sie als solche miteinander verbindet und die die Gemeinschaft des Menschengeschlechts auszeichnet: „In der Fremde kann man es sehen, wie nah verwandt der Mensch dem Menschen ist und wie befreundet."[104] Aristoteles bestimmt den Men-

---

[101] EN 1180 a14-18: „Wenn aber nun, wie gesagt, wer tugendhaft werden soll, gut erzogen und gewöhnt sein und sodann edlen Bestrebungen leben muß und Schlechtes weder unfreiwillig noch freiwillig tun darf, so dürfte das wohl auf die Weise ermöglicht werden, daß man nach einer gewissen Vernunft und rechten Ordnung lebt, der zugleich nötigende Kraft beiwohnt." Vgl. Städtler 2003, S. 235.

[102] Vgl. zum griechischen Wort *philia* Von Siemens, Nathalie, Aristoteles über Freundschaft. Untersuchungen zur Nikomachischen Ethik VIII und IX, Freiburg / München 2007, S. 22: „*Philia*' bezeichnet im Griechischen ein Phänomen, das in einer Vielzahl von Beziehungen begegnen kann, die wir nicht Freundschaften nennen würden. Ein Grund für diese Vielfalt liegt sicher in der ursprünglichen Verwendung des Adjektivs „*philos*" als Possessivpronomen zur Bezeichnung der verschiedensten als wertvoll erfahrenen Verhältnisse des Eigentums oder der Zugehörigkeit."

[103] EN 1155 a5f.

[104] EN 1155 a21f; Vgl. dazu Whiting, Jennifer: The Nicomachean Account of Philia, S. 291. Whiting argumentiert, dass der Philanthrop sich mit seiner Menschenliebe gegenüber der unter allen Vertretern derselben Spezies beobachtbaren natürlichen Neigung zum Artgenossen gerade dadurch auszeichnet, dass er eben diese natürliche Neigung aufgrund von Ähnlichkeit eigentlich überwunden hat; Aristoteles erkläre die Neigung aufgrund von Ähnlichkeit bloß als natürlich, er *rechtfertige* sie aber nicht; der Philanthrop als tugendhafter Mensch liebt demnach andere Men-

schen damit ganz allgemein als ein Wesen, das anderen Menschen grundsätzlich und von Natur aus in einer freundschaftlichen Haltung begegnet und ein Interesse an Freundschaftsbeziehungen hat. Nach dem Referat einiger allgemeiner Ansichten zum Thema, aus denen sich erste Fragestellungen ergeben,[105] setzt er mit der eigentlichen Erörterung der Freundschaft bei der für Freunde wesentlichen Aktivität, dem Lieben, und ihrem Gegenstand, dem Liebenswerten, an,[106] bevor er sie definiert und in ihren Einzelheiten bestimmt. Er geht damit von der Realität alltäglicher Erfahrung des Einzelnen aus und vollzieht eine für ihn charakteristische Herangehensweise an Begriffe.[107]

Freundschaft besteht wesentlich in Liebe, sie ist eine bestimmte Art der Liebe, und die Ursache der Liebe ist stets ein Liebenswertes:

> „Denn nicht alles wird geliebt und ist demnach Gegenstand der Freundschaft, sondern nur das Liebenswerte, dieses aber ist entweder gut oder lustbringend oder nützlich."[108]

Freundschaft entsteht, wenn ein Mensch einen anderen Menschen liebt, und er liebt einen anderen Menschen dann, wenn dieser nützlich, angenehm oder gut ist – dabei betont Aristoteles, dass es keine Rolle spiele, ob der Freund schlechthin nützlich, angenehm oder gut ist, entscheidend sei, dass er es in den Augen des Freundes ist:

> „Aber nun liebt doch jedermann nicht, was ihm gut ist, sondern, was ihm als gut erscheint. Aber das macht hier nichts aus: wir können eben sagen: liebenswert ist, was gut erscheint."[109]

Für diese allgemeine Bestimmung spielt es zunächst keine Rolle, ob der Liebende in seiner Beurteilung irrt oder richtig liegt und eine wahrhaft gute Person liebt, denn wer liebt, ist sich in diesem Lieben subjektiv gewiss, das richtige Urteil über ein Liebenswertes getroffen zu haben. Natürlich vermag letztlich nur der Tugendhafte das richtige Urteil zu treffen, aber

---

schen nicht mehr bloß deshalb, weil sie seine Artgenossen sind, sondern weil sie tugendhaft sind; gleiches gilt für die Selbstliebe, die nicht mehr bloß als natürliche Neigung zu rechtfertigen ist, sondern dann (und nur dann) legitim ist, wenn der sich Liebende auch tugendhaft ist und sich *qua* Tugendhafter liebt. In: Kraut 2006, S. 276-304.

[105] EN 1155 a32-b8; Es gibt nach Aristoteles Meinungsunterschiede hinsichtlich der Freundschaft, so herrscht z.B. Unklarheit darüber, ob die Ursache der Freundschaft eher in der Gleichheit der Freunde liegt, oder ob nicht eher gilt, dass Gegensätze sich anziehen; auch, ob nur gute Menschen miteinander Freundschaft schließen können oder nicht auch schlechte, ist noch zu klären.

[106] Vgl. Von Siemens 2007, S. 29.

[107] Pakaluk 2005, S. 257f.

[108] EN 1155 b18f.

[109] EN 1155 b25ff.

auch der Irrende macht für sich geltend, wahrhaft Liebenswertes zu lieben.[110]

Aristoteles bestimmt Freundschaft als einen „Habitus"[111] (*hexis*) und grenzt sie damit von der Liebe im Allgemeinen ab, die bloß „ein[] sinnliche[s] Gefühl[]"[112] ist. Der durch das Liebenswerte ausgelöste Affekt der Liebe ist eine zwar notwendige, aber noch nicht hinreichende Bedingung der Freundschaft,[113] denn diese besteht auf der Grundlage einer „Willenswahl"[114] (*prohairesis*), und „Willenswahl geht von einem Habitus aus"[115]. Aristoteles bestimmt Freundschaft also als ein willentliches Verhältnis, und das Wohlwollen, das sich im Folgenden als entscheidender Aspekt der Freundschaft erweisen wird, ist nicht bloß Ausdruck eines sinnlichen Gefühls, sondern entsteht aus dem entsprechenden Habitus heraus. Damit wird Freundschaft als Beziehung zu einer anderen Person zum Gegenstand und zum Ergebnis vernünftiger Überlegung und Entscheidung und gründet letztlich nicht im Gefühl der Zuneigung, sondern in der vernünftigen Überzeugung, es mit einem liebenswerten Gegenüber zu tun zu haben, und in der aus diesem Urteil hervorgehenden Entscheidung, diesem Gegenüber mit Wohlwollen und Zuneigung zu begegnen. In den Überlegungen zur Willenswahl ist dabei deutlich geworden, dass diese im Sinne einer Entscheidung des Strebevermögens verstehen ist, die durch Überlegung zustande kommt und zu einer freiwilligen Handlung führt.

Mit der oben angesprochenen Unterscheidung zwischen drei Ursachen der Freundschaft – dem Guten, dem Lustbringenden oder dem Nützlichen – und drei Weisen des Liebenswerten geht im weiteren Verlauf des Textes die Unterteilung in drei Typen der Freundschaft einher. Doch *bevor* Aristoteles auf diese Einteilung näher eingeht, benennt er das Wohlwollen als wesentliches Merkmal jeglicher Freundschaft:

> „Es sind also drei Dinge, derentwegen man liebt. Nun spricht man aber bei der Liebe zu leblosen Dingen nicht von Freundschaft. Denn hier ist weder Gegenliebe noch Wohlwollen vorhanden […]. Dem Freunde aber, sagt man, muß man um seiner selbst willen das Gute wünschen. Denjenigen aber, der jemandem in dieser Weise das Gute wünscht, nennt man wohlwollend, wenn nicht seitens des

---

110 Von Siemens unterstreicht die Irrelevanz der Unterscheidung zwischen dem wirklichen und dem (nur) scheinbaren Gut an dieser Stelle, da es nicht möglich ist, „ein Gut bewusst *qua* nur scheinbares Gut zu lieben" (Von Siemens 2007, S. 32); ebenso Whiting 2006, S. 280.

111 EN 1157 b31.

112 EN 1157 b32.

113 Vgl. Von Siemens 2007, S. 33.

114 EN 1157 b31.

115 Ebd.

anderen dasselbe geschieht; denn erst gegenseitiges Wohlwollen nennt man Freundschaft."[116]

In der Freundschaft kommt „zu dem ersten, einfachen Streben nach dem Geliebten noch ein zweites hinzu: das nach dem Guten für den Geliebten. Dieses Streben ist das Wohlwollen."[117] Von Wohlwollen kann also nur dann sinnvoll gesprochen werden, wenn es bedeutet, um des Freundes willen diesem das Gute zu wünschen, denn dem Freund Gutes zu wünschen, damit es mir selbst gut geht, wäre eben kein Wohlwollen.[118] Aristoteles selbst problematisiert den Begriff des Wohlwollens an dieser Stelle nicht, doch die Bedeutung des Begriffs wurde im Kontext der Bestimmung der Freundschaft im eigentlichen Sinne (und ihrer Abgrenzung zu den Nutzen- und Lustfreundschaften) kontrovers diskutiert.[119] Im Rahmen der vorliegenden Arbeit soll diese Diskussion nicht nachvollzogen werden, im Ergebnis ist hier entscheidend, dass nicht eigentlich das Wohlwollen, wohl aber die *Ursache* des Wohlwollens sich in den auf Lust und Nutzen beruhenden Freundschaften wenn nicht als defizitäres, so doch als ein eingeschränktes herausstellt,[120] dass diese Einschränkung allerdings legitim ist und der jeweiligen Freundschaftsbeziehung keinen Abbruch tun muss.[121]

Das zweite Kapitel des VIII. Buches endet mit einer ersten Bestimmung der Freundschaft, die neben dem Merkmal des Wohlwollens die Merkmale der Gegenseitigkeit und der Unverborgenheit als konstitutiv fasst:

> „Mithin gehört zur Freundschaft, daß man sich gegenseitig wohl-
> wolle und Gutes wünsche, ohne daß einem diese gegenseitige Ge-

---

[116] EN 1155b 27-34.

[117] Utz, Konrad: Freundschaft und Wohlwollen bei Aristoteles, S. 546, in: Zeitschrift für philosophische Forschung Nr.4, 2003, S. 543-570.

[118] Vgl. dazu Utz 2003, S. 547f.

[119] In der Diskussion standen sich im Wesentlichen zwei Interpretationen gegenüber: die eine Seite anerkannte nur in der Tugendfreundschaft das Merkmal des Wohlwollens als verwirklicht, wohingegen in den anderen Freundschaften ein defizitäres Wohlwollen vorherrsche, das doch irgendwie auf den Liebenden selbst gerichtet und daher eben kein wirkliches Wohlwollen sei; für diese Position ist stellvertretend Price zu nennen (Price, A.W.: Love and Friendship in Plato and Aristotle, Oxford 1989); demgegenüber setzten sich andere Forscherinnen und Forscher (mit teilweise unterschiedlichen Begründungen) für eine Lesart ein, nach der das Verbindende aller Freundschaften noch *vor* einer weiteren Differenzierung gerade im Wohlwollen zu sehen ist und dieses eben auch in allen drei Formen verwirklicht werde; so z. B. Cooper (Cooper, John M.: Aristotle on the Forms of Friendship, in: The Review of Metaphysics 30, 1976 / 1977, S. 619-648) oder auch Annas (Annas, Julia: The Morality of Happiness, Oxford 1993), auch Utz 2003, der die Kontroverse in seiner Einführung zusammenfasst.

[120] Utz 2003, S. 557.

[121] Utz 2003, S. 549f.

sinnung verborgen bleibt, und zwar aus einer der hier angeführten Ursachen."[122]

Hier wird nun explizit, dass jemandem Gutes zu wünschen noch nicht identisch ist mit Wohlwollen: einem anderen Menschen Gutes zu wünschen heißt zunächst nur, zu wünschen, „dass sein eigenes Gut befördert wird"[123], wobei eine von diesem Gut des anderen verschiedene Absicht verfolgt werden kann. Dagegen wird aus dem „Gutes wünschen", wenn es um die Formel „um seiner selbst willen" ergänzt wird, Wohlwollen: jemandem wohlzuwollen bedeutet, ihm *Gutes um seiner selbst willen zu wünschen*, ohne über die Beförderung des Gutes des anderen hinaus ein weitere Intention zu verfolgen – das Gut des anderen ist hier eigentliches und einziges Ziel des Wunsches.[124]

I.3.2 Nutzen- und Lustfreundschaft als Freundschaften im eingeschränkten Sinne

Entsprechend der drei Arten des Liebenswerten als Ursachen der Freundschaft (Nutzen, Lust oder Gutes) gibt es also „drei Arten der Freundschaft"[125]. Bevor er auf die Tugendfreundschaft als Freundschaft im eigentlichen Sinne eingeht, beschreibt Aristoteles die Nutzen- und die Lustfreundschaft und erklärt, inwiefern sie Freundschaften im eingeschränkten Sinne sind. Er setzt damit in der Beschreibung der Tugendfreundschaft als derjenigen Beziehung, um die es ihm im Kontext seiner Ethik eigentlich geht, negativ bei jenen Formen von Freundschaft an, die

---

[122] EN 1156 a2-5; dass Aristoteles hier nicht explizit das Wohlwollen um die Betonung seiner Ausrichtung („um seiner selbst willen") ergänzt, ist ein Hinweis auf die angenommene Selbstverständlichkeit; vgl. Utz S. 552.

[123] Von Siemens 2007, S. 36.

[124] Von Siemens 2007, S. 37f; Die hier angesprochene Differenzierung bleibt zu diesem Zeitpunkt ohne konkretes Beispiel für eine *boulēsis agathou*; vgl. dazu auch Von Siemens 2007, die zunächst das ‚Gutes Wünschen' (*boulēsis agathou*) dadurch bestimmt, dass es ausschließlich auf Menschen bezogen werden kann, und das Weinbeispiel des Aristoteles als Gegenbeispiel anführt: „Der Weinliebhaber kann den Wein begehren, ihn haben wollen, und ihn genießen. Er kann ihm aber keine *boulēsis agathou* entgegenbringen. [...] Denn er wünscht nicht, den Wein zu erhalten, sondern ihn **für sich** zu erhalten [...]." (S. 35). In der Bestimmung der *eunoia* (Wohlwollen) grenzt Von Siemens dann den Freund als den, der dem anderen *um seiner selbst willen* das Gute wünscht, erneut gegen den Weinliebhaber ab: „Wenn das Verhalten dem Freund gegenüber aus der Entgegensetzung zu dem des Weinliebhabers entwickelt wird, muss der Zusatz „um seiner selbst willen" bedeuten, dass dem Freund Gutes zu wünschen ist, wobei nicht das Gut des Wünschenden, sondern das des Freundes die Absicht dieses Wunsches darstellt." (S. 37); zur Unterscheidung zwischen „Wohlwollen" und „Gutes wünschen" siehe auch Ricken, Friedo: Ist Freundschaft eine Tugend? Die Einheit des Freundschaftsbegriffs in der Nikomachischen Ethik, in: Theologie und Philosophie 2000, S. 481-492.

[125] EN 1156 a7.

dem Ideal der Tugendfreundschaft nicht in vollem Maße gerecht zu werden vermögen, sondern ihr lediglich ähnlich sind. Trotzdem müssen diese Freundschaften im eingeschränkten Sinne nicht als bloße Fehlformen von Tugendfreundschaften entwertet werden, sie können ihr eigenes Recht und ihren eigenen Wert haben – auch unter Tugendhaften kann es reine Nutzen- und Lustfreundschaften geben, was völlig legitim ist, wenn sie als solche von beiden Seiten erkannt und anerkannt werden und sich beide der jeweiligen Beziehung entsprechend verhalten.[126] Aristoteles führt im Folgenden eine Unterscheidung zwischen zwei verschiedenen Arten von *Eigenschaften* ein, aufgrund derer Freunde einander lieben – als jeweils eigentliche Ursache der Liebenswürdigkeit sind sie es, die eine Differenzierung in je verschiedene Freundschaftstypen ermöglichen; in ihrer Form als wesentliche Eigenschaften (im Unterschied zu unwesentlichen Eigenschaften) bilden sie den Charakter eines Menschen und enthüllen dem Freund nach aristotelischem Verständnis, wer die geliebte Person eigentlich ist, wie und wer sie *an sich* ist.

In Nutzen- und Lustfreundschaften wird der Freund nicht „wegen seiner persönlichen Eigenschaften"[127], also „wegen seines Charakters"[128] und demnach „weil er ist, der er ist"[129] geliebt, sondern „insofern er Nutzen oder Lust gewährt"[130]. Damit subsumiert Aristoteles das Liebenswerte in der Nutzenfreundschaft und in der Lustfreundschaft zu jenen Eigenschaften, die dem Geliebten nicht an sich zukommen. Es gibt also zum einen eine Art von Eigenschaften, die einem Menschen an sich zukommen und ihn zu dem machen, der er ist, dagegen gibt es andererseits diejenigen Eigenschaften, die nützlich oder angenehm sind; diese kommen einem Menschen *nicht* an sich zu, sind aber ebenfalls *an ihm* selbst feststellbar. Sie zeichnen sich dadurch aus, dass sie in bestimmter Weise auf den Liebenden wirken, sie lösen nämlich in diesem die Eindrücke des Nützlichseins oder des Angenehmseins aus – diese Eigenschaften werden als „akzidentell und relational"[131] bezeichnet. Nützlich oder angenehm zu

---

[126] Die aristotelische Kritik an Nutzen- und Lustfreundschaften ist zurückhaltend und bezieht sich hauptsächlich auf ihre Instabilität (EN 1156 a19-24). Problematisch werden auf Nutzen oder auf Lust beruhende Verhältnisse insbesondere dann, wenn sie nicht beiden Beteiligten als solche bewusst sind – hier kommt es zu Enttäuschungen und Vorwürfen (vgl. EN 1165 b6-14). Allerdings ist der moralische Vorrang der Tugendfreundschaft unbestritten, der die ihr nur ähnlichen Formen in ihrem Wert relativiert.

[127] EN 1156 a13f.

[128] EN 1165 b6.

[129] EN 1156 a17f.

[130] EN 1156 a16.

[131] So Von Siemens 2007, S. 41; eine ähnliche Unterscheidung ist auch bei Cooper zu finden: Cooper, John M.: Aristotle on Friendship, S. 312, in: Rorty 1980, S. 302-

sein sind Eigenschaften (die ihrerseits bewirkt werden durch bestimmte Eigenschaften), die akzidentell sind, denn nützlich oder angenehm zu sein ist nicht das, was ein Mensch an sich ist, es „ist kein Bestandteil seiner Definition als Mensch"[132]. Zweitens sind Nutzen und Lust Eigenschaften, die *nur* relational gedacht werden können, da jemand oder etwas immer nützlich oder angenehm *für* jemanden oder etwas anderes ist: es sind Wirkungen, die einem „nur in Bezug auf den Liebenden"[133] zukommen.

Weil auch die wesentlichen Eigenschaften auf andere wirken und somit auch als relational gedacht werden können (aber es im Gegensatz zu Nützlichkeit und Lust nicht *müssen*) erweist sich die Forderung von Konrad Utz, die Unterscheidung zwischen den Eigenschaften nicht eigentlich als Kennzeichnung der Eigenschaften des geliebten Menschen, sondern als eine Differenzierung hinsichtlich des Grundes ihrer Liebenswürdigkeit für den Liebenden zu verstehen, als sinnvoll: schließlich kann auch eine Eigenschaft, die ein geliebter Mensch an sich hat, für den Liebenden durchaus eine nützliche oder angenehme (also relationale) Eigenschaft sein.[134]

Nutzen- und Lustfreundschaften sind also Freundschaften in einem eingeschränkten Sinne (Aristoteles bezeichnet sie als „nur mitfolgend[e]"[135] Freundschaften), weil ihr Grund ein eingeschränkter ist, Tugendfreundschaften sind hingegen Freundschaften im eigentlichen Sinne, „weil sie [die Freunde] diese Gesinnung [des Wohlwollens] an sich, nicht mitfolgend haben."[136] Das Liebenswerte als Ursache der Nutzen- oder Lustfreundschaften besteht für den Liebenden in einer von ihm als angenehm oder nützlich empfundenen Eigenschaft des Geliebten, und dem

---

340. Utz betont allerdings, dass auch das Urteil der Tugend ein Urteil eben *des Freundes* ist, dem eine Wirkung auf ihn vorausgegangen ist (Utz 2003, S. 557f).

[132] Von Siemens 2007, S. 41.

[133] Ebd.

[134] Utz 2003, S. 558: Die Unterscheidung der Eigenschaften sollte nach Utz nicht im Sinne einer „Klassifizierung der persönlichen Eigenschaften selbst (in solche, die „an sich" sind, und andere, die es überhaupt nur „für andere" gibt)" verstanden werden, sondern im Sinne einer Bestimmung, „weshalb diese Eigenschaften *liebenswert* sind: Die Gesprächigkeit z.B. mag durchaus auch eine Charaktereigenschaft sein, die ein anderer an ihm selbst hat. Aber sie ist eben nicht an ihr selbst *liebenswert* – wenn ich höre, daß ein Mensch gesprächig ist, nötigt mir das nicht mehr Zuneigung ab, als wenn ich höre, daß er ein stilles Wasser ist. Sie wird erst dann liebenswert (oder lästig), wenn ich mit ihr zu tun bekomme, i.e. wenn sie auf mich einwirkt und in diesem Sinn *für mich* ist. Erst *für mich* ist eine angenehme Eigenschaft angenehm und eine nützliche Eigenschaft nützlich, Angenehmsein und Nützlichsein sind relationale Eigenschaften [...]. Diejenige Eigenschaft, in der die Eigenschaft des Angenehm- oder Nützlichseins begründet ist, mag dagegen durchaus *an sich* im Charakter des anderen bestehen."

[135] EN 1156 a17.

[136] EN 1156 b10f.

Charakter dieser Eigenschaften entspricht der Charakter der jeweiligen Beziehung. Nutzen und Lust bilden ein brüchiges Fundament für eine Beziehung, weil sie nach Aristoteles als zufällige Wirkungen auf bestimmte Wahrnehmungen ständig der Gefahr der Veränderung unterliegen – die kausale Verbindung zwischen Wahrnehmung und Reaktion ist kontingent, dementsprechend sind die auf diesen Zusammenhang beruhenden Freundschaften „leicht lösbar"[137]. Ein weiterer Grund für die Veränderbarkeit ist vielleicht der Umstand, dass sich die Gesichtspunkte, unter denen etwas nützlich oder lustvoll ist, eher ändern als Einstellungen zu Werten, die als gut beurteilt werden.

Der Mangel der Nutzen- und Lustfreundschaften besteht also nicht darin, dass hier kein Wohlwollen verwirklicht werden würde, sondern darin, *warum* es verwirklicht wird: entscheidend ist hier die Wirkung auf den Liebenden und damit der Aspekt der Relation.[138] Andererseits ist diese Wirkung, wenngleich sie relational ist, doch als Wirkung einer bestimmten Person zu identifizieren, die zwar von einer akzidentellen Eigenschaft ausgelöst werden mag, aber doch nicht allgemein, sondern konkret *in dieser Person* liebenswert wird.[139] Und auch das Gutsein, das in der Tugendfreundschaft geliebt wird, verursacht eine Wirkung auf den Liebenden und unterliegt damit einer Relationalität, ohne die das Verhältnis nicht bestehen könnte – allerdings liegt hier der Schwerpunkt anders: „[…] in der Tugendfreundschaft ist der Veranlassungsgrund des Wohlwollens das Gutsein des Freundes an ihm selbst. Erst sekundär […] zeitigt dieses An-sich-selbst-Gutsein auch positive *Auswirkungen* – Lust und Nutzen – *für* den Freund."[140]

Wenn davon gesprochen wird, dass der Freund *für* den anderen nützlich oder lustvoll ist, ist damit gemeint, dass Lust und Nutzen sich nicht nur der subjektiven Anerkennung des Liebenden verdanken (denn dies

---

137 EN 1156 a19; man könnte durchaus infrage stellen, ob Nutzen und Lust tatsächlich derart unbeständig sind; so viele Beispiele die alltägliche Beobachtung für eine solche Instabilität gibt, soviele Gegenbeispiele liefert sie auch: so kann die verbindende Lust am Film unter Kinogängern genauso wie der gegenseitige Nutzen innerhalb einer Geschäftsbeziehung über Jahre hinweg bestehen. Deshalb sollte hier vielleicht eher von *relativer* Beständigkeit bzw. Unbeständigkeit gesprochen werden.

138 Utz 2003, S. 557: „Hinsichtlich der Ursache der Entstehung der Liebe sind Nutzen- und Lustfreundschaft defizient. Bei Nutzen- und Lustfreundschaft ist die Ursache des Liebens gar nicht dasjenige, was geliebt wird, an ihm selbst, sondern Ursache ist dieses Geliebte nur in einer Wirkung, die es auf den Liebenden hat."

139 Utz 2003, S. 558: „Allerdings darf man das Wirksamsein des Geliebten auch nicht vollständig von ihm trennen. Es ist *sein* Sich-Auswirken auf den Liebenden, es bleibt Eigenschaft seiner, wenn auch relationale und akzidentelle. So ist der, der mir angenehm oder nützlich ist, *unmittelbar* Liebenswertes für mich, und nicht liebe ich erst die Lust und den Nutzen und dann sekundär deren Verursacher."

140 Utz 2003, S. 562.

trifft ja auch im Fall der Tugendfreunde zu), darüber hinaus wird die Wirkung auf den Liebenden zur *primären* Motivation der Liebe und des Wohlwollens.[141] Allein in Tugendfreundschaften aber, also denjenigen Freundschaften, in denen der Freund um seines tugendhaften Charakters willen, und nicht vorrangig aufgrund seiner Wirkung auf den Liebenden geliebt wird, ist der (vom Liebenden) subjektiv als gut empfundene Charakter des Freundes nicht nur für diesen Freund, sondern nach Aristoteles auch tatsächlich, an sich, also objektiv, gut: „In solchem Freundschaftsverhältnis ist jeder der beiden Freunde schlechthin gut und gut für den Freund."[142] Der Tugendfreundschaft als Freundschaft aufgrund des Guten kommt daher die Bedeutung von Freundschaft im eigentlichen und wahren Sinne zu:

> „Vollkommen aber ist die Freundschaft guter und an Tugend sich ähnlicher Menschen. Denn sie wünschen einander gleichmäßig Gutes, insofern sie gut sind, und sie sind gut an sich. Die aber dem Freund um seiner selbst willen Gutes wünschen, sind Freunde im vollkommenen Sinne, weil sie diese Gesinnung an sich, nicht mitfolgend haben."[143]

Hier ist das „um seiner selbst willen" nun nicht im Gegensatz zu „um meiner selbst willen" gemeint, sondern weist vielmehr auf die *Ursache* des Wohlwollens hin: die Betonung liegt auf der Wertschätzung des Charakters des Freundes durch den Liebenden im Gegensatz zu einer Wertschätzung derjenigen Eigenschaften, die auf ihn selbst nützlich oder angenehm wirken und der ständigen Veränderung unterworfen sind.

Jede Freundschaft beruht auf Ähnlichkeit[144], aber in der Tugendfreundschaft ist diese wesentliche Voraussetzung in besonderer Weise erfüllt. Die Ähnlichkeit der Freunde in der Tugendfreundschaft ist eine besondere, weil sie zwar auch die Übereinstimmung in Bezug auf das Angenehme oder Nützliche beinhaltet, aber gleichzeitig über diese äußerlichen (durchaus wertvollen) Aspekte hinausgeht. Die hier zu entdeckende Übereinstimmung besteht wesentlich und ist deshalb eine dauerhafte: die

---

[141] Vgl. Utz 2003, S. 545.

[142] EN 1156 b12f sowie EN 1157 b26ff: „Denn für liebenswert und begehrenswert gilt das schlechthin Gute oder Lustbringende, für den einzelnen aber, was für ihn jeweils ein solches ist, und der Tugendhafte ist dies für den Tugendhaften aus beiden Ursachen zugleich."

[143] EN 1156 b7-11.

[144] EN 1156 b22f und 1156 b33ff; Vgl. Whiting 2006, S. 291: Whiting versteht die Ähnlichkeit eher als Ergebnis der Freundschaft denn als ihre Ursache: zwar betone Aristoteles die Voraussetzung der Übereinstimmung der Freunde in ihrer Wahl (EN 1165 b), dies setze aber nicht voraus, dass sie denselben *Charakter* haben – die Ähnlichkeit des Charakters entwickle sich vielmehr mit der Freundschaft. Ein Lösungsansatz des für diese Arbeit zentralen Problems der Begründung der Freundschaft wird allerdings genau in dieser Weise argumentieren. Vgl. Kap. I.4.

Freunde sind sich ähnlich in dem, *wer sie sind*, und sie sind gut und deshalb liebenswert. Die Liebe gilt der Person selbst, daher können nur gute Menschen auf diese Weise (um ihrer selbst willen) miteinander befreundet sein.[145] Unter den Lust- und Nutzenfreundschaften sind ebenfalls diejenigen die beständigsten, in denen die Freunde am Gleichen Lust oder Nutzen erfahren.

I.3.3   Freundschaft unter Ungleichen

Die Ähnlichkeit bildet also ein wesentliches Merkmal jeder Freundschaft, und insbesondere in der Tugendfreundschaft gleichen die Freunde einander hinsichtlich ihres Charakters. Doch Aristoteles kennt auch die Möglichkeit der Freundschaft unter der Bedingung der Ungleichheit und stellt dort die Vielfalt der Tugend und der Ausdrucksformen der Freundschaft fest. Zwar gilt: Je größer die Ähnlichkeit, die Übereinstimmung in Bezug auf die Tugend ist, desto stabiler ist die Freundschaft und desto näher kommt sie dem Ideal von Freundschaft, doch es bestehen auch Freundschaften zwischen Personen, die zueinander in einem Abhängigkeitsverhältnis stehen:

> „Es gibt aber noch eine andere Art von Freundschaft, bei der ein Verhältnis der *Überlegenheit* besteht, so die Freundschaft des Vaters mit dem Sohn […] und die eines jeden Vorgesetzten mit dem Untergebenen. Diese Freundschaften sind auch unter sich verschieden; […] Jede dieser Personen hat nämlich eine andere Tugend und eigentümliche Verrichtung und jede ein anderes Motiv der Liebe, und darum ist auch die Liebe und die Freundschaft jedesmal eine andere. So leisten denn hier beide Teile einander nicht das Gleiche, und das darf man auch nicht verlangen; […] In allen diesen auf einer Überlegenheit beruhenden Freundschaften muß die Liebe eine *verhältnismäßige* sein, muß der Bessere, Nützlichere und sonst Überlegene mehr geliebt werden als lieben. Denn dann, wenn beide Teile nach Würden geliebt werden, entsteht gewissermaßen *Gleichheit* […].“[146]

Aristoteles beschreibt hier Freundschaftsverhältnisse, in denen sich die Freunde unter der Voraussetzung einer Ungleichheit begegnen, die eine soziale Bedingung darstellt: der eine Freund ist in einer bestimmten (oder mehreren) Hinsicht(en) besser, potenter, mächtiger und hat innerhalb einer Gesellschaft oder Gemeinschaft einen allgemein anerkannten Status erreicht, der zum Ergebnis hat, dass es wiederum eine allgemein anerkannte Vorstellung darüber gibt, wie diesem Menschen zu begegnen ist. Die mit diesem gesellschaftlichen Status einhergehende Verpflichtung gegenüber dem Mächtigen ist auch in der Freundschaft präsent, und damit wird

---

[145] EN 1157 a18f.
[146] EN 1158 b11-28.

eine gesellschaftliche Größe in die Sphäre des Privaten überführt. Gleiches gilt natürlich für den Unterlegenen, der seine Abhängigkeiten und Schwächen auch in der Freundschaft nicht abzulegen vermag, um hier einem Gegenüber auf Augenhöhe zu begegnen. Dennoch sollen die Freunde einander lieben, sich also um des anderen willen wohlwollen, dies einander zeigen und in Freundschaft zusammenleben. Da sie aber nach Aristoteles in einer bestimmten Hinsicht ihres Personseins[147], im Zielgrund ihrer Liebe und in der Ausdrucksmöglichkeit ihrer Zuneigung verschieden sind, *können* sie einander nicht in gleicher Weise und im gleichen Umfang lieben. Aufgrund ihres Unterschiedes ist das Ziel der Freundschaft unter Ungleichen nicht, einen Schutzraum zu schaffen, in dem die sozialen Bedingungen gestaltet oder gar aufgehoben werden, es geht lediglich um die Herstellung eines Ausgleichs, der immer wieder neu geleistet werden muss, ja es wird hier deutlich, dass es in der Freundschaft (auch in der unter Gleichen) ganz wesentlich um Leistung geht. Damit zwischen Unterlegenem und Überlegenem trotzdem eine Freundschaftsbeziehung bestehen kann, soll jeder nach seiner Würdigkeit geliebt werden: der Unterlegene soll also weniger geliebt werden, der Überlegene mehr. Der Unterlegene muss aber nicht bloß in der Qualität seiner Liebe dem Überlegenen entsprechen (und umgekehrt), er muss zudem auch *mehr* leisten als der Überlegene: Aristoteles betont den Vorrang der Quantität der Freundschaftsleistung:

> „Im Recht steht die Gleichheit nach der Würdigkeit zuerst, und die quantitative Gleichheit folgt auf sie. Dagegen steht in der Freundschaft die quantitative Gleichheit an erster Stelle, und die nach der Würdigkeit folgt ihr. [...] wenn unter verschiedenen Personen ein großer Abstand bezüglich der Tugend oder Schlechtigkeit, des Wohlstandes oder sonst einer Sache herrscht: da ist man nicht mehr Freund [...].“[148]

Die Forderung des Ausgleichs entsprechend der Quantität und der Würdigkeit stellt vor allem für den Unterlegenen eine Herausforderung dar; daher verwundert es kaum, dass der Abstand zwischen beiden nicht allzu groß sein darf. Dass die Anforderung in erster Linie *das Lieben* betrifft[149],

---

[147] Aristoteles zählt mit der Tugend und der Nützlichkeit zwei wichtige Hinsichten auf, bei denen der eine dem anderen Freund über- bzw. unterlegen ist; der hier angesprochene Unterschied kann sich aber auch auf andere Aspekte beziehen, unter denen der Mensch wahrgenommen werden kann und die sich für eine Beziehung als relevant erweisen. (Siehe in der folgenden Anmerkung „oder sonst einer Sache").

[148] EN 1158 b30-35.

[149] EN 1159 a33-b2: „Da aber die Freundschaft mehr im Lieben liegt [...] so erscheint als die Tugend der Freunde das Lieben, weshalb die, bei denen dies nach Würdigkeit und Verhältnis geschieht, beständige Freunde sind [...]. So kann es noch am

scheint dabei eher keine Entlastung darzustellen, denn dies zieht sogleich das Problem der Beurteilung der Angemessenheit nach sich. Aristoteles selbst sieht diese Schwierigkeit und betont daher, dass die Freundschaft „nur das Mögliche [verlangt], nicht das Gebührende."[150] Das heißt aber auch, dass diesen Verhältnissen bei aller Bemühung etwas Defizitäres anhaftet, denn die Begleichung der geschuldeten Liebe wird nicht dauerhaft gelingen. Wer kommt für diese Freundschaft zwischen Ungleichen in Frage? Jeder, dem zumindest zugestanden wird, ein Mensch zu sein, denn der größte denkbare Abstand, der nicht mehr zu überbrücken ist, besteht dort, wo einem das Menschsein abgesprochen wird; umgekehrt gesprochen ist die Anerkennung des „Status" des Menschseins die Minimalbedingung der Freundschaft zwischen Ungleichen:

> „[...] ein Freundschaftsverhältnis gibt es zum Leblosen so wenig wie ein Rechtsverhältnis. Aber auch nicht zu einem Pferd oder Ochsen, oder zu einem Sklaven, insofern er Sklave ist. Denn hier fehlt jedes Gemeinsame; [...] Sofern er also Sklave ist, ist keine Freundschaft mit ihm möglich, wohl aber sofern er Mensch ist. Denn jeder Mensch, kann man sagen, steht im Rechtsverhältnis zu jedem Menschen, der Gesetz und Vertrag mit ihm gemeinsam haben kann [...]."[151]

Der Sklave kann zum Freund des Herrschers werden, wenn dieser ihn in seinem Menschsein anerkennt und damit in seiner Eigenschaft als Rechtssubjekt. Andererseits hat Aristoteles bereits betont, dass das Gefälle nicht zu groß sein darf, und so erscheint die Freundschaft zwischen dem Sklaven und seinem Besitzer nur noch als eine bloß theoretische Möglichkeit. Es bleibt offen, wie weit die Unterschiede in anderen Fällen gehen dürfen, Aristoteles bemerkt aber, dass das Wohlwollen unter der Voraussetzung steht, dass der Freund der bleibt, der er ist – nämlich das ursprünglich als liebenswert erkannte Objekt der Liebe.[152] Dabei sind es die sittlichen Tugenden als jene Eigenschaften, die den Charakter bilden, die einem Menschen an sich zukommen und ihn zu dem machen, der er ist, wohingegen das, aufgrund dessen er für den Freund angenehm oder nützlich ist, nicht wesentlich zu seinem Charakter gehört. Fehlten ihm auch diese Eigenschaften, aufgrund derer er dem Freund nützlich oder angenehm ist, so wäre er immer noch derselbe. Was ein Mensch wesentlich ist und wie die

---

ehesten geschehen, daß Ungleiche Freunde sind, weil so unter ihnen Gleichheit hergestellt wird."

[150] EN 1163 b15.

[151] EN 1161 b1-7.

[152] EN 1159 a8-11. Diese Einschränkung des Wohlwollens zeigt, dass die Freundschaft sich nicht ihrer eigenen Grundlage entziehen kann – Freundschaft will, dass sie Freundschaft bleibt, wenn der Geliebte daher ein derart anderer wird, dass Freundschaft nicht mehr möglich ist, ist die gefragte Grenze erreicht.

Identifikation von Tugend, Charakter und ihrem Träger bei Aristoteles zu verstehen ist, wird im Folgenden näher erklärt.

I.3.4 Tugendfreundschaft als Freundschaft zur Person an sich

Nach Aristoteles lieben die Freunde einander in der Tugendfreundschaft um ihrer selbst willen, der eine liebt den anderen an sich, als den, der er ist und anerkennt ihn als gut. Was aber bedeutet es, den anderen um seiner selbst willen zu lieben, was ist dieses *an sich*, das *Selbst*, das hier als gut beurteilt und geliebt wird? Aristoteles versteht unter dem Selbst eines Menschen insbesondere seine Vernunft, er spricht aber auch vom *Charakter*, dem *êthos*, das in der Tugendfreundschaft geliebt wird.[153] Er bestimmt den Menschen in Abgrenzung zu anderen Lebewesen als vernunftbegabt, diese spezifisch menschliche Vernunftbegabung zeichnet ihn aus und ist daher das, was der Mensch *an sich* ist, das „eigentliche Selbst des Menschen"[154].

Die menschliche Vernunft wird im theoretischen wie im praktischen Bereich tätig, und diese beiden Weisen der Vernunft unterscheiden sich sowohl ihrem Gegenstand als auch ihrem Ziel nach, das in einem je anderen Gut besteht. Die theoretische Vernunft (Weisheit) beschäftigt sich mit dem, „dessen Prinzipien sich nicht anders verhalten können", wohingegen Gegenstand des praktischen Teils dasjenige ist, „was sich anders verhalten kann".[155] Das Ziel der theoretischen Betätigung der Vernunft ist das Wissen, ihr Gut ist die Wahrheit, das der praktischen hingegen besteht im Handeln, ihr Gut ist die Sittlichkeit.[156] Diese auf die Praxis bezogene Vernunft, die Klugheit, ist für die Ethik entscheidend.

Das menschliche Handeln ist stets zielgerichtet, und dieses Ziel ist Gegenstand des Wollens, wohingegen die Willenswahl die Mittel wählt, die zum Erreichen des gewollten Ziels führen.[157] Dabei „hängt die Qualität des Zieles, das wir uns vorsetzen, êvon unserer eigenen Qualität ab"[158], denn die Zielsetzungen werden wesentlich durch die Tugenden als diejenigen dauerhaften Dispositionen geprägt, die dem Menschen als Habitus im Laufe der Zeit durch Gewöhnung, durch wiederholtes Ausführen be-

---

[153] Vgl. Höffe, Otfried, Aristoteles-Lexikon, Art. ‚êthos', S. 214, Stuttgart 2005: ‚êthos' als ‚Charakter' ist „die Qualität eines Lebewesens" und verweist auf seinen Ursprung, das ‚ethos' im Sinne der Gewohnheit (vgl. dazu ebd. S. 212f); Vgl. auch Pieper, Annemarie: Art. ‚Ethik', in: Ritter, Joachim (Hrsg.): Historisches Wörterbuch der Philosophie, Bd. 2, Sp. 759-809, Basel / Stuttgart 1972. Vgl. auch Sherman 1989, Meyer 1993.

[154] EN 1166 a16f: „[…] um seiner selbst willen, nämlich zugunsten seines denkenden Teils, der ja das eigentliche Selbst des Menschen ist."

[155] EN 1139 a7f.

[156] EN 1139 a21-26.

[157] EN 1113 b3ff.

[158] EN 1114 b22ff.

stimmter Handlungen, anerzogen wurden.[159] Der angeeignete Habitus
wiederum macht einen zu dem, was bzw. „wie man ist"[160]. Einerseits wird
also die Aneignung des Habitus anerzogen, andererseits versteht Aristoteles diese Anerziehung als eigene aktive Aneignung des Zöglings. Entscheidend ist hier, dass der Vollzug der Handlungen in der Macht des
Einzelnen liegt – deshalb ist man letztlich auch selbst verantwortlich für
die aus diesem Handeln erwachsenden Haltungen, die *Gewohnheiten* sind,
den eigenen Charakter, das *êthos*, und die durch diese Haltungen geprägten Ziele seines Handelns.[161] Insofern die auf diese Weise in eigener Verantwortlichkeit erworbenen Tugenden das Wesen, das *an sich*, das *êthos*
eines Menschen bilden, gibt sich der Mensch diesen seinen Charakter
selbst.[162]

Das, was den Menschen zum Menschen macht, was ihn als das auszeichnet, was er an sich ist, ist also seine Vernunft. Seine Vernunft, die
zunächst bloßes Vermögen ist, wird in jenem Handeln sichtbar, das in der
Willenswahl gründet, weil diese Willenswahl das Ergebnis einer vernünftigen Überlegung ist. Deshalb gilt: So wie ein Mensch seine Vernunft verwirklicht, also überlegt handelt, so ist er als Mensch *an sich*, dies ist sein

---

[159] EN 1103 b13-25: „Grade so ist es nun auch mit den Tugenden: [...] aus gleichen
Tätigkeiten erwächst der gleiche Habitus. Daher müssen wir uns Mühe geben, unseren Tätigkeiten einen bestimmten Charakter zu verleihen; denn je nach diesem
Charakter gestaltet sich der Habitus. Und darum ist nicht wenig daran gelegen, ob
man gleich von Jugend auf sich so oder so gewöhnt; vielmehr kommt hierauf sehr
viel, oder besser gesagt, alles an."

[160] EN 1114 a7-10: „Denn die Akte, die man in einer bestimmten Richtung ausübt,
machen einen zu einem solchen, wie man ist." Hier ist das *wie* gleichbedeutend mit
dem *wer* einer Person; Aristoteles unterscheidet nicht zwischen dem *was* und dem
wer einer Person.

[161] EN 1114 a31-b8.

[162] Vgl. Von Siemens 2007, S. 53: „Die Summe der einmal angeeigneten Haltungen ist
für Aristoteles der Charakter (*êthos*) eines Menschen. [...] Der Charakter als
Summe der Haltungen eines Handelnden kann damit einen Begriff dessen liefern,
was ein Mensch an sich ist. Denn er ist ihm nicht nur zuschreibbar, sondern kann
über die Entscheidung auf das rationale Vermögen zurückgeführt werden, das das
spezifische Vermögen des Menschen darstellt." Zur ursprünglichen Bedeutung des
Wortes Charakter: Seidel, Christa / Pongratz, Ludwig J.: Art. *Charakter*, Sp. 984:
„Schon früh findet sich neben der Grundbedeutung von griechisch χαρακτήρ =
„Gepräge" (zu griech. χαράσσειν, einritzen) die moralische Bedeutung „Hauptei-
genschaft", in: Ritter, Joachim (Hrsg.): Historisches Wörterbuch der Philosophie,
Bd. 1, Sp. 984-993, Basel / Stuttgart 1971; Aristoteles selbst schreibt nicht von
Charakter, sondern von *êthos*, das aber mit ,Charakter' übersetzt wird: so zu Beginn des vierten Kapitels v. Buch III: „Die Willenswahl scheint [...] noch mehr als
die Handlungen selbst den Unterschied der Charaktere zu begründen." (EN 1111
b5f) oder auch im ersten Kap. des IX. Buches: „Dagegen hat die Freundschaft, die
auf dem Charakter beruht und an sich Freundschaft ist, festen Bestand." (EN 1164
a12f).

Charakter. Durch die Entscheidung für die Tugend und damit für einen guten Charakter verwirklicht ein Mensch in guter Weise sein eigentliches Selbst.[163] Das Handeln eines Menschen gibt also Aufschluss über seinen Charakter, und die Tugend führt nicht nur zu gutem Handeln, sie ist auch ein Habitus, „vermöge dessen er selbst gut ist"[164]. Daher ist der Charakter mit dem, was ein Mensch an sich selbst ist, nach Aristoteles identisch.[165]

---

[163] Vgl. Von Siemens 2007, S. 54f; Vgl. auch Cooper 1980, S. 312: „[…] virtues are essential properties of human *kind*: a person realizes more or less fully his human nature according as he possesses more or less fully those properties of character which count as moral excellences. And since individual persons are what they essentially are by being human beings, it can be said that a person (any person) realizes his own essential nature more fully the more completely and adequately he possesses the moral excellences. So if one is the friend of another person, and wishes him well, because of good moral qualities he possesses, one will be his friend because he is something that he is essentially and not incidentally […] a human being." Nach Price bezieht sich Aristoteles in der Wendung „um seiner selbst willen" auf einen Begriff von Selbst, der als „instantiation of character" (Price 1989, S. 108) zu verstehen ist. Einen Menschen um seiner selbst willen zu lieben heißt also, ihn um seines Charakters willen zu lieben. Auch Price betont, dass dieses Selbst sich in Begehren, Entscheidungen und Handlungen realisiert (ebd., S. 105ff).

[164] EN 1106 a23.

[165] Price zufolge zeigt auch Buridan in seinem Kommentar, dass es dasselbe bedeutet, einen Menschen um seiner selbst willen zu lieben, und ihn um seines Charakters willen zu lieben, weil dem Tugendhaften seine Tugenden aufgrund seiner selbst zugesprochen werden, denn es liegt in der Macht des Trägers einer Tugend, eben tugendhaft zu sein, und sie kann ihm nicht gegen seinen Willen genommen werden – diese Macht ist ihm aber nicht in Bezug auf seine Nützlichkeit oder seine Annehmlichkeit gegeben. Während man also im Fall der Tugend die Eigenschaft nicht von ihrem Träger äußerlich trennen kann, ist das in den Fällen des Nutzens und der Lust durchaus möglich. Die Unterscheidung zwischen intrinsischen und relationalen Eigenschaften führt also zur Unterscheidung zwischen Eigenschaften, die in der Macht des Willens des Besitzers liegen, und jenen, auf die der Besitzer keine derartige Macht hat. Weil also ein guter Charakter etwas ist, für das sein Träger verantwortlich zeichnet, bedeutet, ihn um seines Charakters willen zu lieben, ihn um seiner selbst willen zu lieben, es heißt, ihn als den das Gute Wählenden zu lieben (Price 1989, S. 108f und S. 124). Buridan betont hier den Aspekt des Ursprungs der Tugend, der im Willen liegt. Mit der Identifikation der Tugend eines Menschen mit seinem Charakter wird auch letzterer zur unmittelbaren Folge individueller Freiheit. Nach Buridan obliegt es dem Menschen also, frei zu entscheiden, wer er ist. Die Überlegungen im Kapitel I zur Willenswahl haben aber gezeigt, dass dieser Gedanke Aristoteles fern liegt. Für das Thema dieser Arbeit ist diese Überlegung und der sich zeigende Unterschied zwischen den beiden Autoren (Aristoteles und Buridan) jedoch von entscheidender Bedeutung (vgl. Kapitel III.2). Vgl. auch Von Siemens 2007, S. 56: „Wenn eine Freundschaft aber auf der Liebe zu guten Charaktereigenschaften beruht, hat der Liebende einerseits Eigenschaften zur Verfügung, die den anderen unterscheiden und Liebe hervorrufen. Andererseits realisiert sich in diesen Eigenschaften das, was der andere an sich ist. Deshalb

Dann ist ein Mensch aber deshalb liebenswert und als Freund qualifiziert, weil er sich in bestimmter Weise charakterlich entwickelt (hat) und sittlich handelt, und nicht schon aufgrund seiner Individualität oder seiner Fähigkeit zur Moral. Damit fallen zum einen strenggenommen alle möglichen Gründe der Liebe jenseits der realisierten Moralität des Freundes weg, womit sich eine Engführung dessen ergibt, was liebenswert sein kann; zum anderen wird die Freundschaft der Beliebigkeit preisgegeben, denn Aristoteles bezieht sich in seinen Ausführungen zwar stets auf den Einzelnen als Handelnden, dieser Einzelne bleibt aber als bloß konkreter Fall eines Allgemeinen („der Tugendhafte") nicht näher in Abgrenzung zu anderen Menschen bestimmt.[166] Daher erschöpft sich für ihn die Beschreibung des einzigartigen Selbst eines Menschen in der Identifikation mit dessen Charakter, der sich wiederum durch als wesentlich verstandene sittliche Eigenschaften konstituiert. Die Individualität eines Menschen jenseits seiner Sittlichkeit bleibt weitgehend unberücksichtigt.[167]

Mit der Betonung des Selbst eines Menschen, seines Charakters, der der eigentliche Gegenstand der Liebe in der Freundschaft unter Tugendhaften ist, ist der Gedanke der Parallele zwischen der Selbst- und der Freundesliebe aufs Engste verbunden: Aristoteles beschreibt das Verhältnis zum Freund in der Tugendfreundschaft als Spiegelung und Folge des Selbstverhältnisses, sodass die freundschaftliche Liebe, mit der das Selbst des anderen in der Tugendfreundschaft geliebt wird, dem Verhältnis des Tugendhaften zu seinem eigenen Selbst folgt:

> „Die Art, wie man die Liebe zu den Freunden betätigt, und die Merkmale, durch die man den Begriff der Freundschaft bestimmt, scheinen aus dem Verhalten hervorgegangen zu sein, das wir gegen uns selbst beobachten."[168]

Die Einstellung und das Verhalten gegenüber dem Selbst des Freundes gestalten sich beim Tugendhaften in gleicher Weise wie das Selbstverhältnis, weil der Tugendhafte „gegen seinen Freund wie gegen sich selbst gesinnt

---

macht es hier keinen Unterschied, ob jemand für seine Eigenschaften geliebt wird oder als Mensch."

166 Vgl. Krieger, Gerhard: „Selig, wer Dich liebt und den Freund in Dir". Augustin und die Freundschaft, bes. S. 43-47, in: Fiedrowicz (Hrsg.), Michael: Unruhig ist unser Herz. Interpretationen zu Augustins Confessiones, S. 41-58, Trier 2004.

167 Vgl. Schulz, Peter, Freundschaft und Selbstliebe bei Platon und Aristoteles: semantische Studien zur Subjektivität und Intersubjektivität, Freiburg 2000, S. 138f. Hier geht Schulz auf die bereits von Rudolf Eucken 1884 vorgetragene Kritik ein, die aristotelische Freundschaftsdiskussion vernachlässige die Individualität der Freunde (in: Eucken, Rudolf: Aristoteles' Anschauung von Freundschaft und von Lebensgütern, Berlin 1884, S. 41).

168 EN IX, 4.1166 a1f; vgl. insgesamt zum Selbstverhältnis als Freundschaft Schulz 2000.

ist – ist doch der Freund ein zweites Selbst [...]"[169] (*allos autos*). Das wichtigste Kennzeichen im Umgang mit sich selbst ist aber das Wohlwollen. Der Tugendhafte liebt sein Leben und sein Sein und wünscht sich selbst, d. h. seinem vernünftigen Seelenteil (soweit dieser bezogen ist auf das Streben) das Gute.[170] Wer sich in dieser richtigen Weise selbst liebt, liebt sich selbst zu Recht am meisten. Das Wohlwollen bezieht sich damit bei Aristoteles ursprünglich und in erster Linie auf sich selbst, in abgeleiteter Weise aber auf den Freund.[171] Wer seinen Freund in gleicher Weise wie sich selbst liebt, liebt dabei zugleich, „was für ihn selbst gut ist"[172]. Das Wohlwollen für den Freund schließt damit das Wohlwollen für sich selbst ein; zweitens steht es unter der Voraussetzung, dass der Freund „bleibt, wer er ist, und so wünscht man ihm [...] die größten Güter; aber nicht alle vielleicht, da jedermann vor allem sich selbst Gutes wünscht."[173] Damit ist bei Aristoteles ein Vorrang der Selbstliebe feststellbar, der das Wohlwollen dem Freund gegenüber zumindest relativiert.

An der Kennzeichnung des Freundes als ein zweites Selbst wird die Exklusivität der Freundschaft deutlich: ein Freund ist ein Mensch, der mir derart nahesteht, dass er mir zu einem zweiten Ich wird, dass die grundlegende Trennlinie zwischen Innenleben und Außenwelt zumindest verschwimmt – enger kann eine Verbindung zwischen zwei Menschen kaum gedacht werden. Es liegt die Vermutung nahe, dass die Erfahrung dieser Intimität nicht mit jedem und nicht mit vielen Menschen vollzogen werden kann, was zunächst in der Natur der Liebe selbst liegt: die intensive Zuneigung, die in Freundschaften (oder auch Paarbeziehungen) empfunden wird, ist, so Aristoteles, „[ihrer] Natur nach auf einen gerichtet."[174] Wahre Freundschaft ist also ihrem Wesen nach eine exklusive Beziehung. Warum aber wird mir ein Mensch zum zweiten Selbst, warum trifft gerade ihn oder sie meine Willenswahl? Diese Frage wurde in der Einleitung als grundlegendes Problem aufgeworfen. Die aristotelischen Ausführungen zur Freundschaft kommen der Frage nach der Begründung von Freundschaftsbeziehungen dort am nächsten, wo es um die Erörterung der Seltenheit der Freundschaft im eigentlichen Sinne geht. Hier werden zwei Bedingungen, die sie zum exklusiven Verhältnis machen, deutlich, allerdings beschränkt sich die Antwort, wie sich zeigen wird, auf die Frage nach dem Grund für die Freundschaft zu einem bestimmten Menschen auf den Hinweis auf objektive Kriterien, die gerade *nicht* die Exklusivität begründen können.

---

[169] EN 1166 a31f.
[170] EN 1166a 10-20.
[171] EN 1159 a11f und 1168 b1-5.
[172] EN 1157 b33.
[173] EN 1159 a11ff.
[174] EN 1158 a11f.

I.3.5 Die Seltenheit der Tugendfreundschaft

Aristoteles stellt fest, dass es sich bei der Freundschaft im eigentlichen Sinne um eine exklusive Beziehungsform handelt, die nur sehr selten verwirklicht wird; die Seltenheit wahrer Freundschaft hat vor allem zwei Gründe:

> „Naturgemäß sind aber derartige Freundschaften selten, da es Männer der bezeichneten Art nur wenige gibt. Auch bedarf es zur Bildung solcher Herzensbünde der Zeit und der Gewohnheit des Zusammenlebens […].“[175]

Es gibt erstens nur selten echte Freundschaft, weil nur wenige Menschen wirklich tugendhaft sind. Wenn man Aristoteles derart interpretiert, dass hier ein Ideal beschrieben wird, wir aber (auch mit Aristoteles) unter tugendhaften Menschen nicht nur in moralischer Hinsicht herausragende Personen verstehen, ist dieses Argument für die Seltenheit von Freundschaft zumindest zu relativieren.[176] Der Grund für die Seltenheit wahrer Freundschaft liegt dann vielleicht eher in den äußeren Bedingungen der Entstehung einer Freundschaft und ihrer Pflege, wie sie der zweite Aspekt anspricht: Freundschaft besteht für Aristoteles wesentlich im Zusammenleben und im Teilen des Alltags, und dies bedarf der Zeit und der Gewohnheit, und wir können nicht mit vielen Menschen unser Leben gleichermaßen teilen, unsere physischen und psychischen Beschaffenheiten setzen uns hier Grenzen.[177]

---

[175] EN 1156 b24ff.

[176] So z. B. Cooper 1980, S. 306ff: Nutzen- und Lustfreunde lieben an ihren Freunden *einige* ganz *bestimmte* Eigenschaften, die sie (und vielleicht nur sie) an ihnen wahrnehmen und als nützlich oder angenehm (ein)schätzen. Diese Wahrnehmung ist eine Unterstellung, weil vielleicht noch gar nicht entschieden (und auch nicht entscheidend) ist, ob die angenommenen Eigenschaften auch für andere oder überhaupt anzutreffen sind, und sie ist vor allem eine partielle oder eingeschränkte, weil sie nicht die Person im Ganzen sieht, sondern eben bestimmte Ausschnitte von ihr erfasst; dies scheint nun genauso auf Tugendfreunde zutreffen zu können – auch sie lieben vielleicht nicht *alles* am Freund, es sind also auch in Tugendfreundschaften bestimmte gute Eigenschaften, die geliebt werden.

[177] EN 1171a1-13. Vgl. auch Von Siemens 2007, S. 207: „Die Verfolgung des Wohls vieler anderer als eigenes übersteigt die Kräfte des einzelnen. Identität des Charakters und Identität des Verhältnisses zum eigenen und zum Gut des anderen mit vielen Menschen aufzubauen, führt notwendigerweise zur Desintegration des eigenen Selbst. Denn es ist unwahrscheinlich, dass alle Freunde auch untereinander Freund sind, also dieselbe Identität besitzen können […]. Zudem ist es schwierig, mit vielen Freude und Leid zu teilen. Nicht nur weil durch das Zusammenkommen der Freude bzw. des Leides von vielen, die der Charakterfreund alle als eigene erleben würde, eine emotionale Intensität erreicht würde, die seiner inneren Ausgeglichenheit kaum zuträglich sein dürfte. Problematischer ist die Tatsache, dass bei einer großen Anzahl von Charakterfreunden wahrscheinlich selten alle gleichzeitig in derselben emotionalen Verfassung sind.“

Beide Begründungen für die Seltenheit der Freundschaft im eigentlichen Sinne – die Seltenheit der Tugend und der notwendige Zeit- und Energieaufwand – berücksichtigen nicht den Menschen in seiner Ganzheit, in seiner Ungeteiltheit. So bleiben einerseits die Feststellung, dass in der Tugendfreundschaft der Mensch um seiner selbst willen, weil er ist, der er ist, geliebt wird, und andererseits die Einschränkung, dass besagte Tugendfreundschaften selten sind, unvermittelt nebeneinander stehen. Dabei ist nach der Beschreibung des Freundes als zweites Selbst zu vermuten, dass die Seltenheit der Freundschaft neben den angeführten Ursachen (und hier scheint insbesondere das zweite Argument einleuchtend) auch in einem ursächlichen Zusammenhang mit einem Aspekt steht, den gerade die Parallele zwischen dem Selbst und dem Freund nahelegt: der Begriff des Selbst verweist ja seinerseits auf das höchstmögliche Maß an Exklusivität, da er im Bewusstsein gedacht und ausgesprochen wird, dass es *mich* nur ein einziges Mal gibt, und er könnte eine Antwort auf die Frage geben, warum unter mehreren Tugendhaften er eine und nicht der andere zum Freund wird.

I.4   Das Problem der Begründung der Freundschaft

In der Auseinandersetzung mit der aristotelischen Freundschaftsphilosophie wird deutlich, dass dieser in der Begründung der Entstehung und des Charakters zwischenmenschlicher Verhältnisse auf ihre jeweiligen Ziele verweist. Freundschaften sind wie alle anderen menschlichen Tätigkeiten auch auf Ziele ausgerichtet und diesen Zielen entsprechend eingerichtet. Dies gilt auch für die Freundschaften im eigentlichen Sinne, in der die Freunde sich gegenseitig an sich, d.h. als tugendhafte Menschen aufgrund ihres guten Charakters lieben.

Die wichtigsten Voraussetzungen des Zustandekommens einer Tugendfreundschaft sind zum einen die Tugend der Freunde, ihr guter Charakter, und zum anderen die Zeit und die Gewohnheit des Zusammenlebens, und hierin wird implizit die Voraussetzung der Begegnung mitgenannt: die allererste Bedingung jeglicher Beziehung besteht in der Begegnung, Freundschaft kann es nur zwischen jenen geben, die   einander treffen und kennen. Damit liegen zwei Bedingungen vor: die erste Bedingung stellt ein Kriterium zu einer Vorauswahl hinsichtlich des möglichen Freundes bereit, sie besagt, wer überhaupt als Tugendfreund geliebt werden kann: nur gute, einander ähnliche Menschen kommen für eine Tugendfreundschaft infrage. Die zweite Bedingung spricht dagegen die äußeren, kontingenten Umstände von Raum und Zeit an, die das Zusammenleben in Freundschaft erst ermöglichen. Beide Bedingungen machen einsichtig, warum es seltener Freundschaft im eigentlichen Sinne gibt als andere Verhältnisse, sie können aber nicht hinreichend begründen, warum

Freundschaften zwischen bestimmten Personen tatsächlich zustande
kommen, denn es ist möglich, dass keine Freundschaft entsteht, *obwohl*
beide Bedingungen erfüllt sind. Sie stellen damit notwendige, aber nicht
hinreichende Bedingungen der Freundschaft dar.

Unter der Voraussetzung der Annahme, dass es tatsächlich mehrere
tugendhafte Menschen gibt und eine solche tugendhafte Person im Laufe
ihres Lebens oder sogar innerhalb einer relativ kurzen Zeit mehreren anderen Menschen begegnen wird, die sie für ebenso tugendhaft hält, die ihr
also ähnlich sind, stellt sich die Frage, warum unter diesen mehreren Tugendhaften gerade eine ganz bestimmte Person X geliebt wird, warum es
mit diesem einen Menschen zu einer Freundschaft kommt, mit dem anderen aber nicht – vielleicht ist dieser sogar tugendhafter als der eigene
Freund. Wie kommt die Entscheidung für den Freund letztlich zustande?
Eine erste mögliche Antwort besteht in dem Zugeständnis, dass eine solche Entscheidung gar nicht stattfindet, da letztlich nicht die betroffenen
Freunde selbst, sondern allein die äußeren Bedingungen über das Entstehen einer Freundschaft entscheiden. Diese äußeren Bedingungen werden
dann dem Zufall oder einer wie auch immer gearteten Fügung außerhalb
des menschlichen Einflussbereichs ursächlich zugeschrieben und lehnen
die Möglichkeit einer Eigenverantwortlichkeit der Menschen für ihre Beziehungen zumindest für das Stadium ihres Entstehens ab. Diese Antwort
erhebt die zweite der beiden genannten Bedingungen (kontingente äußere
Bedingungen) um den Preis einer tatsächlichen Entscheidbarkeit durch
die involvierten Personen zur Letztbegründung. Der Charakter bleibt hier
dennoch als notwendige Bedingung bestehen: damit eine Person überhaupt erst für die Freundschaft infrage kommt, muss sie eine bestimmte
Art von Person sein, nämlich eine mit gutem Charakter.[178] Aber gerade

---

[178] Vgl. Whiting, Jennifer, Impersonal Friends, in: The Monist 1991, S. 3-29. Letztlich
ist nach Whiting sowohl für den Tugendhaften und in Bezug auf die Selbstliebe als
auch in Bezug auf die Liebe zum Freund nicht entscheidend, dass es das geliebte
Selbst bzw. der bestimmte geliebte Freund ist, der geliebt wird, sondern dass dieses
Selbst bzw. der Freund ein Vertreter einer bestimmten Sorte ist, der als wertvoll
geschätzt wird (nämlich der Sorte ‚tugendhaft‘); dementsprechend kommt *jeder*
Vertreter dieses Typs als Objekt der Liebe in Betracht – in Bezug auf die Wahl der
Freunde werden äußerliche, kontingente Faktoren entscheidend, es ist unter der
Voraussetzung, dass es sich um einen guten Menschen (als Vertreter der Sorte „guter Mensch") handelt, Zufall, wer der vielen guten Menschen tatsächlich zum
Freund wird: „The requirement that the virtuous person choose and value virtuous
action for its own sake is important because it commits her to valuing virtuous action *as such*, and so to valuing virtuous action in any and everyone in whom it oc-
curs […] the virtuous person has affection for herself *as a certain sort of person* –
that is, affection for herself *as someone who* is just or courageous or whatever. And
as such, this is a kind of affection that she *can* have for *anyone* like that." (S. 19f).
„Who she can love and how is very much a matter of epistemological access and
other practical considerations […]. I may regard *all* of my impersonal friends [per-

diese Bedingung eignet sich noch weniger zur Begründung des Zustandekommens der Freundschaft: die moralische Qualität scheint zunächst als
streng objektives Kriterium der Wahl des Freundes die Entstehung der
Freundschaft an eine objektive Begründung rückzubinden. Tugend teilt X
aber mit jedem anderen tugendhaften Menschen, eine Entscheidung wird
damit gerade nicht hinreichend begründbar. Zudem wird die Anerkennung des Freundes an eine Leistung gebunden, nämlich an ein sozial aner-
kanntes Handeln.

Wenn bei dem Versuch, die Entstehung der Freundschaft zu einer
bestimmten Person X und damit die Exklusivität dieses Verhältnisses zu
begründen, alle Aspekte ausscheiden, die auch auf andere Personen zutreffen könnten und daher gerade nicht exkludierend wirken, könnte der
Grund der Freundschaft in etwas liegen, was den Freund bei allen Gemeinsamkeiten doch von allen anderen möglichen Kandidaten unterscheidet. Hier liegt der Hinweis auf das Individuum der geliebten Person X
nahe. Wir lieben X, weil er, wie auch Aristoteles betont, ist, *wer er ist*. Wir
bezeichnen X wahrscheinlich als guten Menschen, aber wir lieben ihn,
weil *er* es in seiner einzigartigen Ganzheit ist, der gut ist, auch jenseits der
von ihm realisierten moralischen Handlungen. Damit wird die Tugend als
eine vielen gemeinsame Eigenschaft in jenem Individuum, in dem diese
Tugend anzutreffen ist, zum einzigartigen, diese Person auszeichnenden
Wesensmerkmal. Nathalie von Siemens spricht in ihrer Untersuchung das
Problem der fehlenden Begründung der Entscheidung für den Freund an
und schlägt einen Lösungsansatz vor, der genau diese Perspektive einnimmt, indem er den Akzent auf die Individuen setzt, die einander in der
Freundschaft begegnen. Einem tugendhaften Menschen kommen bestimmte Eigenschaften zu, die es ermöglichen, ihn als tugendhaft zu bezeichnen. Diese Eigenschaften besitzen auch andere Menschen, sie sind
keine individuellen, sondern allgemeine Bezeichnungen. Damit unterscheiden sich tugendhafte Menschen in ihrer Tugend nicht voneinander,
ihre Tugenden machen gerade *nicht* ihre Individualität erkennbar.[179] Von

---

sons of a certain sort] [...] as equally worthy of my concern, while coming as a
matter of fact to display differential and apparently personal concern for only *some*
[...]. Which some these are will be largely a function of historical and psychologi-
cal accident." (S. 22f).

[179] Vgl. auch Von Siemens 2007, S. 107f; ebenso macht Price auf die Schwierigkeit
aufmerksam, die die Frage, was es bedeutet, einen Menschen als ein Individuum um
seiner selbst willen zu lieben, aufwirft: eine mögliche Antwort besteht im Versuch
einer Beschreibung seines Wesens, das ihn von allen anderen unterscheidet, aber
eben diese Beschreibung steht in keinem Verhältnis mehr zu unserer Liebe für diesen Menschen, ihrer besonderen Art und ihrer Begründung; eine zweite mögliche
Antwort verweist auf bestimmte Qualitäten oder Charaktereigenschaften, die den
geliebten Menschen (unserer Ansicht nach) auszeichnen, aber genau diese Qualitäten besitzen andere Menschen auch, und jemanden um seiner Eigenschaften willen

Siemens zufolge kommen nun aber in der einzelnen Person zu der objektiven Tugend subjektive, „individuelle Komponenten"[180] hinzu, die einen Menschen zu einer einzigartigen „Persönlichkeit"[181] machen. Dass unter mehreren Tugendhaften der eine ganz bestimmte geliebt wird, liegt nach Von Siemens an der hier angetroffenen einzigartigen Persönlichkeit. Damit zwischen zwei Menschen eine Freundschaft zustande kommt, müssen sie nicht nur in ihren objektiven Eigenschaften, sondern auch in ihren individuellen Persönlichkeiten übereinstimmen, die geforderte Ähnlichkeit bezieht sich dann nicht nur auf die Tugend, sondern auch auf vieles andere an den Freunden.[182] Jeder Tugendhafte, der einem ebensolchen Tugendhaften begegnet, löst bei diesem Wohlwollen aus, aber nur derjenige, der auch in seiner Persönlichkeit zu ihm passt, weckt in ihm den Wunsch, das Wohlwollen zur „Betätigung"[183] zu bringen und aus einer nur passiven wohlwollenden Haltung eine aktive Freundschaft als Zusammenleben zu entwickeln.

Bei Aristoteles wird nicht erkennbar, worin die exklusive Anerkennung des Freundes, die Liebe zu ihm, letztlich gründet. Wenn wirklich die Tugend der letzte Grund der Freundschaft ist, ist nicht zu erklären, warum unter mehreren tugendhaften Menschen gerade der eine X, und nicht etwa der andere Y zum Freund wird. Von Siemens' Ansatz fügt der aristotelischen Perspektive den Aspekt der Persönlichkeit hinzu, denn dieser findet keine unmittelbare Entsprechung bei Aristoteles, insofern in der *Nikomachischen Ethik* kein adäquater Begriff für diesen Sachverhalt entwickelt wird.[184] Im Folgenden wird mit Thomas von Aquin ein Autor vorgestellt, der in seiner Auseinandersetzung mit den Freundschaftsbüchern in der *Nikomachischen Ethik* über Aristoteles hinausgeht, indem er – wie Nathalie von Siemens – die Persönlichkeit des Freundes miteinbezieht. Es zeigt sich damit, dass die mittelalterliche Philosophie eine Antwort auf die Frage nach der Exklusivität von Freundschaften gibt, die Aristoteles selbst noch nicht vor Augen steht.

---

zu lieben, die er mit anderen teilt, heißt dann gerade nicht, ihn um seiner selbst willen zu lieben. Beim Versuch, eine angemessenere Antwort zu finden, setzt Price mit Aristoteles bei der Annahme an, dass *wie* jemand ist, Teil dessen ist, *wer* jemand ist, der Charakter ist Teil der Identität einer Person. (Price 1989, S. 103ff).

[180] Von Siemens 2007, S. 109.
[181] Ebd.
[182] Von Siemens 2007, S. 202.
[183] Von Siemens 2007, S. 203.
[184] Von Siemens 2007, S. 109.

II. DER GANZE MENSCH: THOMAS VON AQUIN

II.1 Zur Aristoteles-Rezeption bei Thomas von Aquin

Das Werk des Aristoteles bildet seit seiner Wiederentdeckung zu Beginn des zwölften Jahrhunderts die Grundlage der Auseinandersetzung mit der Philosophie an europäischen Universitäten. Das große Interesse an den aristotelischen Schriften schlägt sich insbesondere in deren zahlreichen Kommentierungen seitens christlicher Autoren nieder, in deren Mittelpunkt eine theologische Fruchtbarmachung steht. Zwar zeugt die vielseitige und zahlreiche Bearbeitung antiker philosophischer Gedanken durch Theologen von einer Bewunderung für Autoren und Epoche sowie von dem Wunsch, beide zu verstehen, aber sie vollzieht sich eben zumeist, wenn nicht ausschließlich, so doch zuletzt *auch* in dem Bestreben einer Integration oder sogar Überführung in die Grundsätze des christlichen Glaubens. Thomas von Aquin kommt bei dieser Inanspruchnahme eine herausragende Rolle zu. Das Ziel der Auseinandersetzung des Thomas, seinem Selbstverständnis nach Theologe,[1] mit Aristoteles, ist die (theologische) „Synthese",[2] die Einordnung der Wissenschaft und insbesondere der Philosophie „in das theologische Ganze".[3] Zwar soll hierbei die Eigenständigkeit des (philosophischen) Wissens gewahrt bleiben, da dieses grundsätzlich der Vernunft als solcher zugänglich und damit unabhängig von Offenbarung ist. Allerdings nimmt die Theologie als *höchste* Wissenschaft (ihr Gegenstand ist Gott, „die höchste Ursache"[4]) eine Vorrangstellung ein, weshalb nicht die Theologie in ein anderes Wissen eingeordnet wird, sondern umgekehrt jegliches Wissen auf die Theologie hin orientiert und in diese integriert werden soll, wodurch es zu einem Bestandteil der Theologie wird.[5] Wenn auch die Eigenständigkeit der Wissenschaft und damit der Phi-

---

[1] Vgl. zu Thomas' Selbstverständnis: Mühlum, Christoph: Zum Wohl des Menschen. Glück, Gesetz, Gerechtigkeit und Gnade als Bausteine einer theologischen Ethik bei Thomas von Aquin, Bonn 2009, S. 40f.

[2] Kluxen, Wolfgang: Philosophische Ethik bei Thomas von Aquin, Hamburg ³1998, S. XXX.

[3] Kluxen 1998, S. 13.

[4] Kluxen 1998, S. 5.

[5] Kluxen 1998, S. 8: „Jegliches natürlich Gewußte, das in die theologische Synthesis aufgenommen wird, verliert eben darin seinen Charakter als bloß natürlich Gewußtes. Es tritt aus seinem ursprünglichen Zusammenhang über in eine andere Ordnung und in die andere Weise des Gewußtwerdens, die generisch verschieden ist von der „natürlichen". Die letztere wird in sich nicht angetastet, wenn ihr Gewußtes in die höhere Einheit der Theologie eingeht." Die theologische Synthese wird auch als „dritter Weg" bezeichnet, so bei Mühlum 2009, S. 49: „[...] die grundsätzliche Be-

losophie betont wird, so ist sie doch letztlich ein eingeschränktes „menschliche[s] Verstehen, welches eine Handleite zum Höheren hin nötig hat"[6], und „die Glaubenserkenntnis allein [maßgeblich] für das Setzen der Grenzen und Ziele des Wissens, weil dessen abschließende Möglichkeit nicht im Bereich des natürlich Erschlossenen und Erschließbaren gefunden werden kann."[7] Vor dem Hintergrund dieses theologischen Selbstverständnisses ist der Versuch zu verstehen, jegliches Wissen – auch philosophisches – letztlich zur Integration zu bringen. Interessanterweise wird sich jedoch gerade in der Auseinandersetzung mit dem Freundschaftskonzept des Aristoteles zeigen, dass Thomas in der Lage und willens ist, die theologische Sichtweise in der philosophischen Auseinandersetzung außen vor zu lassen oder diese zumindest ihrerseits um eine rein philosophische Perspektive zu ergänzen.

Die Ethik des Thomas von Aquin entwickelt sich insbesondere in der Auseinandersetzung mit Aristoteles, ebenfalls von Bedeutung sind aber Autoren, die ihrerseits Aristoteles studierten, kommentierten und auf dieser Grundlage eigene Überlegungen entwickelten.[8] Thomas wird in der vorliegenden Arbeit zunächst mit einer Position vorgestellt, die ihn als herausragenden Moraltheologen auszeichnet[9], denn hinsichtlich der mittelalterlichen Integration des antiken Freundschaftsideals in das christliche Ideal der *caritas* gilt er als beispielhafter Autor.[10] Über diese Hinsicht hinaus liegt

---

stimmung der thomanischen Synthese als eines ‚dritten Weges' zwischen dem bonaventurisch-augustinischen Einheitskonzept von Theologie einerseits und der aristotelisch übersteigerten neo-averroeistischen Autonomie der Philosophie bei Boetius und Siger andererseits bleibt bestehen."

[6] Kluxen 1998, S. 9.

[7] Kluxen 1998, S. 10; vgl. Mühlum 2009, S. 49: „So muss die bei Thomas zweifellos abzuhebende und als selbständig erkannte philosophische Ethik in den Kontext einer theologischen Moral oder insgesamt einer wissenschaftlichen Theologie eingeordnet bleiben."

[8] Leppin 2009, S. 16ff.

[9] Kluxen 1998, S. 108: „Mit Recht hat man […] vor allem betont, daß erst in der Summa theologiae das System einer eigentlichen Moral bei Thomas zu finden sei, ja daß überhaupt theologische Moral, sofern darunter eine systematische praktische Wissenschaft verstanden werden soll, historisch erstmalig in diesem Werk gültige Gestalt gewonnen hat."

[10] Vgl. hierzu Jones, Gregory L.: The Theological Transformation of Aristotelian Friendship in the Thought of St. Thomas Aquinas, in: The New Scholasticism. No.61, 1987, S. 373-399; Cassidy, Eoin G.: ‚He who has Friends can have no Friend': Classical and Christian Perspectives on the Limits of Friendship, S. 45-68, in: Haseldine, Julian (Hrsg.): Friendship in Medieval Europe, Phoenix Mill 1999; Keaty, Anthony W.: Thomas' Authority for identifying Charity as Friendship: Aristotle or John 15?, in: The Thomist. No.62, 1998, S. 581-601; McEvoy, James: Zur Rezeption des aristotelischen Freundschaftsbegriffs in der Scholastik, in: Freiburger Zeitschrift für Philosophie und Theologie No.43, 1996, S. 287-303.

die Bedeutung des Thomas aber in seiner Betonung des Gesichtspunkts der Unbedingtheit in der Frage nach der Begründung von Freundschaftsbeziehungen, und bei dieser Antwort auf die Frage nach dem Sinn zwischenmenschlicher Freundschaft nimmt er eine Perspektive ein, die sich rein philosophisch versteht und der religiösen Heilsdimension gerade *nicht* bedarf. Darüber hinaus betont Thomas den Aspekt der Anerkennung des Freundes in seiner Individualität und der Selbsttranszendierung des Liebenden in der Freundschaft und bewältigt damit eine philosophische Problemstellung auf der Grundlage der aristotelischen Strebensethik.[11] Im Folgenden sollen der Fragestellung der Arbeit entsprechend zwei Themen näher erörtert werden: Erstens wird der Begriff der Willensfreiheit untersucht, um Thomas' Antwort auf die Frage nach der Selbstbewegung des Willens herauszustellen; zweitens werden die thomasischen Überlegungen zur Freundschaft vorgestellt und dessen Antwort auf die Frage nach dem Grund der Freundschaft herausgearbeitet.

II.2 Der Wille als vernünftiges Strebevermögen

II.2.1 Wille und Notwendigkeit

Jenen *quaestiones* der *Summa Theologica* über *Wesen und Ausstattung des Menschen*[12], die sich unmittelbar mit dem menschlichen Willen befassen, gehen einige einführende Fragestellungen zum menschlichen Strebevermögen im Allgemeinen voraus. Innerhalb des Strebevermögens, das als Wirkvermögen der Seele zuzuordnen ist, ist das verstandesmäßige Strebevermögen vom sinnlichen Strebevermögen[13] zu unterscheiden. Das sinnliche Strebevermögen untersteht der Vernunft sowie dem Willen in einer besonderen Art der Herrschaft: Vernunft und Wille bezwingen das sinnliche Streben nicht in Form einer von außen einwirkenden Gewalt, vielmehr gründet ihre

---

Einen zusammenfassenden Überblick über die Rezeption des aristotelischen Freundschaftsbegriffs im Mittelalter gibt: McEvoy, James: The Theory of Friendship in the Latin Middle Ages. Hermeneutics, Contextualization and the Transmission and Reception of Ancient Texts and Ideas from c. AD 350 to c. 1500, S. 3-45, in: Haseldine 1999.

[11] Vgl. zu den Gemeinsamkeiten zwischen Thomas und Aristoteles in vielen grundlegenden Vorstellungen McEvoy, James: Freundschaft und Liebe, S. 299 und S. 311, in: Speer, Andreas (Hrsg.): Thomas von Aquin: Die *Summa theologiae*. Werkinterpretationen, Berlin 2005, S. 298-321

[12] S. Thomae Aquinatis Doctoris Angelici: Summa Theologiae. Pars Prima et Prima Secundae. Cura et Studio Sac. Petri Caramello, cum Textu ex Recensione Leonina, Turin 1986, I, 82 u. 83. Die deutschen Übersetzungen zu Thomas wurden der Deutschen Thomas-Ausgabe entnommen (Thomas von Aquin: Summa Theologica (Die Deutsche Thomas-Ausgabe). Herausgegeben unter der Leitung von P. Heinrich M. Christmann OP, Salzburg u.a. 1933ff, Bd. 6, I, 82 u. 83.)

[13] S.th. I, 80, 2c.

Macht über das sinnliche Streben in dessen freiwilliger Unterordnung.[14]
Das sinnliche Strebevermögen untersteht 1. der *„vis cogitativa"*[15] der Vernunft hinsichtlich der Einschätzung dessen, *was* zu tun ist; 2. untersteht es
dem Willen *„quantum ad executionem"*[16], in Bezug auf die entsprechende
Aktivität, also den Vollzug des zu Tuenden.

Das verstandesmäßige Streben wird nun im Gegensatz zum sinnlichen
Streben nicht bloß von der Vernunft beeinflusst, vielmehr *ist* es selbst seinem Wesen nach vernünftig: dieses Vermögen zu rational bestimmtem
Streben *„secundum aliquam rationem universalem"*[17] (unter einem allgemeinen Gesichtspunkt) ist der Wille.[18]

Der Begriff des Strebevermögens impliziert Aktivität und Zielgerichtetheit: Streben ist eine auf ein Ziel ausgerichtete Aktivität, daher ist von
zentralem Interesse, wie und wohin (auf welches Objekt zu) sich das Strebevermögen bewegt. Der Wille bewegt die anderen Seelenvermögen sowie
sich selbst zu seinen Bewegungen in der Weise einer Wirkursache; er bewegt also nicht zielursächlich (indem er dem Streben ein Ziel vorgibt, auf
das sich dessen Bewegung richtet), vielmehr wirkt er auf das Bewegende
hinsichtlich seiner Tätigkeit ein und stößt es zu seiner ihm eigentümlichen
Bewegung an.[19] Das willentlich verursachte Handeln unterscheidet sich von
den rein naturhaften Vollzügen der *„vires naturales vegetativae partis"*[20]. Der
Aspekt der Bewegung wird im zweiten Kapitel näher erörtert, zunächst soll
es um die möglichen Ziele des Willens und ihre Ursache gehen. Was sind
die Ziele des Willens? Ist der Wille in seinen Zielen frei zu wollen, *was* er
will?

Die 82. *quaestio* setzt den Willen zunächst in Beziehung zu seinem offenbaren Gegensatz, der Notwendigkeit: Das Willentliche wird grundsätzlich nicht aus Notwendigkeit erstrebt.[21] Es zeigt sich aber in der Erörterung
der Argumente, dass die Notwendigkeit dem Willen nur insoweit widerspricht, als sie eine von *außen* sich aufdrängende Kraft darstellt, weil der
Wille als Äußerung einer *inneren*, einem Ding eigentümlichen, also natürlichen Neigung zu verstehen ist. Wo diese innere Neigung sich ungehindert
in der ihr eigentümlichen Weise entfalten kann, ist sie bzw. ist ihr Subjekt

---

[14] S.th. I, 81, 3c.
[15] Ebd.
[16] Ebd.
[17] S.th. I, 80, 2, ad 2.
[18] S.th. I, 82, 5c.: „intellectivi appetitus, qui dicitur voluntas".
[19] S.th. I, 82, 4c. Vgl. zu diesen Ausführungen auch Darge, Rolf: Habitus per actus cognoscuntur. Die Erkenntnis des Habitus und die Funktion des moralischen Habitus im Aufbau der Handlung nach Thomas von Aquin, S. 148-154, Bonn 1996, insb. zur Begründung, warum der Wille Wirkursache und nicht Zielursache ist (S. 149ff).
[20] S.th. I, 82, 4c.
[21] S.th. I, 82, 1 ad 1.

frei. Zunächst unterscheidet Thomas drei Arten der Notwendigkeit, um zu spezifizieren, inwiefern Notwendigkeit Zwang bedeutet und dem Willen zuwider läuft.[22] Notwendig kann etwas einmal in dem Sinne sein, dass es eine einer Sache von Natur aus zukommende, ihr immanente Bedingung ihres Seins bildet. So ist der Mensch notwendig sterblich. Die zweite Notwendigkeit des Zweckes konstituiert die Bedingungen, unter denen etwas auf ein anderes bezogen sein kann. Wer satt werden will, muss essen; hier liegt eine hypothetische Notwendigkeit vor. Während sowohl die erste Art der Notwendigkeit als auch die zweite Art der Notwendigkeit nicht im Widerspruch zum Willen stehen, erweist sich die dritte Art der einem Ding zukommenden Notwendigkeit, die einen Menschen zu einer Handlung zwingt, als unvereinbar mit dem Gedanken der Willentlichkeit:

> „Haec igitur coactionis necessitas omnino[23] repugnat voluntati. Nam hoc dicimus esse violentum, quod est contra inclinationem rei. Ipse autem motus voluntatis est inclinatio quaedam in aliquid. Et ideo sicut dicitur aliquid naturale quod est secundum inclinationem naturae, ita dicitur aliquid voluntarium quod est secundum inclinationem voluntatis. Sicut ergo impossibile est quod aliquid sit simul violentum et naturale; ita impossibile est quod aliquid simpliciter sit coactum sive violentum, et voluntarium.“[24]

Der Wille wird hier explizit als Hinneigung zu etwas bezeichnet und gegen die natürliche Neigung abgegrenzt. Gemeinsam haben beide Neigungen als solche, dass Gewalt von außen ihnen zuwider läuft, weil Neigungen innere Kräfte sind, die nach ungehinderter Äußerung verlangen und durch eine wirkursächliche Kraft von außen gehemmt werden. Zudem stehen Neigungen als natürliche Anlagen ihrem Subjekt nicht zur Disposition, sondern lassen ihm lediglich die Möglichkeit zu einer Reaktion. Dagegen schließen weder die innere Notwendigkeit noch die (ebenso wie der Zwang) äußere Notwendigkeit des Zweckes die Willentlichkeit aus:

---

[22] S.th. I, 82, 1c: „[…] necessitas multipliciter dicitur. „Necesse“ est enim „quod non potest non esse“. Quod quidem convenit alicui, uno modo ex principio intrinseco […]. Et haec est ‚necessitas naturalis absoluta‘. – Alio modo convenit alicui quod non possit non esse, ex aliquo extrinseco, vel fine, vel agente. Fine quidem, sicut cum aliquis non potest sine hoc consequi, aut bene consequi finem aliquem; […] hoc vocatur ‚necessitas finis‘; quae interdum etiam ‚utilitas‘ dicitur. – Ex agente autem hoc alicui convenit, sicut cum aliquis cogitur ab aliquo agente, ita quod non possit contrarium agere. Et hoc vocatur ‚necessitas coactionis‘.“

[23] In S.th. I, 82, 1c steht „non“, was allerdings dem Sinn der Aussage ins Gegenteil verkehrt; die Anmerkung verweist entsprechend auf „omnino“, entsprechend wird auch ins Deutsche übersetzt.

[24] S.th. I, 82, 1c.

> „Necessitas autem finis non repugnat voluntati, quando ad finem non potest perveniri nisi uno modo [...]. Similiter etiam nec necessitas naturalis repugnat voluntati. Quinimmo necesse est quod, sicut intellectus ex necessitate inhaeret primis principiis, ita voluntas ex necessitate inhaeret ultimo fini, qui est beatitudo [...]. Oportet enim quod id quod naturaliter alicui convenit et immobiliter, sit fundamentum et principium omnium aliorum [...]."[25]

Die innere, natürliche Notwendigkeit ist vereinbar mit dem Gedanken der Willentlichkeit, wobei sich der Wille durch sie als ein bedingter erweist: für den Willen ist es der natürlichen Notwendigkeit gemäß zwingend, nach dem letzten Ziel zu streben, das in der Glückseligkeit besteht; auf diese ist die Natur des Menschen immer schon ausgerichtet. Diese Letztausrichtung bildet die wesentliche Bedingung menschlicher Existenz und die Grundlage jeglichen Wollens. Der Mensch, der Träger des Willens ist, ist seiner natürlichen Zielbestimmung unterworfen, doch dieser Umstand widerspricht nach Thomas nicht dem Gedanken menschlicher Freiheit, die sich damit zunächst auf der Objektebene als bedingt erweist. Der Mensch unterliegt der Bedingung einer grundsätzlichen Hinneigung des Willens zu einem bestimmten Gut, sodass sein Wille von Natur aus, d. h. *von sich aus* zu diesem Gut tendiert.

Eine Hinneigung, die *notwendig* ist, muss ein uneingeschränkt Erstrebenswertes zum Gegenstand haben, denn nur etwas Unbedingtes kann eine derartige Verbindlichkeit begründen; dieses schlechthinnige Erstrebenswerte ist die Glückseligkeit, die ihrerseits wiederum auf Gott als den Inbegriff der *beatitudo* bezogen ist, sofern dieser Inbegriff dem Strebenden zur Gewissheit geworden ist.[26] Damit lässt Thomas sich auf die aristotelische

---

[25] S.th. I, 82, 1c.; vgl. dazu auch Darge 1996, S. 162ff.

[26] S.th. I, 82, 2c: „[...] sicut intellectus naturaliter et ex necessitate inhaeret primis principiis, ita voluntas ultimo fini, ut dictum est. Sunt autem quaedam intelligibilia quae non habent necessariam connexionem ad prima principia; sicut contingentes propositiones, ad quarum remotionem non sequitur remotio primorum principiorum. Et talibus non ex necessitate intellectus assentit. [...] Similiter etiam est ex parte voluntatis. Sunt enim quaedam particularia bona, quae non habent necessariam connexionem ad beatitudinem, quia sine his potest aliquis esse beatus: et hujusmodi voluntas non de necessitate inhaeret. Sunt autem quaedam habentia necessariam connexionem ad beatitudinem, quibus scilicet homo Deo inhaeret, in quo solo vera beatitudo consistit. Sed tamen antequam per certitudinem divinae visionis necessitas hujusmodi connexionis demonstretur, voluntas non ex necessitate Deo inhaeret, nec his quae Dei sunt. Sed voluntas videntis Deum per essentiam, ex necessitate inhaeret Deo, sicut nunc ex necessitate volumus esse beati. Patet ergo quod voluntas non ex necessitate vult quaecumque vult." Thomas unterscheidet hier zwischen demjenigen, der dieser Gewissheit der „connexio" zwischen Gott und Glückseligkeit bereits teilhaftig geworden ist und demjenigen, der sich (vorläufig) nur auf das diesseitige Ziel des Glücks zu beziehen vermag. Damit differenziert er zwischen einer theologischen und einer philosophischen Perspektive. Dieser Aspekt

Vorstellung einer notwendigen Ausrichtung auf jene Erfüllung ein, wie sie im Begriff der Glückseligkeit ausgedrückt wird, allerdings bildet das irdische Glück aus theologischer Perspektive nicht den Endpunkt des Strebens, sondern vielmehr eine Vorbereitung dessen, was den Menschen erwartet, insofern ihm die Gnade des Ewigen Lebens zuteil wird. Thomas deutet aber bereits an, worin Freiheit dann bestehen kann: der Mensch ist Herr seiner selbst, insofern er frei ist, zu wählen, was zum als erstrebenswert erkannten Ziel führt, d. h. in der Wahl der Mittel.[27]

Thomas spricht sich mit Aristoteles gegen eine Freiheit hinsichtlich des letzten Zieles aus und stellt eine naturhafte Grundbezogenheit auf den *ultimus finis* fest. Da neben dem obersten Ziel eine Vielzahl von untergeordneten, partikularen Zielen besteht, mehr noch: da Menschen sich in ihrem Wollen stets auf diese partikularen Ziele beziehen, denn Ziele – auch und im Besonderen das oberste Ziel – werden durch andere Ziele als *Mittel* zu diesen erreicht, soll sich nun gerade hinsichtlich dieser partikularen Ziele die Möglichkeit menschlicher Freiheit eröffnen. Ob der Wille etwas frei oder aber in notwendiger Weise will, hängt dann davon ab, in welcher Weise dieses partikulare Gewollte seinerseits mit dem immer schon gewollten Endziel verbunden ist. Ist es mit ihm notwendig verknüpft, so wird es ebenso notwendig gewollt wie dieses Endziel selbst, steht es hingegen nicht in einer notwendigen Verbindung zu ihm, besteht lediglich die Möglichkeit, es zu wollen. Hinsichtlich solcher partikularer Ziele besteht also eine Freiheit des Willens.

Eine erste Antwort auf die Frage nach Freiheit und Notwendigkeit verweist damit auf das Objekt des Willens: es gibt eine naturhafte, notwendige Ausrichtung des Willens auf ein Endziel. Der Wille findet sein Objekt immer schon vor und will es notwendigerweise; er ist aber frei, weil diese Notwendigkeit nicht *von außen* erzwungen ist, sondern ihm innerlich und ursprünglich zu eigen ist. Zweitens ist er frei in Bezug auf jene Objekte, die nicht notwendig mit dem Endziel verbunden sind.

---

wird im folgenden Kapitel näher erörtert. Vgl. Kluxen 1998, S. 113: Dem Menschen „[wohnt] von Hause aus eine ursprüngliche Festlegung auf ein ‚Erstgewolltes‘, ein letztes Ziel [inne] und ein grundlegendes Bewegtsein auf dieses hin, ohne das die besonderen, jeweiligen Akte bestimmten partikularen Wollens nicht zustande kämen. Der Notwendigkeit dieses Grundwollens aus naturhafter – geschöpflicher – Bestimmtheit entspringt die Freiheit der jeweiligen Selbstbestimmung zum Besonderen". Mit dem Gedanken der allgemeinen Ausrichtung auf das Gute, das Gott einschließt und Raum für die Freiheit im Besonderen lässt, kommt Thomas der besonderen Schwierigkeit seines Willensverständnisses bei, die darin liegt, den menschlichen Willen als frei *und gleichzeitig* (dem göttlichen Willen) unterworfen denken zu wollen.

[27] S.th. I, 82, 1, ad 3: „[…] sumus domini nostrorum actuum secundum quod possumus hoc vel illud eligere. Electio autem non est de fine, sed „de his quae sunt ad finem", ut dicitur in 3 Eth. [cap. 3. 5]".

Als Bewegursache bewirkt der Wille die Aktivität anderer Vermögen sowie seine eigene Aktivität. Diese Überlegung betrifft den Aspekt der Bewegung oder Aktivität des Willens. Kann sich der Wille also zu seiner eigenen Aktivität, dazu, überhaupt zu wollen, frei entschließen?

II.2.2 Wille und Selbstverursachung

Thomas setzt zur Erklärung seiner Vorstellung von Freiheit bei der aristotelischen Feststellung täglicher Praxis an, die menschliche Handlungen verbietet, sanktioniert und tadelt oder aber gebietet, fördert und lobt; diese Gebote und Reaktionen seien nur dann als sinnvoll zu erklären, wenn die Freiheit des Menschen bezüglich seines Willens als gegeben vorausgesetzt werde.[28] Zur weiteren Erklärung hebt er die Fähigkeit des Menschen zur vernünftigen Handlung hervor, wobei die Unterscheidung zwischen natürlichem und freiem Urteil, die die Trennlinie zwischen Tier und Mensch markiert, für sein Verständnis spezifisch menschlichen Handelns entscheidend ist. Während das Tier in der gegebenen Situation aus seinem *natürlichen Trieb* heraus X tut, beurteilt der Mensch die Situation *frei*, d. h. mithilfe der Überlegungskraft seiner Vernunft.[29] Die Vernunft befähigt den Menschen zum Vergleich und damit zum *freien* Urteil über das, was gut, also zu tun ist.[30] Im Rückgriff auf Aristoteles, der frei zu sein als ,Ursache seiner selbst sein' definiert, bedeutet für Thomas frei zu sein das Vermögen,

---

[28] S.th. I, 83, 1c.: „[...] homo est liberi arbitrii: alioquin frustra essent consilia, exhortationes, praecepta, prohibitiones, praemia et poenae."

[29] S.th. I, 83, 1c.: „[...] considerandum est quod quaedam agunt absque judicio: sicut lapis movetur deorsum; et similiter omnia cognitione carentia. – Quaedam autem agunt judicio, sed non libero; sicut animalia bruta. Judicat enim ovis videns lupum, eum esse fugiendum, naturali judicio, et non libero: quia non ex collatione, sed ex naturali instinctu hoc judicat. [...] – Sed homo agit judicio: quia per vim cognoscitivam judicat aliquid esse fugiendum vel prosequendum. Sed quia judicium istud non est ex naturali instinctu in particulari operabili, sed ex collatione quadam rationis; ideo agit libero judicio, potens in diversa ferri. [...] pro tanto necesse est quod homo sit liberi arbitrii, ex hoc ipsoquod rationalis est."

[30] Kluxen 1998, S. 207: „Von einer ,freien' Entscheidung kann erst dann die Rede sein, wenn das Handeln auf Grund eines Vernunfturteils geschieht, bei dem, aus der allgemeinen Erschlossenheit des Guten überhaupt, von diesem oder jenem, das sich als ,tubar' zeigt, geurteilt wird, daß es gut sei. Dies Urteil über das je besondere zu Tuende ist dem Vernunftwesen nicht vorgezeichnet, sondern ergibt sich aus einer Überlegung, die Vergleichungen anstellt und auch zu einem anderen Ergebnis als dem je tatsächlichen führen könnte: denn hinsichtlich des eingeschränkten Besonderen, des Kontingenten, gibt es keine Notwendigkeit der Zuordnung zu dem allgemeinen Gut, das der Verstand umgreift – da müßte sich dieses Allgemeine als subsistierend zeigen."

aufgrund und vermittels eines Vernunfturteils sein eigenes Handeln selbst zu verursachen.[31]

In den *quaestiones* zu *Ziel und Handeln des Menschen*[32] versucht Thomas, die Freiheit menschlichen Wollens näher zu erklären; er versteht Freiheit im Sinne einer Aktivität, die nicht von einem anderen her, von außen, sondern aus sich selbst heraus verursacht wird – für Thomas bedeutet Freiheit des Willens also Selbstverursachung des Willens. Dabei steht menschliches Wollen auf der Objektebene, wie bereits angedeutet wurde, unter der Voraussetzung der Grundausrichtung auf die *beatitudo*, zu der Gott sich als Inbegriff verhält, als seines letzten Ziels; Gott bildet insofern die Zielursache der willentlichen Bewegung. Im Folgenden wird sich zudem zeigen, dass der Wille auch hinsichtlich seiner Aktivität als solcher, also hinsichtlich seiner Bewegungsursache, letztlich von Gott bewegt wird, was für Thomas aber als Selbstursächlichkeit des Willens zu verstehen ist.

Es gibt ein Handeln, das in einem dem Handelnden inneren Prinzip (*principium intrinsecum*) gründet: erstens liegt der Ursprung der Handlung oder Bewegung (*actus seu motus*) als solcher, also die Wirkursache, im Handelnden selbst, zweitens verfügt der Handelnde über ein Wissen hinsichtlich des Zieles seiner Handlung (*cognitio finis*).[33] Diese Art von Handeln ist nach Thomas nur im Menschen anzutreffen, er kennzeichnet die aus einem *principium intrinsecum* hervorgehende Handlung mit dem Wissen um das eigene Ziel als Selbstbewegung und als willentlich (*voluntarium*).[34] Allerdings wird das *principium intrinsecum* seinerseits nicht vom Willen selbst,

---

[31] S.th. I, 83, 1, ad 3: „[…] liberum arbitrium est causa sui motus: quia homo per liberum arbitrium seipsum movet ad agendum. Non tamen hoc est de necessitate libertatis, quod sit prima causa […]. Deus igitur est prima causa movens et naturales causas et voluntarias." Zu Gott als erster Ursache vgl. den folgenden Abschnitt.

[32] S. Thomae Aquinatis Doctoris Angelici Summa Theologiae, herausgegeben von Pietro Caramello, Turin (Marietti) 1963, Bd. 9, I-II, 1-21.

[33] S.th. I-II, 6, 1c: „Cum enim omne agens seu motum agat seu moveatur propter finem, ut supra habitum est; illa perfecte moventur a principio intrinseco, in quibus est aliquod intrinsecum principium, non solum ut moveantur, sed ut moveantur in finem. Ad hoc autem quod fiat aliquid propter finem, requiritur cognitio finis aliqualis. Quodcumque igitur sic agit vel movetur a principio extrinseco, quod habet aliquam notitiam finis, habet in seipso principium sui actus non solum ut agat, sed etiam ut agat propter finem."

[34] S.th. I-II, 6, 1c: „Quae vero habent notitiam finis, dicuntur seipsa movere: quia in eis est principium non solum ut agant, sed etiam ut agant propter finem. Et ideo, cum utrumque sit ab intrinseco principio, scilicet quod agunt, et quod propter finem agunt, horum motus et actus dicitur voluntarii: hoc enim importat nomen voluntarii, quod motus et actus sit a propria inclinatione. Et inde est quod voluntarium dicitur esse, secundum definitionem Aristotelis et Gregorii Nysseni et Damasceni, non solum ,cuius principium est intra', sed cum additione ,scientiae'. – Unde, cum homo maxime cognoscat finem sui operis et moveat seipsum, in eius actibus maxime voluntarium invenitur."

sondern von Gott verursacht; der menschliche Wille wird daher letztlich von Gott bewegt.[35] Thomas zufolge ist der Wille dennoch ein reflexives Vermögen, insofern er sein eigenes Wollen wollen kann:

> „Quia enim objectum voluntatis est bonum universale, quidquid sub ratione boni continetur potest cadere sub actu voluntatis; et quia ipsum velle est quoddam bonum, potest velle se velle; sicut etiam intellectus, cujus objectum est verum, intelligit se intelligere, quia hoc statim est quoddam verum."[36]

Da der Wille ein jegliches, das als konkretes Gutes unter das *bonum universale* als dem aus theologischer Sicht eigentümlichen Gegenstand des Willens fällt, wollen kann, will er sein eigenes Wollen, das er als ein solches *bonum* erkennt. Der Wille muss sein Wollen aber nicht wollen, er kann auch von seiner eigenen Aktivität Abstand nehmen, indem er unter der Voraussetzung, dass er wollen könnte, nicht will (*non vult*):

> „Quia igitur voluntas, volendo et agendo, potest impedire hoc quod est non velle et non agere, et aliquando debet; hoc quod est non velle et non agere, imputatur ei, quasi ab ipsa existens. Et sic voluntarium potest esse absque actu: quandoque quidem absque actu exteriori, cum actu interiori, sicut cum vult non agere; aliquando autem et absque actu interiori, sicut cum non vult."[37]

Die Möglichkeit einer Distanz zum eigenen Wollen besteht in einer Ablenkung des Willens: Er kann seine Aufmerksamkeit von dem Gewollten abwenden, indem er den Gedanken an das Objekt unterdrückt, er kann so den bewussten Vollzug des Wollens unterlassen.[38] Thomas nimmt nun eine weitere Differenzierung vor:

> „[...] dicendum quod *non velle* dicitur dupliciter. Uno modo, prout sumitur in vi unius dictionis, secundum quod est infinitivum huius verbi *nolo*. Unde sicut dico *Nolo legere*, sensus est, *Volo non legere*; ita hoc quod est *non velle legere*, significat *velle non legere*. Et sic non velle causat involuntarium. – Alio modo sumitur in vi orationis. Et

---

35 S.th. I-II, 6,1, ad 1: „Licet ergo de ratione voluntarii sit quod principium eius sit intra, non tamen est contra rationem voluntarii quod principium intrinsecum causetur vel moveatur ab exteriori principio: quia non est de ratione voluntarii quod principum intrinsecum sit principium primum. [...] Deus movet hominem ad agendum non solum sicut proponens sensui appetibile, vel sicut immutans corpus, sed etiam sicut movens ipsam voluntatem: quia omnis motus tam voluntatis quam naturae, ab eo procedit sicut a primo movente."

36 S.th. II-II, 25, 2c.; vgl. Darge 1996, S. 155.

37 S.th. I-II, 6, 3c.

38 S.th. I-II, 10, 2c.: „[...] potest enim aliquis de quocumque obiecto non cogitare, et per consequens neque actu velle illud." Vgl. dazu auch Krieger, Gerhard: Der Begriff der praktischen Vernunft nach Johannes Buridanus, Münster 1986, S. 149.

tunc non affirmatur actus voluntatis. Et huiusmodi *non velle* non causat involuntarium."[39]

Der Begriff des *non velle* ist für Thomas in zwei Hinsichten zu verstehen: erstens im Sinne des *nolle*, „nichtwollen", was es im Deutschen als Wort nicht gibt, daher kann hier „ablehnen" verwendet werden, zweitens im Sinne von „nicht wollen". Erstgenanntes *non velle*, das eben gleichbedeutend ist mit *nolle*, bezeichnet das Unfreiwillige, die Ablehnung; das zweite *non velle* hingegen ist gerade Ausdruck eines Freiwilligen, eines Willens, der gerade nicht(s) will. Thomas ist es hier wichtig, zu zeigen, dass Freiwilligkeit auch in der Negation Ausdruck finden kann und diese Negation sich sowohl auf das Handeln als auch auf das Wollen bezieht. Der Willensakt ist bei Thomas letztlich eine „*inclinatio quaedam procedens ab interiori principio cognoscente*" und unterscheidet sich vom „*appetitus naturalis*" nur durch die „*cognitio*" – gemeinsam ist beiden der Charakter einer innerlichen Neigung.[40] Daher kann auch beiden gleichermaßen nur von außen Gewalt angetan werden; dies betrifft dann die ihnen entspringenden äußerlich wahrnehmbaren Akte bzw. Bewegungen.[41] Was der Neigung des Willens entspricht, ist freiwillig, wie das, was der Neigung der Natur entspricht, natürlich ist.[42]

II.2.3 Gott als Erstursache jeglichen Wollens

Jegliche Bewegung des Willens verdankt sich Rolf Darge zufolge letztlich einer von Gott in Gang gesetzten „Urtendenz"[43] als ihrer ersten Ursache. Das immer schon gegebene Wollen des letzten Ziels bildet die „Energie"[44], aus der heraus der Wille sich zu jeglichem partikularen Wollen eines konkreten Gutes aktivieren kann. Kraft dieser Energie bewegt der Wille aber nicht nur sich selbst, sondern auch den Verstand, der ihm das konkrete Objekt vorgeben soll. In I-II, 9 geht Thomas näher auf den Aspekt des Beginns jeglicher Willentlichkeit ein:

> „[...] dicendum quod, secundum quod voluntas movetur ab obiecto, manifestum est quod moveri potest ab aliquo exteriori. Sed eo modo quo movetur quantum ad exercitium actus, adhuc necesse est ponere voluntatem ab aliquo principio exteriori moveri. Omne enim quod

---

[39] S.th. I-II, 6, 3 ad 2.

[40] S.th. I-II, 6, 4c.

[41] Ebd.: „Quod autem est coactum vel violentum, est ab exteriori principio. Unde contra rationem ipsius actus voluntatis est quod sit coactus vel violentus: sicut etiam est contra rationem naturalis inclinationis vel motus."

[42] S.th. I-II, 6, 5c.

[43] Darge 1996, S. 160 mit Bezug auf ebendiese Stelle (S.th. I-II, 17, 5 ad 3); Darge betont, dass diese „Uraktuierung" selbst nicht eine „Tätigkeit" sei, wie es alle weiteren aus ihr folgenden Willensakte sind.

[44] Darge 1996, S. 156. Vgl insgesamt zu diesem Abschnitt Darge 1996, S. 156-168.

quandoque est agens in actu et quandoque in potentia, indiget moveri ab aliquo movente. Manifestum est autem quod voluntas incipit velle aliquid, cum hoc prius non vellet. Necesse est ergo quod ab aliquo moveatur ad volendum. Et quidem, sicut dictum est, ipsa movet seipsam inquantum per hoc quod vult finem, reducit seipsam ad volendum ea quae sunt ad finem. Hoc autem non potest facere nisi consilio mediante: cum enim aliquis vult sanari, incipit cogitare quomodo hoc consequi possit, et per talem cogitationem pervenit ad hoc quod potest sanari per medicum, et hoc vult. Sed quia non semper sanitatem actu voluit, necesse est quod inciperet *velle* sanari, aliquo movente. Et si quidem ipsa moveret seipsam ad volendum, oportuisset quod mediante consilio hoc ageret, ex aliqua voluntate praesupposita. Hoc autem non potest procedere in infinitum. Unde necesse est ponere quod in primum motum voluntatis voluntas prodeat ex instinctu alicuius exterioris moventis [...]."[45]

Da jedes partikulare Ziel, das der Wille will, immer Mittel zu einem anderen Ziel ist, und die Dynamik des Mittelwollens immer im Wollen eines Ziels gründet, muss ein erstes Ziel als ein erstes Wollen angenommen werden, das die Kette in Gang setzt. Dieses erste Ziel ist dem Menschen „von außen" eingegeben, er verfügt damit über eine Grundausstattung, die seinen Willen allererst in die Aktivität bringt. Dieses erste Ziel und Ursache des menschlichen Willens ist Gott:

„Voluntatis autem causa nihil aliud esse potest quam Deus. Et hoc patet dupliciter: Primo quidem, ex hoc quod voluntas est potentia animae rationalis, quae a solo Deo causatur per creationem, ut in Primo dictum est. – Secundo vero ex hoc patet, quod voluntas habet ordinem ad universale bonum. Unde nihil aliud potest esse voluntatis causa, nisi ipse Deus, qui est universale bonum. Omne autem aliud bonum per participationem dicitur, et est quoddam particulare bonum: particularis autem causa non dat inclinationem universalem."[46]

Erstens ist Gott als Schöpfer Ursache des Willens als *potentia animae rationalis*, mit dem er den Menschen ausgestattet hat; als solcher ist er zugleich Ursache der Befähigung des Willens zur Selbstbewegung und insoweit ihr Prinzip; diese Befähigung zeigt sich in der natürlichen Ausrichtung des Willens auf das Gute im Allgemeinen, dem *bonum in communi*, d. h. in der dem Willen von Natur aus zukommenden Dynamik, durch die er sich selbst zu einem partikularen Guten als dem zum konkreten Handeln führenden Wollen bestimmen kann.[47] Zweitens ist Gott Ursache des Wollens im Sinne

---

[45]   S.th. I-II, 9,4c.
[46]   S.th. I-II, 9, 6c.
[47]   S.th. I-II, 10, 1c: „[...] principium motuum voluntariorum oportet esse aliquid naturaliter volitum. Hoc autem est bonum in communi, in quod voluntas naturaliter tendit, sicut etiam quaelibet potentia in suum obiectum: et etiam ipse finis ultimus,

des letzten Ziels dieses Wollens, insofern er als Inbegriff des Guten, als *bonum universale*, dasjenige Gute ist, das die letztendliche Erfüllung bietet, auf die hin der Wille in seiner Ausrichtung auf das partikulare Gute bezogen ist. Zwar hat er die Wahl zwischen besonderen Gütern als Konkretisierungen des Allgemeinen, er kann diese partikularen Güter unter verschiedenen Aspekten, aus unterschiedlichen Perspektiven beurteilen. Wenn ein mögliches Objekt des Wollens in irgendeiner Hinsicht nicht gut ist, kann der Wille es ablehnen (folgerichtig muss er allein dasjenige Objekt, das in jeder Hinsicht gut ist, notwendig wollen).[48] Doch die Bindung des Wollens an das *bonum in communi* unterliegt als natürliche Orientierung keiner Wahl mehr. Dieser Gedanke des Thomas ist im Gegensatz zur theologischen Verknüpfung des letzten Zieles mit Gott ein rein philosophischer. Auch ohne die Voraussetzung dieser Verknüpfung ist es möglich, die Rückbindung des Willens an die naturale Ausrichtung auf das Gute im Allgemeinen und das Glück als diesseitiges schlechthinniges Gut philosophisch nachzuvollziehen. Das *bonum universale* erweist sich insofern als ein theoretisch-metaphysisches Konzept, das als solches zwar von praktischer Relevanz ist, aber sich selbst nicht als praktische Bestimmung versteht. Zur Bestimmung des konkreten Guten bedarf es deswegen nicht der Kenntnis und Bejahung des Göttlichen als des Inbegriffs des Guten. Dass das göttliche Gute Voraussetzung der willentlichen Wahl eines konkreten Guten ist, bedeutet nicht, dass dieses universelle Gute erkannt sein muss, um ein konkretes Gutes zu bestimmen und zu realisieren. Vielmehr ist dieses Konzept des universellen Guten eine Antwort auf die Frage, wie sich die vielen und verschiedenen partikularen Güter als Einheit verstehen lassen.

Bisher wurden die grundlegenden Überlegungen des Thomas hinsichtlich der Bewegungsursache sowie der Zielursache des Willens skizziert; zudem wurde der Beginn aller Willensbewegung im Menschen mit Gott identifiziert. Es bleibt aber zu klären, wie genau Thomas sich den Prozess vorstellt, der von der Entscheidung zum Vollzug einer konkreten Handlung führt.

Die Entscheidung des Willens zu einer Handlung setzt ein Ziel voraus. Dieses Ziel empfängt der Wille (*voluntas*) vom Verstand (*intellectus*); der

---

qui hoc modo se habet in appetibilibus, sicut prima principia demonstrationum in intelligibilibus: et universaliter omnia illa quae conveniunt volenti secundum suam naturam."

[48] S.th. I-II, 10, 2c: „Unde si proponatur aliquod obiectum voluntati quod sit universaliter bonum et secundum omnem considerationem, ex necessitate voluntas in illud tendit, si aliquid velit: non enim poterit velle oppositum. Si autem proponatur sibi aliquod obiectum quod non secundum quamlibet considerationem sit bonum, non ex necessitate voluntas feretur in illud." Wenn ein Objekt in irgendeiner Hinsicht nicht gut ist, kann der Wille es ablehnen. Folgerichtig muss er allein dasjenige Objekt, das in jeder Hinsicht gut ist, notwendig wollen.

Verstand wird seinerseits vom Willen zu seiner Tätigkeit (Zielsuche) bewegt – damit sind Verstand und Wille durch eine wechselseitige Bewegung miteinander verbunden, doch während der Wille auf den Verstand im Sinne einer Bewegursache wirkt, wirkt der Verstand auf den Willen als Zielursache.[49] In *S.th.* I-II, 9 wird diese Differenz erneut deutlich.[50] Der Wille bewegt als *subiectum* den *intellectus* zum Vollzug seiner Bewegung, wohingegen der *intellectus* als *obiectum* den Willen bewegt, insofern er ihm das Ziel vorgibt.[51] Auch sich selbst bewegt der Wille in diesem Sinne, als (seine eigene) Bewegursache, hinsichtlich des Vollzugs seiner Akte, d. h. der Handlungen zu partikularen Zielen hin, die als Mittel zum letzten Ziel dienen, während der Intellekt ihm das jeweilige Objekt seines Wollens vorstellt.[52] Die Selbstbewegung des Willens bezieht sich auf den Vollzug seiner Handlung als solcher und beschränkt sich auf jene Ziele, die als Mittel dienen und

[49] S.th. I, 82, 4c: „[...] dicendum quod aliquid dicitur movere dupliciter. Uno modo, per modum finis; sicut dicitur quod finis movet efficientem. Et hoc modo intellectus movet voluntatem: quia bonum intellectum est objectum voluntatis, et movet ipsam ut finis. Alio modo dicitur aliquid movere per modum agentis; sicut alterans movet alteratum, et impellens movet impulsum. Et hoc modo voluntas movet intellectum, et omnis animae vires [...] quia in omnibus potentiis activis ordinatis, illa potentia quae respicit finem universalem, movet potentias quae respiciunt fines particulares. [...] Et ideo voluntas per modum agentis movet omnes animae potentias ad suos actus [...].“

[50] S.th. I-II, 9, 1c: „Dupliciter autem aliqua vis animae invenitur esse in potentia ad diversa: uno modo, quantum ad agere et non agere; alio modo, quantum ad agere hoc vel illud. Sicut visus quandoque videt actu, et quandoque non videt; et quandoque videt album, et quandoque videt nigrum. Indiget igitur movente quantum ad duo: scilicet quantum ad exercitium vel usum actus, et quantum ad determinationem actus. Quorum primum est ex parte subiecti, quod quandoque invenitur agens, quandoque non agens: aliud autem est ex parte obiecti, secundum quod specificatur actus.“

[51] Ebd.: „Motio autem ipsius subiecti est ex agente aliquo. Et cum omne agens agat propter finem [...] principium huius motionis est ex fine. [...] Bonum autem in communi, quod habet rationem finis, est obiectum voluntatis. Et ideo ex hac parte voluntas movet alias potentias animae ad suos actus. [...] Sed obiectum movet, determinando actum, ad modum principii formalis. [...] Primum autem principium formale est ens et verum universale, quod est obiectum intellectus. Et ideo isto modo motionis intellectus movet voluntatem, sicut praesentans ei obiectum suum.“
S.th. I-II, 9, 1 ad 3: „[...] voluntas movet intellectum quantum ad exercitium actus: quia et ipsum verum, quod est perfectio intellectus, continetur sub universali bono ut quoddam bonum particulare. Sed quantum ad determinationem actus, quae est ex parte obiecti, intellectus movet voluntatem: quia et ipsum bonum apprehenditur secundum quandam specialem rationem comprehensam sub universali ratione veri. Et sic patet quod non est idem movens et motum secundum idem.“

[52] S.th. I, II, 9, 3 ad 3: „[...] dicendum quod non eodem modo voluntas movetur ab intellectu, et a seipsa. Sed ab intellectu quidem movetur secundum rationem obiecti: a seipsa vero, quantum ad exercitium actus, secundum rationem finis.“

ihm vom *intellectus* aufgezeigt wurden – weil er das letzte Ziel will, bewegt sich der Wille selbst zum Wollen aller anderen Ziele als Mittel.[53]

Thomas beschreibt jenes Wollen, durch das der Wille ein Ziel *durch Mittel* anstrebt, mit dem Begriff der *intentio*.[54] Diese Mittel werden durch die *ratio* ausfindig gemacht und angeordnet.[55] Die konkrete Wahl der Mittel nennt Thomas *electio*, während *intentio* die (noch bloß) allgemeine Absicht der Verwirklichung eines Ziels durch Mittel bezeichnet.[56] Die *electio* ist eine gemeinsame Leistung zweier Vermögen, des Willens und der Vernunft: Die Vernunft gibt dem Willen das Gut als Objekt vor, der Wille aber ist die strebende Kraft, die die *electio* letztlich vollzieht.[57] Die *electio* ist das Ergebnis einer rationalen Urteilsbildung aufgrund eines Vergleichs mehrerer

---

[53] S.th. I, II, 9, 3c. „Manifestum est autem quod intellectus per hoc quod cognoscit principium, reducit seipsum de potentia in actum, quantum ad cognitionem conclusionum: et hoc modo movet seipsum. Et similiter voluntas per hoc quod vult finem, movet seipsum ad volendum ea quae sunt ad finem. […] ergo dicendum quod voluntas non secundum idem movet et movetur. Unde nec secundum idem est in actu et in potentia. Sed inquantum actu vult finem, reducit se de potentia in actum respectu eorum quae sunt ad finem, ut scilicet actu ea velit."
Vgl. Rhonheimer, Martin: Praktische Vernunft und Vernünftigkeit der Praxis. Handlungstheorie bei Thomas von Aquin in ihrer Entstehung aus dem Problemkontext der aristotelischen Ethik, Berlin 1994, hier S. 203: „Gemäß Thomas ist der Wille eine durch Partizipation rationale Strebepotenz. Willensakte sind Strebeakte, die sich auf Objekte (Güter) beziehen, die durch Vernunft in den Gegenstandsbereich des Strebens eingetreten sind. Insofern ist der Wille partizipativ rational: denn es ist Vernunfterkenntnis, die dem Willen sein Objekt präsentiert." Vgl. auch ebd. S. 208f.

[54] S.th. I-II, 12,1 ad 4: „[…] intentio est actus voluntatis respectu finis. Sed voluntas respicit finem tripliciter. Uno modo, absolute: et sic dicitur *voluntas*, prout absolute volumus vel sanitatem, vel si quid aliud est huiusmodi. Alio modo consideratur finis secundum quod in eo quiescitur: et hoc mod fruitio respicit finem. Tertio modo consideratur finis secundum quod est terminus alicuius quod in ipsum ordinatur: et sic intentio respicit finem. Non enim solum ex hoc intendere dicimur sanitatem, quia volumus eam: sed quia volumus eam per aliquid aliud pervenire." vgl. zum Begriff *intentio* Darge 1996, S. 172ff.

[55] S.th. I-II, 12, 1 ad 3.

[56] S.th. I-II, 12, 4 ad 3: „Sic igitur inquantum motus voluntatis fertur in id quod est ad finem, prout ordinatur ad finem, est electio. Motus autem voluntatis qui fertur in finem, secundum quod aquiritur per ea quae sunt ad finem, vocatur intentio. Cuius signum est quod intentio finis esse potest, etiam nondum determinatis his quae sunt ad finem, quorum est electio."

[57] S.th. I-II, 13, 1c: „Manifestum est autem quod ratio quodammodo voluntatem praecedit, et ordinat actum eius: inquantum scilicet voluntas in suum obiectum tendit secundum ordinem rationis, eo quod vis apprehensiva appetitivae suum obiectum repraesentat. Sic igitur ille actus quo voluntas tendit in aliquid quod proponitur ut bonum, ex eo quod per rationem est ordinatum ad finem, materialiter quidem est voluntatis, formaliter autem rationis. In huiusmodi autem substantia actus materialiter se habet ad ordinem qui imponitur a superiori potentia. Et ideo electio substantialiter non est actus rationis, sed voluntatis: perficitur enim electio in

Handlungsalternativen, die hinsichtlich ihrer Eignung als Mittel zum Ziel zu prüfen sind.[58] In Bezug auf die *electio* als Wahl der Mittel besteht nun eine Freiheit der Wahl, weil die Mittel als partikulare Güter zwar als schlechthin gut erkannt sein mögen, aber nicht im uneingeschränkten Sinne Sein haben und somit unter der Hinsicht ihres Mangels nicht gewollt werden müssen.[59]

Die Vernunft befiehlt den Vollzug einer Handlung, aber sie operiert im Sinne eines zweiten Bewegers, der *aufgrund* und *durch* einen ersten Beweger wirkt, und dieser erste Beweger, der die Handlung in Gang setzt, ist der Wille.[60] Die Handlung wird verursacht durch den Befehl des Willens, der Befehl des Willens gründet aber seinerseits in einem Urteil der Ver-

---

motu quodam animae ad bonum quod eligitur. Unde manifeste actus est appetitivae potentiae."

[58] S.th. I-II, 13, 1 und 3.

[59] S.th. I-II, 13, 6c: „Potest enim homo velle et non velle, agere et non agere: potest etiam velle hoc aut illud, et agere hoc aut illud. Cuius ratio ex ipsa virtute rationis accipitur. Quidquid enim ratio potest apprehendere ut bonum, in hoc voluntas tendere potest. Potest autem ratio apprehendere ut bonum non solum hoc quod est velle aut agere; sed hoc etiam quod est non velle et non agere. Et rursum in omnibus particularibus bonis potest considerare rationem boni alicuius, et defectum alicuius boni, quod habet rationem mali: et secundum hoc, potest *unumquodque huiusmodi bonorum apprehendere ut eligibile, vel fugibile. Solum autem* perfectum bonum, quod est beatitudo, non potest ratio apprehendere sub ratione mali, aut alicuius defectus. Et ideo ex necessitate beatitudinem homo vult, nec potest velle non esse beatus, aut miser. Electio autem, cum non sit de fine, sed de his quae sunt ad finem, ut iam dictum est; non est perfecti boni, quod est beatitudo, sed aliorum particularium bonorum. Et ideo homo non ex necessitate, sed libere eligit." Die Partikularität des partikularen *bonum* gründet somit im Eingeschränktsein seines *Seins*, also in seiner Kontingenz, nicht unbedingt im Eingeschränktsein seiner Güte.
Während Thomas hier das *non velle* zunächst zur Bezeichnung des Willensaktes an sich zu benutzen scheint, ist der Begriff dann aber in der Folge offenbar doch erneut als bedeutungsgleich mit *nolle* zu verstehen, und wird zur Beschreibung der Ablehnung eines bestimmten Objektes verwendet. Schließlich wird hier über die Frage der Freiheit zur Wahl von Objekten verhandelt, es geht um die *specificatio*, nicht um das *exercitium* des Aktes. Inzwischen ist auch deutlich geworden, dass es für Thomas ein *non velle* als Ruhen des Willens im strengen Sinne nicht geben kann, weil bestimmte Güter notwendig gewollt werden. Es bleibt dem Menschen lediglich die Verweigerung eines Objektes, also die Möglichkeit (oder eher der Versuch), das (eigentlich gewollte) Objekt bewusst nicht wahrzunehmen bzw. nicht zu denken, was erst nachträglich und hinsichtlich eines bereits Wahrgenommenen oder bereits Gedachten möglich ist.

[60] S.th. I-II, 17, 1c: „Primum autem movens in viribus animae ad exercitium actus, est voluntas, ut supra dictum. Cum ergo secundum movens non moveat nisi in virtute primi moventis, sequitur quod hoc ipsum quod ratio movet imperando, sit ei ex virtute voluntatis. Unde relinquitur quod imperare sit actus rationis, praesupposito actus voluntatis, in cuius virtute ratio movet per imperium ad exercitium actus."

nunft über das zu Tuende, das selbst den Charakter eines Befehls annimmt.[61] Daher ist die Wurzel der Freiheit (*radix libertatis*) im Sinne ihres
Subjekts der Wille, ihren Ursprung hat die Freiheit aber in der Vernunft:

> „[…] dicendum quod radix libertatis est voluntas sicut subiectum:
> sed sicut causa, est ratio. Ex hoc enim voluntas libere potest ad
> diversa ferri, quia ratio potest habere diversas conceptiones boni. Et
> ideo philosophi definiunt liberum arbitrium quod est *liberum de
> ratione iudicium*, quasi ratio sit causa libertatis."[62]

Die Tätigkeit der Vernunft ist wiederum eine willentliche Handlung, weshalb Wille und Vernunft sich stets gegenseitig verursachen.[63] Der „erste"
Wille, der den Anfang und Grund jeglichen Willens bildet, entspringt *„ex
instinctu naturae, aut superioris causae"*[64] und stößt die gegenseitige Verur-
sachung von Vernunft und Wille erst an; dieser erste Wille gründet damit
zwar selbst nicht nochmal in einem Urteil der Vernunft, sondern in einer
naturalen Eigendynamik des Willens, die ihrerseits von Gott verursacht
wird; und doch kann Thomas aus philosophischer Perspektive an einer
Selbstbewegung des Willens festhalten, insofern diese durchaus getrennt
von der Frage seiner Erstverursachung (und der theologischen Antwort darauf) betrachtet werden kann.

II.3   Freundschaft: *amicitia* und *caritas*

Im Zusammenhang mit den Überlegungen zum menschlichen Willen bestimmt Thomas die Liebe als eine im sinnlichen Strebevermögen anzusie-
delnde Leidenschaft, die aber auch als *„actus voluntatis"* verstanden werden
kann, soweit sie das Ergebnis eines Urteils der Vernunft ist, das in eine willentliche Entscheidung mündet.[65] Die tiefergehende Auseinandersetzung
mit den Begriffen ‚Liebe' und ‚Freundschaft' findet ausführlich in zwei
Texten innerhalb der *Summa theologica* statt. Beide Texte thematisieren sie
ausführlich, aber schon die unterschiedlichen lateinischen Begriffe (*amor /
caritas*) weisen darauf hin, dass es hier um zwei verschiedene Perspektiven

---

[61]   Vgl. Darge 1996, S. 181: „Der Handlungsbefehl knüpft unmittelbar an die Entscheidung des Willens für ein Mittel an und vermittelt die Dynamik des vorhergehenden
Wollens in die nachfolgende ausführende Tätigkeit. Durch ihre Anweisung bewegt
die praktische Vernunft aufgrund und in der Kraft des auf das Mittel und durch dieses hindurch auf das Ziel gerichteten Wollens wirksam zur praktischen Verwirklichung des beschlossenen Mittels – und erfüllt damit im Aufbau der Handlung eigentlich und in eminenter Weise die Funktion, die ihr als handlungsleitender Vernunft zukommt."

[62]   S.th. I-II, 17, 1 ad 2.

[63]   S.th. I-II, 17, 1.

[64]   S.th. I-II, 17, 5 ad 3.

[65]   S.th. I, 82, 5.

geht. In seiner Abhandlung *De passionibus animae* (I-II, 22-48) erörtert Thomas die Freundschaft als zwischenmenschliche Beziehung, in den *quaestiones* zu *De caritate* (II-II, 23-33) interpretiert er das Verhältnis zwischen Gott und Mensch als eine spezifische Art der Freundschaftsbeziehung. Es zeigt sich, dass die Freundschaft als *caritas* zwischen Gott und Mensch auch den Ursprung einer Art von Freundschaft der Menschen untereinander bildet: der Begriff der *caritas* steht für ein Verständnis von Freundschaft als eines Verhältnisses, das Gott und den Menschen miteinander in Beziehung setzt, und bezeichnet sowohl die Liebe Gottes zum Menschen und dessen Gegenliebe zu Gott, als auch die spezifisch christliche, religiös begründete Freundschaftsliebe der Menschen zueinander. Jenseits dieser religiös fundierten *caritas* versteht Thomas Freundschaft aber im Sinne des *amor amicitiae* als zwischenmenschliche Beziehung, die sich allein auf die Individualität des Freundes richtet und die ihren Sinn in ebendieser realisiert.

Thomas wählt die aristotelischen Freundschaftsbücher nicht bloß als äußerlichen Ansatzpunkt, um seine eigenen Gedanken darzulegen, vielmehr knüpft er bei seiner Untersuchung der Freundschaft an grundlegende aristotelische Thesen an und stimmt ihnen weitgehend zu. So versteht er mit Aristoteles das menschliche Handeln als grundsätzlich zielgerichtet und bestimmt die Liebe als Grund der Bewegung hin zu einem Ziel, das als Geliebtes ein Gut ist.[66] Auch die aristotelische Vorstellung der Glückseligkeit als dem höchsten Gut und Endziel menschlichen Strebens teilt Thomas; diese diesseitige Erfüllung des Lebens versteht sich einerseits als Vorstufe zur ewigen Glückseligkeit bei Gott, andererseits kommt dem erfüllten Dasein in dieser Welt auch ein eigenständiger Sinn jenseits aller Heilsverheißung zu.

II.3.1 *Amor amicitiae* und *amor concupiscentiae*

Thomas bestimmt die Liebe zunächst allgemein als „*aliquid ad appetitum pertinens*"[67] und differenziert sie entsprechend dem ihr je unterschiedlichen zugrundeliegenden Streben:

> „Unde secundum differentiam appetitus, est differentia amoris. Est enim quidam appetitus non consequens apprehensionem ipsius appetentis, sed alterius: et hujusmodi dicitur ‚appetitus naturalis‘ [...]. Alius autem est appetitus consequens apprehensionem ipsius appetentis, sed ex necessitate, non ex judicio libero. Et talis est ‚appetitus sensitivus‘ in brutis: qui tamen in hominibus aliquid

---

[66] S.th. I-II, 28, 6c: „Jedes Tätige ist um eines Zieles willen tätig. Ziel ist aber für einen jeden das ersehnte und geliebte Gut."

[67] S.th. I-II, 26, 1c.

libertatis participat, inquantum obedit rationi. – Alius autem est appetitus consequens apprehensionem appetentis secundum liberum judicium. Et talis est appetitus rationalis sive intellectivus, qui dicitur ‚voluntas'. In unoquoque autem horum appetituum, amor dicitur illud quod est principium motus tendentis in finem amatum."[68]

Die Liebe als Bewegung des Strebens hin zum geliebten Gut ist dem Menschen entsprechend seinen drei Strebevermögen in dreifacher Weise möglich: er kann (wie alles Sein) naturhaft zu dem ihm Gemäßen hin tendieren; zweitens kann er (wie das Tier) etwas sinnlich erstreben: dieses sinnliche Streben folgt zwar dem Verstehen („*apprehensio*"), dies aber in notwendiger Weise, und nicht aus freiem Urteil.[69] Beim Menschen allerdings ist dieses sinnliche Streben der Möglichkeit nach zumindest unter der Herrschaft der *ratio* und insofern schon am freien Urteil der Vernunft „teilhabend". Der Mensch kann drittens auch im eigentlichen Sinne *vernünftig* streben und lieben, wenn sein Streben am Urteil der Vernunft nicht nur teilhat, sondern ihm freiwillig folgt. Dieses vernünftige Streben ist der Wille. In allen diesen Strebensarten ist Liebe das Prinzip der Bewegung zum Geliebten hin.

Die Frage „*utrum amor convenienter dividatur in amorem amicitiae et amorem concupiscentiae*"[70], ob die Unterscheidung in freundschaftliche und begehrende Liebe zutreffend ist, bildet nun den eigentlichen Einstieg in die thomasische Freundschaftsdiskussion. Sie setzt bei der aristotelischen Unterscheidung zwischen *passio* und *habitus* und der Identifikation der Freundschaft als *habitus* an.[71] Als *habitus* soll sich die Freundschaft als eine in vernünftiger Überlegung gründende Willenswahl gegenüber einem bloß sinnlichen Streben auszeichnen, wie es in der Leidenschaft verwirklicht

---

[68] Ebd.

[69] Thomas spricht hier lediglich von „*apprehensio*", (was auf eine Art von verstandesmäßigem Begreifen hindeutet), aber eben nicht von Verstand oder Vernunft. (Vgl. zum Unterschied von Verstand (*intellectus*) und Vernunft (*ratio*) S.th. I, 79,8: „Verstehen' heißt nämlich, die verstehbare Wahrheit schlechthin erfassen. ‚Vernunftfolgern' jedoch besagt, von dem einen Verstandenen zum andern fortschreiten, um die verstehbare Wahrheit zu erkennen."). In ähnlicher Weise wird die Gemeinsamkeit von Tier und Mensch in 81,3c angedeutet, in der beschrieben wird, dass auch Tiere irgendwie schon verstehen, aber eben nicht im Sinne von *intellectus* und *ratio*: „[...] bei den anderen Sinnenwesen wird das sinnliche Streben naturgemäß von der Schätzungskraft bewegt. So schätzt das Schaf den Wolf als seinen Feind ein und fürchtet ihn. Im Menschen jedoch tritt an die Stelle der Schätzungskraft die Überlegungskraft, die von Einigen eingeschränkte Vernunft genannt wird, weil sie Einzelbestimmtheiten vergleicht. Daher wird von ihr im Menschen naturgemäß das sinnliche Streben bewegt. Die eingeschränkte Vernunft selbst aber wird von Natur durch die allgemeine Vernunft bewegt und gelenkt." Vgl. dazu auch 83,1c. (Anm. 33).

[70] S.th. I-II, 26, 4 ad 1.

[71] S.th. I-II, 26, 4.

wird. Der Begriff der Freundschaft bezeichnet bei Thomas wie bei Aristoteles eine spezifische Art der Liebe, die als Oberbegriff mehrerer Arten unter sich subsumiert; auch in der Freundschaft wird daher (mit Leidenschaft) geliebt, aber die Liebe ist eine durch die Vernunft bestimmte, also willentliche Liebe.[72] Als unwillkürliche *passio* gilt die Liebe hingegen ganz unspezifisch zunächst allen Dingen, die als Gut begehrt werden. In der Freundschaft kommt nach Aristoteles zum Streben nach dem Geliebten das Wohlwollen als das Wollen des Guten für den anderen um seiner selbst willen hinzu. Thomas greift diese Differenzierung auf und formuliert sie mit neuen Begriffen, die eine erhebliche Akzentverschiebung zur Folge haben. Die aristotelische Dreiteilung des Grundes der Liebe und damit der Freundschaft in Nutzen, Lust und Tugend wird bei Thomas zu einer Zweiteilung der Liebe (*nicht* der Freundschaft).

Thomas nimmt nun also zur näheren Bestimmung der Freundschaft im eigentlichen Sinne eine Differenzierung vor, die bei Aristoteles in der Unterscheidung zwischen bloßem „Gutes wünschen" (*boulesis agathou*) und einem Wohlwollen *um des anderen selbst willen* (*eunoia*)[73] erkennbar wird:

> „[…] dicendum quod, sicut Philosophus dicit in 2 Rhetoricorum [c.4], „amare est velle alicui bonum". Sic ergo motus amoris in duo tendit: scilicet in bonum quod quis vult alicui, vel sibi vel alii; et in illud cui vult bonum. Ad illud ergo bonum quod vult alteri, habetur amor concupiscentiae: ad illud autem cui aliquis vult bonum, habetur amor amicitiae."[74]

Das einleitende Aristoteles-Zitat bestimmt das Lieben als *„velle alicui bonum"*; die bloße Tendenz zu einem Guten überhaupt, die auch in der Leidenschaft erkennbar wird, wird hier bereits spezifiziert, das Lieben hat ein Objekt und ein Ziel. *Ziel* dieser Liebe kann nur ein Mensch sein. Thomas spricht hier also über einen Akt (Lieben), in dem ein Gut für einen Menschen gewollt wird, es geht damit nicht mehr um bloßes Streben, denn die Formel *„velle alicui bonum"* trifft eine Aussage über das Objekt des Willens, das *bonum* (und insoweit stimmt sie noch mit dem einfachen „streben nach" überein), zugleich bestimmt sie aber auch ein Ziel des Willens, auf das das Gewollte bezogen wird (den Menschen). Das *bonum* ist das, was gewollt wird, das *alicui* ist der, für den es gewollt wird. Innerhalb dieses

---

[72] S.th. I-II, 26, 3c: „Denn Liebe ist das Allgemeinste unter ihnen. Jede Zuneigung oder Minne ist nämlich Liebe, aber nicht umgekehrt. Denn Zuneigung fügt zur Liebe die vorhergehende Wahl, wie der [lateinische] Name selbst besagt. Deshalb gibt es Zuneigung nicht im begehrenden Strebevermögen, sondern nur im Willen, und kommt einzig in einer vernunftbegabten Natur vor."

[73] Vgl. Kap.I, Anm. 124.

[74] S.th. I-II, 26, 4c.

einen Aktes sind daher zwei begrifflich voneinander trennbare Bewegungen erkennbar, die aufeinander bezogen sind.

Die Unterscheidung zwischen verschiedenen Formen der Liebe geht aus der Unterscheidung zwischen Objekt und Ziel hervor: Zu demjenigen Gut, das man für sich oder einen anderen will, steht man im Verhältnis des *amor concupiscentiae*, dieses Gut wird als Mittel für ein Ziel gewollt. Zu demjenigen, *für den* man das Gut will, steht man im Verhältnis des *amor amicitiae*. Es liegt nahe, diese Bestimmung des *amor amicitiae* unabhängig von der Person, für die das Gut gewollt wird, zu treffen – so tut es Aristoteles selbst, indem er das Selbstverhältnis mit dem Verhältnis zum Freund vergleicht und den Freund zum *zweiten Selbst*[75] erklärt, und bis hierhin scheint dies auch für Thomas zuzutreffen. Die einzige Bedingung für das Vorliegen eines *amor amicitiae* wäre dann das Wollen eines Gutes für einen Menschen.

Thomas betont im folgenden Textabschnitt, dass der Unterschied der beiden Formen der Liebe durch ihr je unterschiedliches Verhältnis zum Objekt bzw. Ziel begründet wird: im *amor amicitiae* wird etwas an sich geliebt, das vom Geliebten verschiedene Gute wird für diesen Geliebten gewollt, auf dass es ihm ein Gut sei; im *amor concupiscentiae* wird etwas dagegen als bloßes Mittel zu etwas anderem geliebt, es wird für ein anderes (den Geliebten) gewollt:

> „Haec autem divisio est secundum prius et posterius. Nam id quod amatur amore amicitiae, simpliciter et per se amatur: quod autem amatur amore concupiscentiae, non simpliciter et secundum se amatur, sed amatur alteri. […] Et per consequens amor quo amatur aliquid ut ei sit bonum, est amor simpliciter: amor autem quo amatur aliquid ut sit bonum alterius, est amor secundum quid."[76]

Das Gut, das nicht um seiner selbst willen, sondern *für* einen anderen und damit *secundum quid* als Mittel gewollt wird, erhält seine Bedeutung einzig als Instrument für ein über es selbst hinausweisendes Ziel: Es wird *begehrt*. Dagegen wird der Mensch, für den dieses Gut gewollt wird, um seiner selbst willen, also *simpliciter*, geliebt. In der Antwort zu den Eingangsargumenten wird nun eine weitere Einschränkung hinsichtlich des *amor amicitiae* vorgenommen:

---

[75] Vgl. Kap.I, Anm. 168.

[76] S.th. I-II, 26, 4c. Die deutsche Übersetzung des letzten Satzes ist hier irreführend, sie lautet: „Folglich ist die Liebe, mit der man etwas liebt, damit es für einen selber ein Gut sei, ‚Liebe schlechthin‘. Die Liebe hingegen, mit der etwas geliebt wird, damit es das Gute eines andern sei, ist Liebe mit Einschränkung‘." Diese Übersetzung legt nahe, dass Selbstliebe Liebe schlechthin sei und Liebe zu einem anderen Liebe mit Einschränkung und läuft damit dem Thomasischen Verständnis völlig zuwider. Besser wäre: „Folglich ist die Liebe, mit der man etwas liebt, damit es **für dieses selbst** ein Gut sei, Liebe schlechthin‘ […]".

> „[…] dicendum quod amor non dividitur per amicitiam et concupiscentiam, sed per amorem amicitiae et concupiscentiae. Nam ille proprie dicitur amicus, cui aliquod bonum volumus: illud autem dicimur cocupiscere, quod volumus nobis."[77]

Bezieht der Liebende die Liebe zu einem Gut auf einen anderen Menschen, will er also das Gute für einen anderen, wird das Verhältnis zu diesem Menschen in Übereinstimmung mit dem zuvor Gesagten als *amor amicitiae* bestimmt. Wann immer der Liebende aber etwas *auch* für sich selbst will, begehrt er etwas und gerät damit in Widerspruch zum *amor amicitiae*. Der Selbstbezug, der für Aristoteles völlig selbstverständlich und eben analog zum Bezug auf den Freund besteht (denn das Verhältnis zum Freund wird bei Aristoteles ja aus dem Selbstverhältnis abgeleitet, umgekehrt ist der Freund ein zweites Selbst), ist für Thomas problematisch. Deshalb kann er auch die Nutzen- und Lustfreundschaften bei Aristoteles nicht eindeutig dem *amor amicitiae* zuordnen:

> „[…] dicendum quod in amicitia utilis et delectabilis, vult quidem aliquis aliquod bonum amico: et quantum ad hoc salvatur ibi ratio amicitiae. Sed quia illud bonum refert ulterius ad suam delectationem vel utilitatem, inde est quod amicita utilis et delectabilis, inquantum trahitur ad amorem concupiscentiae, deficit a ratione verae amicitiae."[78]

Der *amor amicitiae* besteht für Thomas in einem Wohlwollen um des Freundes willen, und insoweit stimmt er mit Aristoteles überein. Allerdings koppelt Thomas jegliches Wollen, dessen Ziel nicht *ausschließlich* im geliebten Freund selbst liegt, sondern in einem anderen Gut oder *auch* in einem Gut für den Liebenden selbst, strikt von der Freundschaft ab. Sobald der Liebende in der Freundschaft *auch* für sich selbst ein Gutes realisieren möchte, verliert das Verhältnis den Status des *amor amicitiae*. Aristoteles integriert dagegen das Moment der Selbstliebe, das das eigene Wohl im Wohlwollen stets mit intendiert, in seinen Begriff der Freundschaft. In der Freundschaft ist für ihn beides möglich, die Liebe als Streben nach dem Freund als Gut für sich selbst und die Liebe zum Freund als Wohlwollen um des Freundes selbst willen. Hier liegt der grundsätzliche Unterschied zwischen Thomas und Aristoteles. Thomas fordert das strikte Absehen vom eigenen Gut, während Aristoteles am Primat der Selbstliebe, die immer auch das Gute für sich selbst erstrebt, auch in der Freundschaft festhält. Daher werden die Nutzen- und die Lustfreundschaft, die Aristoteles selbst eindeutig als Freundschaften versteht und denen er auch die Verwirklichung des Wohlwollens zuspricht (was die Voraussetzung jeglicher

---

[77] S.th. I-II, 26, 4 ad 1.
[78] S.th. I-II, 26, 4 ad 3.

Freundschaft bildet), bei Thomas letztlich der Liebe des Begehrens zugeordnet, die dem Anspruch des *amor amicitiae* nicht mehr gerecht wird.
Zwar stellt auch bei Thomas die Selbstliebe eine natürliche, angeborene und
insofern sinnvolle Grundgegebenheit dar, er gesteht gar zu, dass es mit einem geliebten Menschen stets nur eine *Vereinigung* geben kann, wohingegen der Mensch tatsächlich mit sich selbst eine *Ein*heit erreicht, weshalb er
sich selbst im Sinne der Gottesliebe am meisten liebt.[79] Dieser Vorrang der
Selbstliebe ist aus der allgemeinen Perspektive der *caritas*-Diskussion zu
verstehen, denn hier wird die Ordnung der Liebe *vor* aller spezifischen Ver-
hältnisbestimmung beschrieben. Es ist dann aber gerade Kennzeichen der
Liebe im Sinne des *amor amicitiae*, dass in ihr und nur in ihr der Einzelne
den naturhaften Vorrang der Selbstliebe hin zur Freundesliebe zu übersteig-
gen vermag. Die Freundschaft ermöglicht ein völliges Zurücktreten der
Selbstliebe, mehr noch, der Liebende ist fähig, über das Wohl des geliebten
Freundes hinaus nichts für sich selbst zu erstreben, er wächst über sich hinaus, er tritt aus sich heraus.[80] Die Liebe im Modus der *„extasis"* bleibt dabei
auch im Liebenden selbst nicht ohne Folgen: Thomas beschreibt die Wirkungen im Liebenden als *„liquefactio, fruitio, languor et fervor"*[81]. Diese Wirkungen werden aber eben in der Liebe zum Freund nicht primär intendiert.
Bei Aristoteles wird der Selbstliebe in der Freundesliebe Genüge getan, die
Gleichheit oder zumindest Vereinbarkeit der Ziele gewährleistet die Einheit der Freunde; für Thomas hingegen ist die Freundesliebe eine Erweiterung der Selbstliebe nicht im Sinne des Einschließens, sondern im Sinne des
Über-sich-Hinauswachsens.

Aristoteles thematisiert in Buch VIII ausführlich die Frage nach Ähnlichkeit und Gleichheit unter den Freunden. Thomas greift den Begriff der
Ähnlichkeit seinerseits auf, um erneut das Defizit der Lust- und Nutzenfreundschaft aufzuweisen. Er weicht damit von Aristoteles ab, dem es im
Kontext der Begriffe der Ähnlichkeit (und damit der Gerechtigkeit) um die
Voraussetzung der Freundschaft geht, die darin besteht, dass die Freunde
eine ihrem jeweiligen sozialen Status angemessene Rolle innerhalb der Beziehung einnehmen und so Ähnlichkeit bzw. Gleichheit (als Grundlage jeglicher Freundschaft), soweit sie nicht von Natur aus besteht, durch einen

---

[79] S.th. II-II, 26, 4c.

[80] S.th. I-II, 28, 3c: „Nam in amore concupiscentiae, quodammodo fertur amans extra
      seipsum: inquantum scilicet, non contentus gaudere de bono quod habet, quaerit frui
      aliquo extra se. Sed quia illud extrinsecum bonum quaerit sibi habere, non exit
      simpliciter extra se, sed talis affectio in fine infra ipsum concluditur. Sed in amore
      amicitiae, affectus alicujus simpliciter exit extra se: quia vult amico bonum, et
      operatur, quasi gerens curam et providentiam ipsius, propter ipsum amicum."

[81] S.th. I-II, 28, 5 ad ea vero quae in contrarium objiciuntur.

entsprechenden Habitus gegenüber dem Freund allererst herstellen.[82] Aristoteles spricht die soziale Bedingtheit von Beziehungen zwischen Ungleichen an; diese Perspektive bleibt bei Thomas unberücksichtigt, die äußerlichen, sozialen Bedingungen scheinen für ihn kaum von Bedeutung zu sein. Umgekehrt geht Aristoteles nicht näher auf die Unterscheidung ein, auf die Thomas unter dem Begriff der Ähnlichkeit aufmerksam macht. Dennoch wird hier nicht bloß zufällig mit demselben Begriff operiert: Beide, Aristoteles wie Thomas, kommen zu dem Ergebnis, dass erst Ähnlichkeit Freundschaft stiftet. Für Aristoteles ist es aber legitim, sich demjenigen anzunähern, das man begehrt, weil man es noch nicht besitzt, für ihn ist es nicht verwerflich, dass in der Beziehung beide auf etwas zielen, was sie selbst (noch) nicht haben bzw. sind.[83] Für Thomas liegt dagegen der Akzent auf der Problematisierung einer solchen Annäherung, insofern sie (auch) im Selbstinteresse erfolgt, daher erklärt er:

> „[...] dicendum quod similitudo, proprie loquendo, est causa amoris. Sed considerandum est quod similitudo inter aliqua potest attendi dupliciter. Uno modo, es hoc quod utrumque habet idem in actu [...]. Alio modo, ex hoc quod unum habet in potentia et in quadam inclinatione, illud quod aliud habet in actu [...]. Vel etiam secundum quod potentia habet similitudinem ad actum ipsum: nam in ipsa potentia quodammodo est actus. Primus ergo similitudinis modus causat amorem amicitiae, seu benevolentiae. Ex hoc enim quod aliqui duo sunt similes, quasi habentes unam formam, sunt quodammodo unum in forma illa: sicut duo homines sunt unum in specie humanitatis, et duo albi in albedine. Et ideo affectus unius tendit in alterum, sicut in unum sibi; et vult ei bonum sicut et sibi. – Sed secundus modus similitudinis causat amorem concupiscentiae, vel amicitiam utilis seu delectabilis. Quia unicuique existenti in potentia, inquantum hujusmodi, inest appetitus sui actus: et in ejus consecutione delectatur, si sit sentiens et cognoscens."[84]

Die erste Ähnlichkeit, in der der *amor amicitiae* gründet, ist eine wirkliche, tatsächliche Ähnlichkeit: zwei sind aufgrund ihrer Ähnlichkeit (immer schon) eins. Die Liebe der Ähnlichen zueinander ist daher eigentlich die Erweiterung der Selbstliebe auf den, der ist, wie man selbst ist. Auf die Selbstliebe wird später noch eingegangen. Sie war ja bei Thomas gerade Kennzeichen des *amor concupiscentiae*, wenn sie allerdings ihrerseits rückgebunden ist an die Liebe zu Gott, also nicht letzter Grund der Liebe (wie es bei Aristoteles der Fall ist), ist sie gerechtfertigt. Diese Rückbindung

---

[82] Vgl. Kap. I.3.3.
[83] Aristoteles kennt jene Freundschaften unter Ungleichen, die der Beseitigung eines Mangels dienen und ordnet diese der Nutzenfreundschaft zu (EN 1159 b12-16).
[84] S.th. I-II, 27, 3c.

wird im vorliegenden Fall vorausgesetzt, deshalb ist die Selbstliebe hier als positiv zu wertendes Selbstverhältnis zu verstehen.

Die zweite Art der Ähnlichkeit besteht noch gar nicht wirklich, sondern nur der Möglichkeit nach: etwas hat eine Tendenz hin zu einem anderen als zu seinem Ziel, es neigt zu diesem anderen hin und will werden, was bzw. wie jenes schon in Wirklichkeit ist. Diese Ähnlichkeit begründet den *amor concupiscentiae* (und nach Thomas auch die Lust- und Nutzenfreundschaften).

Die Liebe zum Freund wird bereits bei Aristoteles (bezogen auf die Tugendfreundschaft) als Liebe zum *„alter ipse"* beschrieben, das Verhältnis zum anderen als Spiegel des Selbstverhältnisses begriffen.[85] Auch Thomas greift den Begriff des *„alter ipse"* auf:

> „Cum autem sit duplex amor, scilicet concupiscentiae et amicitiae, uterque procedit ex quadam apprehensione unitatis amati ad amantem. Cum enim aliquis amat aliquid quasi concupiscens illud, apprehendit illud quasi pertinens ad suum bene esse. Similiter cum aliquis amat aliquem amore amicitiae, vult ei bonum sicut et sibi vult bonum: unde apprehendit eum ut alterum se, inquantum scilicet vult ei bonum sicut sibi ipsi. Et inde est quod amicus dicitur esse ‚alter ipse' […]. Primam ergo unionem amor facit effective: quia movet ad desiderandum et quaerendum praesentiam amati, quasi sibi convenientis et ad se pertinentis. Secundam autem unionem facit formaliter: quia ipse amor est talis unio vel nexus."[86]

In der Liebe geht es immer um die Einheit des Liebenden mit dem Geliebten, der Geliebte wird in beiden Fällen – dem *amor amicitiae* und dem *amor concupiscentiae* – als zum eigenen Wohl gehörend empfunden. Die Integration des Geliebten in das Selbst wird aber beim *amor concupiscentiae „effective"* verursacht, beim *amor amicitiae* hingegen *„formaliter"*. Dementsprechend verhält sich der Liebende zum Geliebten in der Freundschaftsliebe *„ut ad seipsum"*[87], in der Begehrensliebe jedoch *„ut ad aliquid sui"*[88]. Die

---

[85] Vgl. zum *alter ipse* bei Aristoteles und Thomas: Hedwig, Klaus: Alter Ipse. Über die Rezeption eines aristotelischen Begriffes bei Thomas von Aquin, in: Archiv für Geschichte der Philosophie Bd. 72, 1990, S. 253-274. Der Begriff des *alter ipse* diene bei Thomas vor allem dazu, „die ‚affektive Einigung' zu kennzeichnen, die sich als Wirkung der Liebe ergibt und die strukturell als ein Verhältnis von Verhältnissen zu kennzeichnen ist." (S. 270). Auffällig sei, dass Thomas den Begriff „in die eigene philosophische Terminologie nicht aufnimmt", was nach Hedwig darauf zurückzuführen ist, dass „der Begriff *alter ipse* auf die religiöse Gestalt der Freundschaft […] nicht anwendbar ist." (S. 271). Hedwig übersieht also die Bedeutung des *alter ipse*-Begriffs bei Thomas; es geht um weit mehr als die Wirkung der affektiven Einigung. Weil der Freund als *alter ipse* verstanden wird, kann er wahrhaft (in seiner Individualität) geliebt werden. Dieser Gedanke wird im Folgenden herausgearbeitet.

[86] S.th. I-II, 28, 1c.

[87] S.th. I-II, 28, 1 ad 2.

[88] Ebd.

Unterscheidung zwischen einem Verhältnis zum Freund, das im *amor amicitiae* einem Selbstverhältnis zur eigenen Person als Individuum (im Sinne des Unteilbaren), im *amor concupiscentiae* jedoch einem Verhältnis zu einem (An-)Teil von sich entspricht, ist für die Freundschaftsidee und für die Vorstellung des Umgangs mit sich selbst gleichermaßen von Bedeutung. Der Text macht deutlich, dass für Thomas – obgleich er mit Aristoteles die Geistseele des Menschen als das (denjenigen Teil des Menschen) versteht, was dieser wesentlich ist – sowohl in Bezug auf das Freundes- wie auch auf das Selbstverhältnis die Vorstellung der Einheit der Person entscheidend ist: die freundschaftliche Liebe bezieht sich (genauso wenig wie die Selbstliebe) nicht auf alles am anderen, dennoch liebt man sich selbst oder den anderen als eine und ganze Person, als Individuum. Die Vernunft bzw. die Tugend als realisierte Vernunft mag zwar das Wesentliche des Menschen sein, aber sie begründet nicht mehr eigentlich die Liebe zu ihm; damit tritt sowohl in Bezug auf sich selbst als auch auf den Freund die Perspektive der Vervollkommnung durch Tugend in den Hintergrund zugunsten einer Betonung der Liebenswürdigkeit des Individuums.

Diese ganzheitliche Sicht enthält klar ein theologisches Motiv, denn es ist ja Gott, der den Menschen als individuelles Geschöpf in seiner Ganzheit erschaffen hat, und so liegt die Frage nahe, ob sich diese Liebe nicht eigentlich theologisch begründet. Die folgende Erörterung der *caritas* als jener Liebe, die von Gott ausgehend zwischen Gott und dem Menschen sowie zwischen den Menschen untereinander gestiftet wird, wird zeigen, dass sich die Liebe zum Freund gerade *nicht* theologisch begründet. Der Freund wird als „ganzer Mensch" geliebt in seiner Individualität und *aufgrund* dieser Individualität, so wie auch die eigene Person als ganze erfahren wird in ihrer Unteilbarkeit.

II.3.2   Die *amicitia caritatis* als Verhältnis zwischen Mensch und Gott

Das Verhältnis zwischen Mensch und Gott kennzeichnet Thomas in den *quaestiones* 23-27 (*De caritate*) als eine Art Freundschaft. Die Liebe Gottes zum Menschen, *caritas*, wird nicht nur vom Menschen in Bezug auf Gott beantwortet, sondern stiftet schließlich ein universelles Liebesverhältnis der Menschen zu sich selbst und zueinander, das jedoch stets an Gott rückgebunden bleibt.

Thomas setzt bei der Beschreibung der *caritas*, die er zunächst im Hinblick auf die Beziehung zwischen Gott und Mensch erörtert und die in Gott nicht nur wesentlich ihren Ursprung hat, sondern auch zeitlich ihren Anfang nimmt, bei der aristotelischen Überlegung an, nach der jede Freundschaft Wohlwollen (*benevolentia*) und eine gewisse Mitteilung bzw. Wechselseitigkeit (*communicatio*) voraussetze:

> „[...] dicendum quod, secundum Philosophum in 8 Ethicorum [c.2], non quilibet amor habet rationem amicitiae, sed amor qui est cum

> benevolentia: quando scilicet sic amamus aliquem ut ei bonum velimus. [...] Sed nec benevolentia sufficit ad rationem amicitiae, sed requiritur quaedam mutua amatio; quia amicus est amico amicus. Talis autem mutua benevolentia fundatur super aliqua communicatione. Cum igitur sit aliqua communicatio hominis ad Deum secundum quod nobis suam beatitudinem communicat, super hac communicatione oportet aliquam amicitiam fundari. [...] Amor autem super hac communicatione fundatus est caritas. Unde manifestum est quod caritas amicitia quaedam est hominis ad Deum."[89]

Beide Voraussetzungen sind im Verhältnis des Menschen zu Gott nach Thomas erfüllt, weshalb diese Beziehung als *quaedam amicitia* bezeichnet werden kann. Die *benevolentia* besteht wesentlich in einer gegenseitigen Liebe, die dem anderen um seiner selbst willen das Gute wünscht. Diese Liebe gründet ihrerseits in der *communicatio*, die im Verhältnis Gott und Mensch ihren Anfang in Gott nimmt, der dem Menschen in dieser Mitteilung das Angebot zur in Gott gründenden Freundschaft der *caritas* macht. Der Mensch ist mit und durch seinen Geist zur Aufnahme dieser Mitteilung fähig, da dieser Geist jedoch im irdischen Dasein des Menschen an seinen Körper gebunden ist, ist hier eine nur unvollkommene Gemeinsamkeit möglich, die aber ihre Vollendung in der Ewigkeit erfahren soll.[90]

Die Beantwortung dieser Mitteilung von Seiten des Menschen, die allererst zur Erfüllung der Bedingung der Gegenseitigkeit führt, möchte Thomas im Folgenden als freie Entscheidung charakterisieren. Doch bedarf die *communicatio* nicht nur der Initiative Gottes, sondern auch des menschlichen Glaubens an Gott. Dieser Glaube aber liegt nicht vollständig in menschlicher Macht, vielmehr kann der Mensch nur offen sein für die Mitteilung Gottes, die sich letztlich seiner Gnade verdankt und also ein entgegengenommenes Geschenk ist. Thomas setzt bei der Überlegung zum Ursprung der Gottesliebe im Menschen bei der These des Petrus Lombardus an, nach der die *caritas* dem Menschen vom Heiligen Geist eingegeben wird[91], allerdings spezifiziert er diese Aussage:

> „Non enim motus caritatis ita procedit a Spiritu Sancto movente humanam mentem quod humana mens sit mota tantum et nullo modo sit principium hujus motus, sicut cum aliquod corpus movetur ab aliquo exteriori movente. Hoc enim est contra rationem voluntarii, cujus oportet principium in ipso esse, sicut supra dictum est. Unde sequeretur quod diligere non esset voluntarium. Quod implicat contradictionem, cum amor de sui ratione importet quod sit actus voluntatis. – Similiter etiam non potest dici quod sic moveat Spiritus Sanctus voluntatem ad actum diligendi sicut movetur instrumentum, quod etsi sit principium actus non tamen est in ipso agere vel non

---

[89] S.th. II-II, 23, 1c.
[90] S.th. II-II, 23, 1 ad 1.
[91] S.th. II-II, 23, 2c.

agere. Sic enim etiam tolleretur ratio voluntarii, et excluderetur ratio meriti; cum tamen supra habitum sit quod dilectio caritatis est radix merendi. – Sed oportet quod sic voluntas moveatur a Spiritu Sancto ad diligendum quod etiam ipsa sit efficiens hunc actum."[92]

Der Mensch soll vom Heiligen Geist zur Liebe zu Gott bewegt werden, aber dennoch soll diese Liebe als Akt des Willens dem Menschen ursächlich zuzuordnen sein, denn Liebe kann nach Thomas nur als Zuneigung gedacht werden, die insoweit freiwillig ist, als sie nicht *von außen* erzwungen werden kann. Auch in Bezug auf die Liebe setzt Thomas die Aktivität des Willens mit Freiwilligkeit und mit innerer Neigung gleich. Dass die innere Neigung selbst dem Willen nicht mehr zur Disposition steht, ist für ihn selbstverständlich und kein Argument gegen dessen freiwilligen Charakter, denn ‚frei' bedeutet für Thomas hier lediglich, ‚nicht von außen erzwungen' zu sein. Thomas kann deshalb die *caritas* einerseits als willentlichen Akt beschreiben, andererseits trotzdem am Gedanken der menschlichen Orientierung durch die göttliche Ordnung festhalten. Die *caritas* (und damit die Liebe zum Menschen) ist sowohl freiwillig *als auch* dem Menschen von Gott eingegeben:

> „Nullus autem actus perfecte producitur ab aliqua potentia activa nisi sit ei connaturalis per aliquam formam quae sit principium actionis. Unde Deus, qui omnia movet ad debitos fines, singulis rebus indidit formas per quas inclinantur ad fines sibi praestitutos a Deo; et secundum hoc ‚disponit omnia suaviter', ut dicitur Sap. 8. Manifestum est autem quod actus caritatis excedit naturam potentiae voluntatis. Nisi ergo aliqua forma superadderetur naturali potentiae per quam inclinaretur ad dilectionis actum, secundum hoc esset actus iste imperfectior actibus naturalibus et actibus aliarum virtutum; nec esset facilis et delectabilis. Quod patet esse falsum; quia nulla virtus habet tantam inclinationem ad suum actum sicut caritas, nec aliqua ita delectabiliter operatur. Unde maxime est necesse quod ad actum caritatis existat in nobis aliqua habitualis forma superaddita potentiae naturali, inclinans ipsam ad caritatis actum, et faciens eam prompte et delectabiliter operari."[93]

Gott hat den Menschen grundsätzlich, d. h. seinem Wesen nach, zur Liebe der *caritas* (und im Gefolge zu jeglicher Liebe) disponiert, er hat in ihm eine grundlegende innere Bereitschaft angelegt, die der Mensch reflexiv als Wille erlebt. Zusätzlich zu dieser grundlegenden Bereitschaft ist der Mensch durch den Heiligen Geist mit einer *potentia naturalis* zur Liebe bewegt, da der Wille allein hierzu nicht ausreicht. Da diese *potentia naturalis* dem Menschen nicht einfach gegeben ist und auch nicht dem menschlichen Willen

---

[92] Ebd.
[93] S.th. II-II, 23, 2c.

unterliegt, ist die Gottesliebe letztlich ein Gnadengeschenk.[94] Thomas formuliert es deutlich:

> „Caritas autem [...] non dependet ex aliqua naturali virtute, sed ex sola gratia Spiritus Sancti eam infundentis. Et ideo quantitas caritatis non dependet ex conditione naturae vel ex capacitate naturalis virtutis, sed solum ex voluntate Spiritus Sancti distribuentis sua dona prout vult."[95]

Als Liebe des Menschen zu Gott ist die *caritas* zwar eine Tugend,[96] ist aber nicht im gleichen Sinne eine menschliche Leistung wie andere Tugenden, sodass der Mensch sich diese Liebe erwerben könnte; die *caritas* ist letztlich ein ungeschuldetes Gnadengeschenk Gottes, sie bedarf zwar der Tugend auf menschlicher Seite, kann sich aber dennoch nicht allein der Tugend und damit der freien Entscheidung des Menschen verdanken (und schon gar nicht einem freien Willen, sofern dieser als spontan aus sich selbst heraus aktiv werdendes inneres Prinzip verstanden wird). Für Thomas ist es selbstverständlich, dass dieser Akt der Liebe zu Gott frei gewollt und tugendhaft vollzogen wird *und* doch auch ein Gnadengeschenk Gottes ist.

Die *caritas* nimmt damit eine Sonderstellung unter den Tugenden ein: Sie ist vornehmer als die spezifisch menschlichen Tugenden der Sittlichkeit und des Verstandes, da sie auf das höchste Gut ausgerichtet ist und daher Gott selbst zu ihrem Maßstab nimmt; dementsprechend ist jegliches spezifisch menschliche Gut letztlich immer auf dieses höchste Gut und dessen Maß hin orientiert.[97] Tugendhaftes menschliches Handeln in vollem Sinne kann es daher nach Thomas auch nur geben, wenn diese Ordnung der Tugenden, die der Ordnung der Ziele entspricht, gewahrt wird und der Handelnde sich in jeglichem partikularen Tun auf das letzte Ziel hin orientiert, das Gott ist.[98]

Bei der Begründung der *caritas* im Menschen bemüht sich Thomas erneut um eine Rückbindung im menschlichen Willen. Zwar ist die praktische Vernunft in Gestalt des Willens als Ursprung jeglichen sittlichen (oder moralischen) Handelns im menschlichen Bereich entscheidend, und auch die

---

[94] S.th. II-II, 24, 2c: „[...] dicendum quod, sicut dictum est, caritas est amicitia quaedam hominis ad Deum fundata super communicationem beatitudinis aeternae. Haec autem communicatio non est secundum bona naturalia, sed secundum dona gratuita; quia, ut dicitur Rom. 6, „gratia Dei vita aeterna". Unde et ipsa caritas facultatem naturae excedit. Quod autem excedit naturae facultatem non potest esse neque naturale neque per potentias naturales acquisitum; [...] Unde caritas non potest neque naturaliter nobis inesse, neque per vires naturales est acquisita, sed per infusionem Spiritus Sancti [...]."

[95] S.th. II-II, 24, 3c.

[96] S.th. II-II, 23, 3c.

[97] S.th. II-II, 23, 6c.

[98] S.th. II-II, 23, 7.

Gottesliebe findet, insofern sie eine Tugend ist, ihren Ursprung im Willen. Doch in der *caritas* tritt die Bedeutung der menschlichen Vernunft zugunsten des Göttlichen zurück, entscheidend ist die naturhafte Ausrichtung des Willens auf die *beatitudo*, die in der Gottesliebe besteht, im Zusammenwirken mit der Gnade des Heiligen Geistes.[99] Das unmittelbare Ziel der *caritas* ist Gott, und dieses Ziel ist nicht eines unter anderen, sondern das Endziel allen menschlichen Strebens, das letzte Ziel des menschlichen Lebens überhaupt, der *„ultimus finis humanae vitae"*[100]. Hier scheint es, als ob sich jede Liebe letztlich auf diese höchste Liebe hinorientiert; Gott wird als Ziel um seiner selbst willen geliebt, die Liebe zu jedem anderen aber wäre dann auf diese Gottesliebe bezogen. Der Mensch liebte den Menschen letztlich *um Gottes willen*. Wie ist dies aber vereinbar mit dem *amor amicitiae*, mit dem der Freund nur um seiner selbst willen geliebt wird?

II.3.3   Freundschaft zwischen Menschen als *caritas*

Die Freundschaft der Menschen untereinander erfährt in *De caritate* eine neue Bedeutung. War die Tugend der Freundschaft bei Aristoteles eine spezifisch menschliche Fähigkeit, sich auf andere Menschen zu beziehen, eine Leistung menschlicher Vernunft, so erscheint sie bei Thomas zunächst im Kontext der Hinordnung des Menschen auf Gott als seines eigentlichen Ziels als eine in einen Gesamtzusammenhang integrierte (Folge)erscheinung, als ein Mittleres auf dem Weg zum Endziel menschlichen Lebens. Menschliche Beziehungen werden an Gott als das letzte Ziel menschlichen Strebens rückgebunden und erfahren damit eine Relativierung, insofern sie nicht mehr allein um ihrer selbst willen vollzogen werden, sondern Liebe um Gottes willen sind. Tatsächlich kann dieser Bezug aber auch als Aufwertung verstanden werden, insofern zwischenmenschliche Freundschaften nun in einem Verhältnis der Teilhabe an der höchsten Form der Liebe (zu Gott) stehen:

> „Ratio autem diligendi proximum Deus est; hoc enim debemus in proximo diligere, ut in Deo sit. Unde manifestum est quod idem specie actus est quo diligitur Deus, et quo diligitur proximus. Et propter hoc habitus caritatis non solum se extendit ad dilectionem Dei, sed etiam ad dilectionem proximi."[101]

---

[99]   S.th. II-II, 24, 1c: „Caritas autem objectum non est aliquod bonum sensibile, sed bonum divinum, quod solo intellectu cognoscitur. Et ideo caritatis subjectum non est appetitus sensitivus, sed appetitus intellectivus, idest voluntas. [...] dicendum quod voluntas etiam, secundum Philosophum, in 3 de Anima [c.9], in ratione est. Et ideo per hoc quod caritas est in voluntate non est aliena a ratione. Tamen ratio non est regula caritatis, sicut humanarum virtutum; sed regulara Dei sapientia, et excedit regulam rationis humanae [...]."

[100]   Vgl. S.th. II-II, 23, 4 ad 2.

[101]   S.th. II-II, 25, 1c.

Die Nächstenliebe ist eine *Erweiterung* der Liebe zu Gott in der *caritas*: Der Freund wird geliebt, insofern er ein (vernunftbegabtes und damit zur Seligkeit fähiges[102]) Geschöpf Gottes ist. Dabei unterscheidet Thomas durchaus zwischen demjenigen im Menschen, was ihm eigen ist, und demjenigen, was Gottes in ihm ist, und dementsprechend kann man den Menschen lieben aufgrund dessen, was ihm zu Eigen ist, oder aufgrund „dessen, was Gottes in ihm ist"[103]. Allerdings warnt Thomas vor einer Liebe, die den Geliebten zum Gott macht, denn nur an die Liebe zu Gott kann eine Heilshoffnung geknüpft sein – der Mensch soll den Freund nicht abgöttisch lieben und ihn zum Gegenstand einer vollendeten Erfüllung machen:

> „[…] dicendum quod vituperantur qui sperant in homine sicut in principali auctore salutis; non autem qui sperant in homine sicut in adjuvante ministerialiter sub Deo. Et similiter reprehensibile esset si quis proximum diligeret tanquam principalem finem; non autem si quis proximum diligat propter Deum, quod pertinet ad caritatem."[104]

Hebt Thomas in der Unterscheidung zwischen *amor amicitiae* und *amor concupiscentiae* die Liebe um des Freundes selbst willen als moralische Liebe hervor, so wird diese Liebe zum Freund im Kontext der *caritas*-Diskussion zwar nicht erst dann sittlich, wenn sie auf Gott bezogen ist, aber nur der Bezug auf Gott begründet ihre Verdienstlichkeit im Sinne des Heils:

> „[…] dicendum quod dilectio amici pro tanto est quandoque minus meritoria quia amicus diligitur propter seipsum, et ita deficit a vera ratione amicitiae caritatis, quae Deus est. Et ideo quod Deus diligatur propter seipsum non diminuit meritum, sed hoc constituit totam meriti rationem."[105]

In *quaestio* 26 zum *ordo* der *caritas* wird die Hierarchie der Liebe erneut deutlich: In erster Linie und über alles ist Gott zu lieben[106], dann die eigene Person aufgrund der größeren Nähe zu sich selbst als zu jedem anderen[107],

---

[102] Vgl. S.th. II-II, 25, 3. Diese Spezifizierung verweist auf die Einschränkung der Liebe auf den Nächsten, die Tiere und Dinge ausschließt: nur mit Menschen können wir in ein Verhältnis der Freundschaft treten, denn nur Menschen können wir *benevolentia* entgegenbringen; nur mit Menschen besteht *communicatio*, die zweite Voraussetzung der Freundschaft. Drittens können wir nur auf Menschen die *caritas* erweitern, die in der (nur ihnen zugänglichen) Heilsmitteilung gründet. Die Betonung der Individidualität des Freundes bleibt hiervon unberührt, zumal die Nächstenliebe, von der hier gesprochen wird, sich auf alle Menschen bezieht – hier geht es nicht primär um die exklusive Beziehung zwischen zwei Personen.

[103] S.th. II-II, 25, 1, ad 1.

[104] S.th. II-II, 25, 1, ad 3.

[105] S.th. II-II, 27, 8, ad 2.

[106] S.th. II-II, 26, 1, ad 2 und 26, 2c.

[107] S.th. II-II, 26, 4c.

dann der Nächste[108]; unter den Nächsten schließlich sind zunächst jene zu lieben, die uns naturhaft näherstehen; daher lieben wir sie auf emotionaler Ebene, also gemäß der „intentio dilectionis", mehr, „intensiori affectu", als andere.[109] Insofern wir aber mit allen Menschen in Gott verbunden sind, müssen wir alle dem Wohlwollen nach gleichermaßen lieben.[110]

Die thomasische Position zur Freundschaft muss nach dem Gesagten differenziert betrachtet werden: Als caritas hat sich die Liebe zum Freund auf Gott hinzuorientieren, wie das gesamte Leben dieser Orientierung auf das letzte Ziel hin unterliegt. Mit dem Begriff des amor amicitiae wird hingegen deutlich, dass die Freundschaft im eigentlichen Sinne in einer Liebe zum Freund besteht, die nur diesen Freund als ganzen Menschen im Blick hat und ohne weitere Absichten allein auf dessen Wohlergehen zielt und sich an diesem erfreut. Dann findet der Mensch aber in dieser Freundschaft, in der Liebe zum Freund als ganzem Menschen, die sich nicht nur auf seine Tugend beschränkt, sondern ihn in seiner Individualität (mitsamt seinen Unzulänglichkeiten) erfasst, eine Erfüllung, die nicht ihrerseits als Mittel zum Zweck dient. Auch die Beschreibung der Wirkungen der Liebe zeugen von einem Verständnis von Liebe, das die zwischenmenschliche Dimension nicht auf ihre Mittlerfunktion zur Erlangung der ewigen Seligkeit reduziert, sondern auf ein Eigenrecht hinweist. Zudem sprechen die Unterschiede in der Liebe, die Tatsache, dass wir manche mehr lieben als andere, gegen eine solche Funktionalisierung. Die caritas gebietet letztlich eine allgemeine Nächstenliebe im Sinne eines allgemeinen, gleichbleibenden „Wohlwollens"[111] gegenüber allen Menschen als solchen, lässt aber in Bezug auf die tatsächlich empfundene und gelebte Liebe des „Wohltuns" Unterschiede zu und begründet diese in einer natürlichen Verbundenheit, die zusätzlich

---

[108] S.th. II-II, 26, 5c. Thomas betont den Vorrang des Nächsten als Vorrang seiner Seele vor unserem Leib. Nur in diesem Sinne, insofern das Seelenheil des Nächsten bedroht ist, soll er mehr geliebt werden als das leibliche Selbst.

[109] S.th. II-II, 26, 7c.

[110] S.th. II-II, 26, 6c und 7c; vgl. hierzu die gesamte Frage 26, in der der je unterschiedliche Grad der Liebe in Bezug auf die verschiedenen Verhältnisse erörtert wird; es gilt je der Grundsatz der größeren Nähe; insbesondere die Frage 26, 7, ob der Bessere, also der Gott Näherstehende, oder der Verwandte, also der dem Liebenden Näherstehende, mehr geliebt wird, zeigt: zwar bleibt die Nähe zu Gott entscheidendes Kriterium des ordo caritatis, dem Besseren ist die Teilhabe an der ewigen Seligkeit in höherem Maße zu wünschen; aber Thomas berücksichtigt ganz realistisch die emotionalen Tatsachen: Aufgrund der größeren Nähe lieben wir natürlich den Verwandten mehr als den tugendhafteren, aber uns fremden Menschen.

[111] S.th. II-II, 27, 2c: Wohlwollen versteht Thomas mit Aristoteles als einen dem Urteil der Vernunft entspringenden „Akt des Willens, kraft dessen wir einem anderen ,Wohl', das ist Gutes, wollen. [...] Das Wohlwollen aber ist ein einfacher Willensakt." In der Liebe der Freundschaft, die auf dem Willen beruht, kommt zu diesem Wohlwollen das Verlangen nach Einheit mit dem Geliebten hinzu. Vgl. auch 26, 6 ad 1.

zur alle Menschen verbindenden Wesensbestimmung als Geschöpfe Gottes hinzukommt.[112] Die Liebe zu einem Individuum, wie sie im *amor amicitiae* erlebt wird, übersteigt die Rückbindung an eine religiöse Heilserwartung, sie erschöpft sich und findet ihren Sinn in ihrem Vollzug selbst.

II.4   Der ganze Mensch als Grund und Sinn der Freundschaft

Thomas von Aquin entwickelt in der Auseinandersetzung mit der aristotelischen Ethik eine Konzeption freundschaftlicher Liebe, die den Freund in seiner Individualität in den Blick nimmt. Darüber hinaus entwickelt er ein Konzept zwischenmenschlicher Liebe im Sinne der *caritas*, in deren Mittelpunkt jedoch die Liebe zu Gott steht. Zu Beginn des Kapitels wurde das thomasische Verständnis der Willensfreiheit vorgestellt. Es ist Thomas ein Anliegen, den Menschen als ein Wesen zu bestimmen, dem Willensfreiheit aufgrund von Vernunft zukommt und das sich mit dieser Fähigkeit von allen anderen Lebewesen unterscheidet, die an ihre sinnliche Natur gebunden bleiben. Die Grenze dieser Freiheit markiert zum einen die Gebundenheit des Menschen an seine *physis*: der Mensch ist und bleibt ein *auch* sinnliches Wesen, das sich zwar *qua* Vernunft zu seinen Neigungen verhalten kann, von diesen aber nicht dauerhaft gänzlich unabhängig werden kann und dies auch nicht soll, er bleibt an seine Sinnlichkeit und die damit verbundenen Bedürfnisse gebunden. Allerdings ist das sinnliche Streben der Vernunft und dem Willen untergeordnet und wird durch diese in zweifacher Weise gelenkt: Die Vernunft beurteilt die Gegenstände hinsichtlich ihrer Erstrebbarkeit, dem Willen obliegt die Befehlsmacht hinsichtlich des Vollzugs einer Handlung, die zum Erstrebten führen soll. Die zweite Grenze bildet die notwendige, für die Vernunft und den Willen verbindliche natürliche Ausrichtung jedes Menschen auf das Gute im Allgemeinen und auf Gott als Inbegriff des universalen Guten.

Unter ‚Wille' versteht Thomas eine innere Neigung, die im Gegensatz zum äußeren Zwang steht, aber auch von der natürlichen Neigung der Sinnlichkeit abgegrenzt wird. Beide Neigungen sollen als Aspekte und Bedingungen menschlicher Existenz miteinander in Einklang gebracht werden, indem die Hierarchie (Sinnlichkeit gehorcht Vernunft) eingehalten wird. Vernunft und Wille unterliegen wie die Natur dem letzten Ziel, auf das der

---

[112] Vgl. S.th. II-II, 25, 8c, wo es um die Liebe zum Feind geht: Es wird lediglich eine „praeparatio animi" gefordert, mithin eine Bereitschaft der Seele bzw. des Geistes (vgl. 25,9c), diesem im Sinne der *caritas* zu begegnen; es muss sich hier um eine Leistung des Willens handeln, da ja Leidenschaft nicht in dieser Weise willkürlich „bereitgestellt" werden kann. Thomas weiß, dass die Liebe als Neigung zum anderen nicht eigentlich gefordert werden kann. Wohltaten an Feinden beschränken sich dementsprechend auf „Notfälle".

Mensch notwendigerweise zustrebt, lediglich hinsichtlich der einzelnen Objekte und Handlungen, die als Mittel zum letzten Ziel führen, sind wir frei. Wir können durch Überlegung das uns am besten geeignet scheinende Mittel zum Ziel wählen und es willentlich verfolgen. Vernunft und Wille sind gegenseitig aufeinander bezogen, die Vernunft gibt dem Willen seine Objekte, der Wille bewegt die Vernunft zur Aktivität. Der Anfang der Dynamik zwischen Vernunft und Wollen liegt im ersten Akt des Urwollens, der dem Menschen *qua* Schöpfung durch Gott eingegeben wurde und keiner freien Entscheidung unterliegt. Die Selbstbewegung des Willens ist demnach als Bewegung durch ein dem Bewegenden inneres Prinzip zu verstehen, dieses Prinzip ist aber seinerseits nicht ein sich selbst(bewusst) und *von selbst* in Gang setzender spontaner Wille, sondern eine sich selbst wahrnehmende, von Gott verursachte Dynamik.[113] Aufgrund der naturhaften Ausrichtung am letzten Ziel bleibt der Wille bei Thomas letztlich ein vernünftiges Streben.

In seinen Überlegungen zur Freundschaft stützt sich Thomas auf die aristotelische Bestimmung der Freundschaft als Habitus: Freundschaft ist im Gegensatz zu einem bloß sinnlichen Streben eine vernunftbegründete, freiwillige Zuneigung zu einem anderen Menschen und drückt sich wesentlich durch eine Handlungsweise im Geiste des Wohlwollens um des Freundes selbst willen aus. Für Aristoteles ist es ganz selbstverständlich, dass zwischen der Selbstliebe, die jedem Menschen grundlegend zu Eigen ist und sich im Streben nach dem (eigenen) Glück ausdrückt, und der Freundesliebe, die das Wohl des Freundes in den Blick nimmt, kein Widerspruch besteht. Im Gegenteil ist gerade die Freundschaft der Ort, an dem beides

---

[113] Krieger 1986, S. 150: „Freiheit ist als solche Handlungsfreiheit, sie ist das Vermögen, zu handeln oder nicht zu handeln, oder so und anders zu handeln. Freiheit des Willens jedoch, verstanden als ein aus dem Willen allein entspringender Entschluß, der nicht in einem natural bedingten Bewegtsein des Wollens seinen Ursprung hat, Freiheit verstanden als das unmittelbare Praktisch-Werden des Willens ist diese Handlungsfreiheit nicht, wenn Thomas auch in seiner metaphysischen Betrachtung des Willens und der Freiheit über Aristoteles hinausführt und die der christlichen Tradition entspringenden Anliegen aufgreift und verarbeitet.".
Vgl. auch Rhonheimer 1994, S. 188f: Es wäre ein „Anachronismus", „[...] den Willen bei Thomas als wesentlich vernünftiges Vermögen (,rationale per essentiam') und als aktive Potenz (,potentia activa') zu begreifen, d.h. als Potenz, die sich selbst bestimmt bzw. sich selbst in Akt überführt und sich ihre Ziele selbst setzt. [...] der Begriff eines von seinem Wesen her vernünftigen, aktiven, sich selbst determinierenden und Zwecke setzenden Willens [ist] durchaus neuzeitlichen Ursprungs. [...] für Thomas ist die ,voluntas' erstens nicht ,rationale per essentiam', sondern ,per participationem', und zweitens ist sie für ihn keine aktive, sondern eine passive Potenz. ,Passivität' des Willens bedeutet, daß der Wille, um bewegen zu können, zuerst bewegt werden muß. Der menschliche Wille kann, nach Thomas, nur von Gott selbst und von der Vernunft bewegt werden und nur in einer bestimmten Hinsicht [...] auch durch sich selbst."

zugleich möglich wird, da der Freund ein *alter ipse*, ein anderes Selbst, ist. In der Freundschaft werden (tugendhafte) Selbstliebe und Freundesliebe zur Harmonie gebracht. Thomas nimmt nun seinerseits die Unterscheidung zwischen *amor amicitiae* und *amor concupiscentiae* vor und trennt damit zwei Momente des Strebens, die für Aristoteles eine Einheit bilden. Thomas problematisiert die Möglichkeit der Gleichzeitigkeit des Begehrens (für sich selbst) und des Wohlwollens (für den Freund) in der Freundschaft. Zwar versteht er den funktional bestimmten *amor concupiscentiae* nicht nur negativ – er gesteht dem Menschen die Erfüllung grundlegender Bedürfnisse zu, und der Vorrang der Selbstliebe vor der Liebe zu anderen Menschen (der aber nochmal die Liebe zu Gott übergeordnet ist) wird im Sinne einer natural bedingten Hierarchie der Liebe in *S.th.* II-II, 26, 4 gerechtfertigt. Allerdings ist die Freundschaft zu einem Menschen im Sinne des *amor amicitiae* durch reines Wohlwollen und einem Ruhen in diesem Wohlwollen gekennzeichnet. Thomas spricht den aristotelischen Nutzen- und Lustfreundschaften den Charakter der Freundschaft ab, insofern sie eine Verknüpfung von Wohlwollen (Begehren für den anderen) und Selbstliebe (Begehren für sich) aufweisen. Für ihn wird das bei Aristoteles deutliche Primat der Selbstliebe zum Problem. Er verlangt im *amor amicitiae* zum Freund das Zurücktreten des Begehrens und eine selbstlose Freude am Freund. Damit gibt Thomas aber auch den theologischen Gedanken einer strikten Orientierung menschlicher Praxis an der Heilsdimension zugunsten eines Eigenrechts der Freundschaft auf: In der Realisierung von Freundschaft, in der Liebe zum Freund, erschließt sich dem Einzelnen eine Sinndimension menschlichen Lebens, zu der er von Natur aus fähig und bereit ist und die er um ihrer selbst willen realisiert. Freundschaft im Sinne des *amor amicitiae* wird nicht um des Heils willen gelebt, sondern weil sie in diesem Leben einen, ja überhaupt *den* Sinn menschlichen Daseins darstellt.[114] Dennoch ist Freundschaft selbst nicht im Sinne des Glücks das eigentliche Ziel des Handelns, sie ist vielmehr ein Akt des Begreifens des Freundes und der Fürsorge für ihn.[115]

Der theologischen Perspektive wird Thomas mit dem Begriff der *caritas* gerecht, deren entscheidendes Merkmal die Rückbindung aller Liebe an die Liebe Gottes und an die Liebe zu Gott ist. Da Gott in dieser Perspektive das letzte Ziel jedes Wollens ist, wird auch jedes partikulare Wollen auf ihn hingeordnet. Der geliebte Mensch verweist dabei in zweifacher Weise auf

---

[114] Vgl. dazu Pinckaers, Servais: Der Sinn für die Freundschaftsliebe als Urtatsache der thomistischen Ethik, S. 228f, in: Engelhardt, Paulus, (Hrsg.): Sein und Ethos. Untersuchungen zur Grundlegung der Ethik, Mainz 1963, S. 228-235. Vgl. zu dieser Aussage McEvoy 2005, S. 320.

[115] Vgl. Anm. 86: „unde apprehendit eum ut alterum se, inquantum scilicet vult ei bonum sicut sibi ipsi."

Gott: Erstens ist er als Schöpfung Gottes Ebenbild, zweitens ist er als konkretes Gutes rückbezogen auf Gott als den Inbegriff alles Guten überhaupt. Der Freund wird im Sinne der *caritas* um Gottes willen geliebt, da das letzte Ziel des Liebenden ein Ruhen bei Gott ist. Aus theologischer Perspektive gilt also für jede Liebe, dass sie letztlich in Gott gründet und damit *caritas* wird. Zwar ist der Freund im Sinne des *amor amicitiae* um seiner selbst willen zu lieben, aber aus theologischer Sicht soll sich *jegliche* Liebe letztlich auf Gott beziehen, also Liebe um Gottes willen sein. Im Ergebnis müsste der Freund gleichzeitig um seiner selbst willen, aber im Sinne der *caritas* auch um Gottes willen geliebt werden. Zwischen der Erfüllungsdimension menschlicher Praxis im *amor amicitiae* einerseits und der auf Gott bezogenen *caritas* andererseits ergibt sich damit eine Spannung in der Frage nach der thomasischen Begründung von Freundschaft, deren Auflösung nur darin bestehen kann, dass die Liebe zum Freund im *amor amicitiae* den Sinn der *caritas* wenn nicht sprengt, so doch ergänzt, ja sogar überschreitet. Wo jede Hinsicht auf das eigene Selbst überwunden wird, ist auch die eigene Heilserwartung nicht mehr als Motiv der Liebe auszumachen. Wo die Liebe zum Freund ihre alleinige Ursache (*causa*) in dessen individuellem Gutsein findet, hat sie zugleich ihren letzten Grund (*ratio*) erfasst.

Bei Thomas wird die bei Aristoteles sich stellende Frage nach der Begründung der Ausschließlichkeit von Freundschaftsbeziehungen noch im Horizont einer aristotelischen Strebensethik beantwortet. In Bezug auf die Frage nach der Entscheidung für einen Freund gilt daher, dass der Liebende der natürlichen Ausrichtung seines Strebens entsprechend denjenigen lieben wird, den er in seiner Ganzheit als gut erkennt. Diese Bestimmung versteht sich dennoch rein philosophisch und bedarf keiner theologischen Voraussetzungen. Damit wird auf der Objektebene eine Begründung für die Liebe zu einer Person deutlich: Der Grund, dass ich X liebe und nicht Y, liegt in seiner Individualität – ein Gedanke, der über Aristoteles hinausgeht.

Die Argumentation des Thomas steht derjenigen Nathalie von Siemens' nahe, insofern diese ebenfalls auf das Individuum verweist. Im Folgenden wird bei Buridan eine Weiterentwicklung der Begründung von Freundschaftsbeziehungen auf aristotelischer Grundlage erkennbar, die Freundschaft nicht auf der Objektebene begründet, sondern – aufgrund eines weiterentwickelten Willensbegriffs – das Subjekt und seine freie Entscheidung zum letzten Grund der Freundschaftsbeziehung erhebt.

III. FREIHEIT UND MORALISCHE PERSON: JOHANNES BURIDAN

Im ersten Kapitel dieser Arbeit wurde das Freundschaftskonzept des Aristoteles in seiner *Nikomachischen Ethik* erörtert. Den Überlegungen zur Freundschaft ging eine zusammenfassende Darstellung der Grundzüge der aristotelischen Ethik voraus, die insbesondere dessen wichtigste Überlegungen zum menschlichen Handeln und zum Willensbegriff in den Blick nahm. Im zweiten Kapitel wurde die Interpretation der aristotelischen Ethik durch Thomas von Aquin in Bezug auf den Willensbegriff und die Freundschaftsdiskussion vorgestellt. Die thomasische Interpretation repräsentiert zunächst eine mittelalterliche, christlich-theologische Aristoteles-Auslegung im Kontext des Programms der theologischen Synthese, darüber hinaus nimmt Thomas aber *auch* eine philosophische Perspektive ein, in deren Horizont er eine eigene Begründung von Freundschaftsverhältnissen entwickelt. Im nun folgenden Kapitel soll der Blick auf Johannes Buridan gerichtet werden. Entsprechend der eingangs dieser Arbeit vorgestellten Hypothese, nach der das Verständnis von Freundschaft sich dem jeweiligen Verständnis von Willensfreiheit entsprechend je anders gestaltet, wird zunächst in einer kurzen zusammenfassenden Darstellung auf den Begriff der Willensfreiheit eingegangen, wie Johannes Buridan ihn in seinem Kommentar zur *Nikomachischen Ethik* entwickelt. Der eigentlichen Erörterung des Begriffs der Willensfreiheit gehen dabei zunächst einige Bemerkungen zur Handlungstheorie voraus.[1] Anschließend widmet sich die Arbeit einer ausführlichen Analyse des Kommentars zu den Freundschaftsbüchern und legt dabei den Schwerpunkt auf die Aspekte der Bestimmung des Wesens der Freundschaft und auf die Begründung von Freundschaftsverhältnissen.

Johannes Buridan (1304 / 05 - ca. 1358) zählt zu den bedeutenden und einflussreichen Philosophen des späteren Mittelalters, obwohl ihm bisher wenig Aufmerksamkeit von Seiten der Forschung zuteil wurde.[2] Diese Vernachlässigung entspricht durchaus nicht der Wahrnehmung und Wirkung des Philosophen in seiner eigenen Epoche,[3] sie verwundert aber umso mehr, als gerade Johannes Buridan in der Reihe der mittelalterlichen Philosophen eine Ausnahmeerscheinung darstellt. Zwar bildet auch bei ihm die

---

[1]   Hierbei orientiere ich mich im Wesentlichen an Krieger 1986.

[2]   Vgl. zu Person und Werk Michael, Bernd: Johannes Buridan. Studien zu seinem Leben, seinen Werken und zur Rezeption seiner Theorien im Europa des späten Mittelalters, 2 Bände, Berlin 1985 und Zupko, Jack: John Buridan: portrait of a fourteenth-century arts master, Notre Dame 2003; vgl. zum ersten Überblick auch Krieger, Gerhard: Art. ‚Johannes Buridan‘, in: Jordan, Stefan / Mojsisch, Burkhard (Hg.): Philosophenlexikon, Stuttgart 2009, S. 286f.

[3]   Vgl. dazu Klima, Gyula: John Buridan, Oxford 2008, S. 4; Zupko 2003, S. XI-XII.

Auseinandersetzung mit dem Werk des Aristoteles den Ausgangspunkt seiner eigenen Philosophie, aber ein Blick auf seine Biographie verdeutlicht eine Besonderheit, die auch in seinem Denken ihren Ausdruck findet. Buridan lehrt zeitlebens als *Magister artium* Philosophie an der Pariser Artesfakultät und wechselt nicht an die theologische Fakultät, er ist damit einer der wenigen *reinen* Philosophen seiner Zeit;[4] zugleich wird er nicht nur von Aristoteles und der Stoa, sondern ebenso von theologischen Gelehrten des Mittelalters geprägt.[5] Der Konzentration auf die Artesfakultät entspricht das wissenschaftliche Wirken Buridans: Seine Schriften belegen ein genuin philosophisches Denken, das sich insbesondere im Bereich der praktischen Philosophie als historisch derart originell erweist, dass Bénédicte Sère von einem „moment Buridan" spricht, der einen Paradigmenwechsel einleitet:

> „Le 'moment Buridan' représente une césure dans l'odyssée occiden-
> tale des commentaires sur l'*Éthique*, tant il se laisse appréhender
> comme un décrochage d'avec les traditions précédentes."[6]

Sère zeigt, dass Buridan in der Ethik eine Perspektive einnimmt, die sich auf das handelnde Subjekt und seine Möglichkeiten und Grenzen des Weltbezugs beschränkt und insbesondere die religiöse Dimension weitestgehend außen vor lässt; so betrachtet er das Thema Freundschaft unabhängig vom christlich-theologischen Diskurs um die *caritas*:

> „[…] Buridan initie, à partir de sa réflexion sur l'amitié, un discours
> éthique autonome par rapport à la vision chrétienne et théologienne
> articulée autour de la charité. Le maître parisien entend ainsi propo-
> ser un paradigme nouveau: celui d'une amitié émancipée de sa gangue
> première, la charité."[7]

---

[4] Klima 2008, S. 5. Vgl. zu Buridans wissenschaftlichem Werdegang auch Sère, Bénédicte: Penser l'amitié au Moyen Âge. Étude historique des commentaires sur les livres VIII et IX de l'Éthique à Nicomaque (XIIIe-XVe siècle), Turnhout 2007, S. 300-305.

[5] Krieger 1986, S. 146-152; Zupko 2003, S. XII sowie S. 243 und 246f; einen ausführlichen Einblick in Übereinstimmungen und Unterschiede zu anderen Autoren gibt Korolec, Jerzy B.: La Philosophie de la Liberté de Jean Buridan, bes. S. 127-149, in: Studia Mediewistyczne 15, 1974, S. 109-152.

[6] Sère 2007, S. 299.

[7] Ebd. Die historische Rahmenbedingung dieser Entwicklung, die zu einer Autonomie des ethischen Diskurses führt, bildet das Verbot der Pariser Artistenfakultät von 1272; Vgl. dazu Sère 2007, S. 303f: „[…] le discours sur l'amitié ne peut se comprendre hors de son contexte institutionnel: au milieu du XIVe siècle, lorsque Buridan élabore son commentaire sur l'*Éthique*, les conséquences du statut de 1272 ont porté leurs fruits et la délimitation du territoire épistémologique de la Faculté des arts explique la production discursive d'une autonomisation de l'amitié par rapport à la charité."

Die wissenschaftliche Auseinandersetzung mit der Philosophie des Johannes Buridan hat sich bisher in der Hauptsache auf das Problem der Willensfreiheit konzentriert, die Anzahl der Arbeiten hierzu ist dabei überschaubar.[8] Des Weiteren wurden verschiedene Aspekte seiner theoretischen Philosophie bearbeitet, hier sind insbesondere die Arbeiten zur Metaphysik, zur Erkenntnistheorie, zur Logik sowie zur Naturphilosophie hervorzuheben.[9] Der Freundschaftsbegriff Buridans ist bisher bis auf die Arbeit von Bénédicte Sère[10] nicht Gegenstand eingehender Forschung gewesen. Ziel dieser Arbeit ist es, anhand des Aristoteles-Kommentars Buridans herauszuarbeiten, inwiefern dieser in der Auseinandersetzung mit dem aristotelischen Freundschaftsbegriff eine eigene, genuin philosophische Deutung von *amicitia* zu entwickeln vermag und wie sich diese Deutung im Vergleich zu der des Thomas von Aquin gestaltet. In historischer Perspektive soll gezeigt werden, dass die Freundschaftskonzeption Buridans zugleich die Frage nach ihrem Verhältnis zu den Überlegungen Immanuel Kants aufwirft, insofern Buridan in seinem Willens- und Freiheitsverständnis mit Kant übreinstimmt, seine Freundschaftsdiskussion aber gerade von diesem Verständnis bestimmt wird.

III.1 Handeln, Wille und Freiheit

III.1.1 *Actio* als das Wollen als solches

Johannes Buridan beschreibt in seinem Kommentar zur *Nikomachischen Ethik* das menschliche Handeln als *actio*, die in der inneren Aktivität der *electio interior* (Wahl) und mittelbar auch in dem aus dieser *electio* hervorgehenden (äußeren) Tun besteht.[11] Die *actio* im engeren Sinn ist das Wollen

---

[8]   Insbesondere sind zu nennen: Krieger 1986; ders.: Die Stellung und Bedeutung der philosophischen Ethik bei Johannes Buridanus, in: Medioevo XII, 1986, S. 131-195; Monahan, Edward J., Human Liberty and free will, in: Mediaeval Studies 16, 1954, S. 72-86; Korolec 1974; Zupko 2003; ders.: Freedom of Choice in Buridan's Moral Psychology, in: Medieval Studies 1995, S. 75-99; Pironet, Fabienne: The notion of „non velle" in Buridan's Ethics, S. 199-219, in: Thijssen, J.M.M.H. Hans / Zupko, Jack (Hg.): The Metaphysics and Natural Philosophy of John Buridan. Leiden / Boston / Köln 2001; Walsh, James J.: Is Buridan sceptic about free will? In: Vivarium 11, 1964, S. 50-61.

[9]   So z.B. Krieger, Gerhard: Subjekt und Metaphysik. Die Metaphysik des Johannes Buridan, Münster 2003; Thijssen / Zupko 2001. Vgl. zur Naturphilosophie Maier, Anneliese: Metaphysische Hintergründe der spätscholastischen Naturphilosophie, Rom 1955.

[10] Vgl. Anm. 4.

[11] Johannes Buridanus, Quaestiones super decem libros ethicorum, Paris 1513, unveränderter Nachdruck Frankfurt 1968, Fol 123va: „Puto enim, si per actionem et factionem seu agibile et factibile volumus obiective distinguere artem et prudentiam,

als solches; sie gehört zur praktischen Vernunft (*prudentia*), deren Ziel und eigentümliches Gut im guten inneren Wählen besteht.[12] Zu handeln (*agere*) bedeutet also, aufgrund einer der praktischen Vernunft entspringenden Wahl tätig zu sein.[13] Die *actio* bzw. *electio* zielt auf ein in sich Gutes (*in se bonum*).[14] Als *honestum* wird das um seiner selbst willen Gute bereits in der *electio* selbst erreicht, nicht etwa erst in der ihr äußeren Tätigkeit. Hierin besteht nun gerade das Moralische, das das menschliche Handeln betreffende, sittlich Gute. Deshalb steht allein die *actio* unter der Differenz von Gut und Böse und wird daher ‚moralisch' genannt.[15]

Da die Ziele menschlichen Handelns der eigentümliche Gegenstand der praktischen Vernunft sind, zielt diese mit der *electio* sowohl auf das Glück als das letzte Ziel als auch auf die partikularen Ziele als Mittel zu diesem letzten Ziel.[16] Das letzte Ziel wird der praktischen Vernunft nach Buridan nicht durch ein natürliches Streben vorgegeben, vielmehr ist *sie* es

---

quod actio dicta primo et principaliter debet dici ipsa electio interior, et ex consequenti sive per attributionem omnis operatio, inquantum ab electione sive per electionem procedit, dicitur etiam actio."

Die Wahl bestimmt Buridan „als willentliches Tätigsein" (Krieger, Der Begriff der praktischen Vernunft, S. 11, mit Verweis auf Quaest. in libr. eth., Fol 50va: „Sed dicamus nunc, quod electio ad voluntatem sumpta pro actu volendi se habet sicut superius ad inferius. Est enim electio volitio quaedam.").

[12] Quaest. in libr. eth., Fol 123vb: „Item, illae operationes specificant artem et prudentiam, secundum quas attenditur bonitas artis et prudentiae. Sed bonitas artis attenditur in bene se habendo circa factionem exteriorem et bonitas prudentiae in se bene habendo operantem secundum electionem interiorem. [...] Omnis autem operatio intellectus ordinata finaliter ad dirigendum electionem, ut electio sit in se bona seu honesta, dicitur actio sive operatio activa et spectat ad prudentiam."

[13] Quaest. in libr. eth., Fol 123vb.

[14] Ebd.

[15] Der *actio* als dem Wollen als solchem steht die *factio* als das äußere Tun gegenüber. (Vgl. dazu Krieger, Der Begriff der praktischen Vernunft, S. 20 sowie Quaest. in libr. eth., Fol 124rb).

[16] Quaest. in libr. eth., Fol 124ra: „Finis communis et ultimatus, qui est secundum se et simpliciter bonus et optimus, est simpliciter volibilis. Et ita omne ordinabile in ipsum est simpliciter eligibile, secundum quod ordinatur in ipsum, propter quod et volitio illius finis et electio eorum gratia ipsius dicendae sunt volitio simpliciter et electio simpliciter. Et talis electio semper spectat ad prudentiam, quia prudentia simpliciter sibi statuit communem et ultimum finem totius humanae vitae, sicut post dicetur [...]. Dicam igitur, quod electio simpliciter semper dicenda est actio simpliciter et pertinet ad prudentiam simpliciter [...]."

Vgl. auch Quaest. in libr. eth., Fol 128vb: „Talem autem finem (sc.ultimum) statuit sibi prudentia, quod patet primo, quia [...] prudentia semper intendit honestum, quia bonum simpliciter, ergo necesse est, quod intendat ultimum finem omnium operabilium humanorum. Manifestum est, quod omne illud est bonum simpliciter et honestum quod valet et ordinatur ad illud ultimatum et communem finem adipiscendum [...]." Vgl. zur Identifikation des Wählens mit Wollen Anm. 11.

selbst, die (als Wille) dieses letzte Ziel setzt. Nun ist jegliches Handeln einerseits immer ein konkreter, singulärer Akt, der in einen bestimmten Situationskontext voller kontingenter Bedingungen eingebettet ist, andererseits ist es vernunftbestimmt – die Vernunft muss sich aber als Prinzip der Allgemeinheit und Notwendigkeit auf ein Konkretes festlegen, das zugleich ihr selbst gemäß ist.[17] Nach Buridan gelingt ihr dies, indem sie das Prinzip der Verallgemeinerbarkeit selbst zum Maßstab für die Festlegung des konkreten Handelns erhebt. In einer konkreten Situation erkennt die Vernunft ganz „unmittelbar"[18], im Sinne strenger Allgemeinheit, was zu tun ist, und die Forderung, in der konkreten Situation entsprechend zu handeln, beansprucht zugleich unbedingte Verbindlichkeit.[19] Aus dem singulären Urteil über das zu Tuende kann also die allgemeine Forderung gewonnen werden, das jeder Mensch zu jeder Zeit in gleicher Weise zu handeln hat.[20] Die praktische Vernunft macht damit das konkrete Handeln unmittelbar in allgemeiner Weise verbindlich, d. h. in strikter Normativität. Insofern bildet der Gesichtspunkt der Allgemeinheit das Kriterium der Beurteilbarkeit der moralischen Qualität einer Handlung und damit ihrer Verbindlichkeit.[21]

Die Vernunft kann in inhaltlicher Hinsicht falsch liegen, weil sie in der Verfolgung von Zielen unter der Bedingung der Instabilität des Kontingenten steht.[22] Als Instanz aber, die das moralische Handeln *als solches* aus sich heraus bestimmt, kann die Vernunft nicht fehlgehen: es ist vielmehr notwendig, dass die Klugheit das ganze Leben hindurch tätig ist und dass es

---

[17] Quaest. in libr. eth., Fol 132ra.

[18] Krieger, Der Begriff der praktischen Vernunft, S. 41 und S. 47.

[19] Quaest. in libr. eth., Fol 131ra / rb: „[…] saepe quaerimus nostra consilia sub universali ratione, non dicentes iste casus accidit mihi, quid faciam ego, sed dicentes, quid homo deberet facere, cui talis casus accideret. Immo videtur, quod ex omni iudicio singulari potest statim habere iudicium universale virtute medii et ratiocinationis consimilis. Si enim per prudentiam tu iudicas, me nunc debere hoc opus facere, constat, quod ita iudicandum est, quemcumque quocumque tempore debere simile opus facere similibus circumstantiis occurentibus."

[20] Vgl. Anm. 25.

[21] Krieger, Der Begriff der praktischen Vernunft, S. 47f: „[…] aus jedem singulären Urteil kann unmittelbar (statim), unter der Voraussetzung der richtig geführten Ableitung (virtute medii), ein allgemeines Urteil gefällt werden. Denn jedes Mal, wenn die praktische Vernunft in Gestalt der prudentia urteilt, etwas sei für den und den unbedingt zu tun (nunc debere hoc opus facere), besitzt dieses Urteil für jeden und zu jeder Zeit Geltung (quemcumque quocumque tempore). Die praktische Vernunft in Gestalt der prudentia erkennt also das jeweils geforderte, moralisch richtige Handeln im Sinne strenger Allgemeinheit."

[22] Quaest. in libr. eth., Fol 125va: „Ars et prudentia sunt habitus secundum seipsos veridici. Finem autem quandoque consequi, quandoque non, habituum non est, sed instabilitatis contingentis." Vgl. auch Krieger, Der Begriff der praktischen Vernunft, S. 62.

die Bestimmung der *virtus* ist, das moralisch richtige Handeln zu ermöglichen.[23]

Aristoteles geht davon aus, dass das Ziel menschlichen Handelns der praktischen Vernunft durch das naturale Streben vorgegeben wird. Jeder Mensch strebt, insofern und weil er ein Mensch ist, notwendigerweise immer schon nach dem Glück als seinem natürlichen Ziel; das menschliche Handeln erfährt von diesem Glücksstreben seine Grundorientierung und seinen ursprünglichen Impuls. Der praktischen Vernunft kommt die Aufgabe zu, die bloß allgemeine Ausrichtung auf das (zunächst abstrakt bleibende) Glück durch die Berücksichtigung der je individuellen Lebenssituation konkret zu gestalten. Sie soll den einzelnen dazu befähigen, seine Geschicke zu lenken und damit sein individuelles Leben zum Gelingen zu bringen. Natürlich sieht auch Aristoteles, dass jeder Mensch in seinem Glücksstreben auf ein günstiges Schicksal angewiesen bleibt, doch die praktische Vernunft zielt nicht zuletzt auf einen klugen Umgang auch mit jenen Bedingungen des Lebens, die nicht durch uns veränderbar sind. Damit bleibt die Rolle der praktischen Vernunft bei Aristoteles auf die Bestimmung der Mittel beschränkt.

Johannes Buridan gibt auf die Frage nach der Zielbestimmung des Menschen eine andere Antwort: Die Vorstellung einer Rückbindung der praktischen Vernunft an ein naturales Streben wird von der Überlegung einer von naturalen Vorgaben unabhängigen Setzung des Ziels allein durch die Vernunft selbst abgelöst. Auch bei Buridan bezieht sich das Wollen auf ein Endziel, das als Glück bezeichnet wird, aber er unterscheidet zwischen der Bestimmtheit dieses letzten Ziels als schlechthin allgemeinem und dem Inhalt dieses Ziels.[24] Die Bestimmtheit eines Ziels als Ziel verdankt sich

---

[23] Quaest. in libr. eth., Fol 125ra: „[…] prudentia connexa est virtutibus moralibus necessaria connexione […] et est activa circa obiecta omnium virtutum moralium. Propter quod necesse est prudentiam operari continue secundum prudentiam per totam vitam, nisi forte prohibeatur infirmitate tollente usum rationis. Assunt enim semper nobis obiecta prudentiae et virtutum moralium. Non est autem possibile virtuosum non operari bene quandoque oportet si potest, quia non esset virtuosus. Haec est enim ratio propria virtutis, quod ipsa semper operemur, quod oportet et quomodo et sic de aliis circumstantiis." (Zitiert nach Krieger, Der Begriff der praktischen Vernunft, S. 54).

[24] Quaest. in libr. eth., Fol 121va: „[…] finis principalis et ultimatus, puta felicitas humana, potest dupliciter apprehendi, uno modo secundum eius communem rationem, scilicet secundum quod est quid optimum et delectabilissimum, alio modo secundum eius specialem rationem, scilicet considerando, quae sit illa res, quae dicitur felicitas, scilicet quae est optima et delectabilissima […]. Si […] consideretur […] humanus finis […] primo modo, sic est nobis naturaliter determinatus, prout beatus Thomas dixit, sic intelligendo, quod omnes ex naturali inclinatione intellectus ad verum et appetitus ad bonum iudicant, esse eligendam beatam vitam et delectabilissimam et se velle talem ducere confidenter."

dem Willen: als schlechthin allgemein entspringt es erstens einem unmittelbaren Urteil der Vernunft; zweitens folgt aus diesem Urteil die „*rectitudo appetitus*", also die Rechtmäßigkeit des Wollens dieses Zieles; drittens wird schlussfolgernd herausgefunden, welche Mittel zum Ziel führen; viertens kommt die Vernunft durch dieses Schlussfolgern zum richtigen Urteil in Bezug auf die Mittel zum Ziel; fünftens ergibt sich aus der Rechtmäßigkeit dieses Urteils die Rechtmäßigkeit der Mittel; sechstens entspringt diesem Wollen der Mittel das konkrete Handeln.[25] Die hier beschriebene Bestimmung des letzten Ziels ergibt sich aus dessen formaler Bestimmtheit als letztem Ziel. Nach diesem Modell vollzieht sich aber auch das Wollen jedes konkreten Zieles, jegliche inhaltliche Bestimmung bleibt hier unberücksichtigt.

Dem Urteil über das zu Wollende folgt also das *tatsächliche* Wollen, das bei Buridan kein instinkthaftes und auch nicht bloß vernünftiges Streben mehr ist, sondern sich selbst als ursprünglich vernünftig erweist. Wie Buridan sich dieses Wollen im Einzelnen vorstellt, wird in der Diskussion um die aristotelischen Überlegungen zur Freiwilligkeit erkennbar.

III.1.2 Willensfreiheit

Für Aristoteles ist jenes Handeln freiwillig, das Ergebnis einer vernünftigen Entscheidung ist und in der Macht des Handelnden selbst liegt; die Entscheidung, die den Menschen zum Prinzip seines eigenen Handelns macht, bezieht sich auf das Mittel zu einem Ziel, welches wiederum als naturale Grundausrichtung vorgegeben ist. Aristoteles ist der Gedanke eines sich selbst unmittelbar bestimmenden vernünftigen Vermögens fremd. Thomas von Aquin differenziert zwischen dem Wollen von etwas und dem Vollzug des Willensaktes als solchem; hinsichtlich seines Zieles erweist sich auch bei Thomas der Wille als festgelegt auf das letzte Ziel, das dem Menschen als naturhafte Grundorientierung immer schon gegeben ist. In Bezug auf den Vollzug des Willensaktes aber wird die Möglichkeit einer bewussten Reflexion über diesen Vollzug erkennbar, die allerdings einen nur nachvollziehenden Charakter aufweist, weil Thomas weiterhin von der aristotelischen Vorstellung der Rückbindung des freiwilligen, vernünftigen Handelns an ein naturales Streben ausgeht. Das Wollen als solches wird bei

---

[25] Quaest. in libr. eth., Fol 121 vb: „[...] intellectus recte iudicat de fine, saltem quoad communem rationem per eius naturam absque ratiocinatione. Secundo hanc iudicii rectitudinem sequitur naturaliter rectitudo appetitus respectu illius finis. Tertio ex eo quod ad finem tendit appetitus, intellectus movetur ad ratiocinandum, ut inquirat ea, quae ad illum finem valent. Per appetitum igitur finis determinatur intellectus ad ratiocinandum. Quarto per huius ratiocinandum determinatur ad rectum iudicium de ordinatis ad finem desideratum. Quinto hanc iudicii rectitudinem sequitur rectitudo appetitus circa ordinata in illum finem. Sexto per huismodi appetitum incipimus operari."

Thomas zwar bewusst, vollzieht sich aber weiterhin notwendig und aufgrund jenes nicht mehr zur Disposition stehenden Strebens, das den Menschen von Natur aus (und damit letztlich von Gott aus) bewegt.

Für Buridan bestimmt sich der Wille nicht mehr durch ein natural bedingtes Streben nach einem Ziel, vielmehr ist der Wille wesentlich vernünftig und deshalb frei, weil er sich *qua* Vernunft selbst dazu bestimmt, etwas zu wollen und überhaupt zu wollen. Dabei ist der Wille in Bezug auf die Wahl seines Objektes *frei*, insofern er primär bejaht, dass etwas Ziel ist; seine Freiheit ist aber durch ihn selbst insoweit *begrenzt*, als er nur dasjenige als Ziel wollen kann, was in allgemeiner Weise zu wollen ist. Jedoch stellt nicht etwa die Vernunft dem Willen ein Objekt als gut, also zu wollen, vor, vielmehr bestimmt der Wille die Vernunft dergestalt, dass sie dasjenige als Objekt des Wollens erfasst, was im Sinne des allgemein zu Wollenden gut ist. Auch bei Buridan will der Wille dabei notwendig das letzte Ziel (das auch bei ihm zunächst abstrakt mit dem Begriff der Glückseligkeit gekennzeichnet wird), da dieses als etwas in jeglicher Hinsicht (absolut, schlechthin) Gutes beurteilt wird. Dieses letzte Ziel wird ihm aber *nicht* von der Natur oder von der Vernunft vorgegeben, der Wille bestimmt sich vielmehr selbst *qua* Vernunft zum Wollen des Ziels und damit das Ziel als Ziel. Dagegen ist der Wille gegenüber jeglichem Objekt, das nicht als *absolut* gut oder schlecht erkannt wird, frei:

> „[…] si ultimus finis sub ratione suae universalis bonitatis absque omnis mali apparitione praesentatus fuerit voluntati quod ipsa voluntas per suam naturam necessario inclinetur in ipsum et velit ipsum; tamen in respectu aliorum non est ita pro tanto, quod possibile ea respectu eiusdem finis voliti duo vel plura esse media, per quae finis potest attingi, incompossibilia tamen."[26]

Insofern bestimmt der Wille über die absolute Güte und damit die Bestimmtheit eines Ziels als Ziel selbst. Wenn also im Folgenden von der Freiheit des Willens gegenüber seinen möglichen Zielen (Objekten) gesprochen wird, bedeutet Freiheit, in Bezug auf partikulare Ziele nicht durch die möglichen Objekte zur Wahl gezwungen zu sein; vielmehr liegt diese Entscheidung ursächlich im Willen selbst, er nimmt jegliche partikulare Zielsetzung im Lichte des Gesichtspunktes der Verallgemeinerbarkeit dieses Zieles vor. Indem der Wille sich selbst zum Wollen bestimmt, konstituiert er das schlechthin allgemeine Ziel, das heißt ein Ziel als Ziel. Wie diese Überlegungen im Einzelnen zu verstehen sind, wird im Folgenden dargelegt.

---

[26] Quaest. in libr. eth., Fol 36 rb. (Buridan schließt sich dieser von ihm referierten Position an.)

Die freien Akte des Willens

Die wesentliche Diskussion um das Problem der Willensfreiheit findet in der ersten Frage zu Buch III statt: Ist es möglich, dass der Wille sich unter sonst gleichen Bedingungen mal zur einen, mal zu anderen Alternative bestimmt?[27] Buridan beschreibt das Beispiel des Reisenden, der von Paris nach Avignon gehen will, und weiß, dass es zwei verschiedene Wege dorthin gibt. In dieser Konstellation gibt es also ein Ziel, das gewollt wird (Avignon), und es gibt zwei mögliche Alternativen (*via* Lyon) und (*via* Dijon), die beide gleichermaßen zum gewollten Ziel zu führen scheinen, die dem Willen also beide gleichermaßen unter der Hinsicht des Guten vorgestellt werden und daher wählbar sind, sich aber gegenseitig ausschließen.[28] Der Wille muss sich also für eine der Alternativen entscheiden, wenn er das Ziel erreichen will. Nach Buridan gründet nun diese Entscheidung allein im Willen selbst und nicht im gewählten Objekt; der Wille tendiert nicht *notwendig* zu einer der beiden Alternativen, vielmehr hat er die *freie* Wahl:

> „Ideo libere potest se determinare ad quodlibet illorum absque alio quocumque determinante ipsam, vel etiam potest ad neutrum illorum se determinare, sed in suspenso manere, donec fuit inquisitum per rationem, quae via fuerit expeditior vel melior. Item, quia medium ordinatum ad finem volitum potest sibi connexum habere laborem et tristitiam, et sic per rationem potest praesentari voluntati et sub ratione boni sibi valentis ad finem volitum et sub ratione mali, scilicet tristis, et voluntas est innata velle omne bonum et nolle omne malum, et impossibile est, illud totale bonum medium simul velle et nolle, ideo voluntas ad neutrum determinatur necessario, sed potest ad eorum quodlibet determinari, scilicet ad totum velle sub ratione boni vel ad totum nolle sub ratione mali."[29]

Hier werden zwei mögliche Entscheidungen des Willens hinsichtlich der zur Verfügung stehenden Mittel zum gewollten Ziel skizziert: Zum einen

---

[27] Quaest. in libr. eth., Fol 36rb: „Circa tertium librum ethicorum queritur utrum sit possibile quod voluntas ceteris omnibus eodemmodo se habentibus determinetur aliquando ad unum oppositorum, aliquando ad aliud?" Die hier angesprochene Frage wurde mit dem Bild des ‚Buridanschen Esels' bekannt; vgl. dazu Rescher, Nicholas: Choice without preference. A Study of the History and the Logic of the Problem of ‚Buridan's Ass'", in: Kant-Studien 51 (1959 / 60), S. 142-175; auch Monahan 1954, S. 72. Nach Pironet spricht sich Buridan (wenn auch nicht explizit) im Falle zweier absolut gleicher Alternativen für eine Zufallsentscheidung aus (S. 204). Pironet 2001, S. 199-219.

[28] Quaest. in libr. eth., Fol 36rb / va: „Verbi gratia quod de Parisius ad Avinionem possum ire vel per Lugdunum vel per Dunonem, quorum utrumque praesentatur voluntati sub ratione boni. Et voluntas quodcumque bonum sibi sub ratione boni praesentatum acceptare potest et non potest illa duo simul acceptare propter incompossibilitatem."

[29] Quaest. in libr. eth., Fol 36va.

ist es dem Willen möglich, sich für eine der Alternativen zu entscheiden und sie zu wollen. Wenn er eine solche Festlegung trifft und eine der zwei entgegengesetzten Alternativen frei (*libere*) will, bedeutet dies, dass nicht die Alternativen (als Objekte) ihn zwingen, sie zu wollen, sondern dass er selbst es ist, der sich zum Wollen dieses Ziels bestimmen kann (*potest se determinare*). Eine zweite Möglichkeit steht ihm aber ebenso frei: Ist er sich nämlich nicht sicher, welches Objekt er will, so kann er die Entscheidung über die Wahl aussetzen, *indem* er den Entschluss zum Wollen als solchen aufschiebt (*in suspenso manere*), um zu überlegen, welche die bessere Alternative darstellt. Dieser Aufschub hat seine Ursache also in der Unentschlossenheit des Willens hinsichtlich der möglichen Objekte, er ist ein Mittel, um die Möglichkeit weiterer Überlegung und damit die richtige bzw. bessere Wahl zu gewährleisten.[30] Da das rationale Urteil über die Güte und Eignung des Mittels die notwendige Bedingung des Wollens darstellt, weil der Wille seiner Natur gemäß (*innata*) das Gute will und das Schlechte nicht will, kann der Wille sich nicht zu etwas entschließen, das er noch nicht als gut (bzw. besser) oder schlecht (bzw. schlechter) beurteilt hat. Der Wille kann sich frei dazu entschließen, etwas unter der Hinsicht seiner Güte (*sub ratione boni*) zu wollen oder es unter dem Aspekt seines Schlechtseins (*sub ratione mali*) abzulehnen. Daher kann der Wille schließlich beide Alternativen unter dem Aspekt ihres Schlechtseins ablehnen und sogar vom gewollten Ziel Abstand nehmen, (sofern es sich nicht um das *finis ultimus* handelt), um dessen willen er die Mittel gesucht hat:

> „Et ita patet quod rebus sic stantibus, quod ego vellem esse apud Avinionem et scio me posse illic ire per Lugdunum vel per Duonem, et percipio laborem viae, voluntas absque alio quocumque determinante ipsam praeter ea, quae dicta sunt, potest libere utramque viam refutare propter laborem, immo etiam totaliter ab eo discedere, quod prius volebat. Vel potest libere quamlibet viam acceptare, scilicet hanc vel illam, vel etiam potest hanc omnem determinationem in suspenso tenere, donec ratio docuerit vel determinaverit, quae melior et quae peior sit."[31]

---

[30] Diese Vorstellung der Freiheit des Willens, sich nicht nur zu Gegensätzlichem (*velle / nolle*) frei zu bestimmen, sondern sich sogar von seinem Wollen als solchem im *non velle* zu distanzieren, versteht Zupko als Ausdruck des Einflusses der voluntaristischen Tradition des Duns Scotus und auch William von Ockhams auf Buridan. Letztlich nehme dieser aber eine „mittlere Position" ein zwischen eben jenen Voluntaristen und der Position des Thomas von Aquin, der als Vertreter eines Intellektualismus gilt (Zupko 2003, S. 249f.) Auch Korolec ordnet Buridan eine „position intermédiaire" zu. (Korolec 1974, S. 109-152, hier S. 122).

[31] Quaest. in libr. eth., Fol 36 va.

Steht der Wille also vor der Wahl, so steht ihm neben der Wahl der Objekte gleichzeitig immer auch die Wahl in Bezug auf sein eigenes Wollen als solches frei, denn die Entscheidung für oder gegen ein Objekt ist mit der Entscheidung für das Wollen als solches notwendig verknüpft. Wenn ich etwas will, will ich notwendig auch gleichzeitig, überhaupt zu wollen. Die Fähigkeit des Willens zur Bejahung eines Objektes geht mit der Bejahung des eigenen Wollens einher, und insbesondere in der Möglichkeit, vom Wollen eines Objektes Abstand zu nehmen und das Wollen eines bestimmten Objektes durch das Aufschieben des Wollens überhaupt hinauszuschieben, zeigt sich die Fähigkeit des Willens zur Selbstbestimmung.

Für die Annahme der Freiheit des Willens gibt Buridan im Wesentlichen zwei Argumente an: Erstens decken sich die hier vorgetragenen Überlegungen mit der Erfahrung.[32] Zweitens würde die Unterstellung einer moralischen Verantwortlichkeit des Einzelnen für sein Handeln hinfällig, wenn er nicht Herr seines Handelns wäre.[33] Buridans Interesse ist es, den menschlichen Willen als frei zu erweisen, da die Alternative, ein vorbestimmter und damit unfreier Wille, für ihn inakzeptabel ist.[34] Der Abschied von der Annahme eines freien Willens ist nach Buridan zu verwerfen, da er für Moral und Glaube eine große Gefahr darstellt, zudem widerspricht er der philosophischen Tradition.[35]

---

[32] Ebd.: „Ista autem positio videtur primo patere per experientiam. Statim enim diceret aliquis: in voluntate mea est ire vel per hanc viam vel per illam", ideo dicebat verificator: „sic volo, sic iubeo sit pro ratione voluntas"."

[33] Ebd.: „Item si rebus exsistentibus ut nunc voluntas mea est determinata velle legere, ita quod non possit nolle legere rebus sic stantibus, sequitur quod ex tali lectura nullo sum merito dignus. Et ita diceretur quod propter nullos actus viciosos homo esset culpabilis, quia rebus sic stantibus oportet ipsum ita agere, et non est in sui dominio ita non agere."

[34] Quaest. in libr. eth., Fol 36vb: „Ergo vel oportet concedere quod vel ex praeexistentia rerum necessati sumus ad volendum, quaecumque volumus, et necessitabimur ad volendum quicumque volemus, quod concedere videretur incongruum et iniquum. Vel oportet concedere, quod omnibus aliis eodemmodo se habentibus voluntas potest se ad utrumque oppositorum determinare."
An diesen Textabschnitt schließen sich Bemerkungen zu Aristoteles und auch zur Pariser Verurteilung von 1277 an; insgesamt wird deutlich, dass Buridan sich in der Auseinandersetzung mit der Frage nach der Willensfreiheit gegen einen Skeptizismus richtet, der die moralische Verantwortlichkeit aufzuheben droht. Vgl. dazu ausführlicher Zupko 2003, S. 245-248, auch Monahan 1954, S. 74f.; zur Auseinandersetzung Buridans mit der Pariser Verurteilung und der Bedeutung des „non velle" hierfür vgl. auch Pironet 2001, S. 213-218.

[35] Quaest. in libr. eth., Fol 37rb: „Sed procul dubio haec opinio est gravis et periculosa valde et in fide et in moribus nec esse videtur de intentione philosophi […]".

Die freie Selbstbewegung

In der Fähigkeit zur Distanzierung, die sich im Aufschub der Wahl ausdrückt, zeigt sich das reflexive Verhältnis des Willens; dieses erweist sich
nun im Folgenden als die für Buridan entscheidende Bedingung der Freiheit des Willens, denn nur, wenn er zeigen kann, dass der Wille seine eigene
Bewegung, das Wollen als solches, *selbst* verursacht und diese Bewegung
nicht durch etwas anderes ursächlich bewirkt wird, kann er den Willen als
frei bestimmen. Die Güte des Objektes soll zwar die notwendige, nicht aber
auch schon die hinreichende Bedingung des Willens sein, tatsächlich zu
wollen und etwas Bestimmtes zu wollen. Die hinreichende Bedingung des
Willens soll in der Fähigkeit und im Willen zur eigenständigen Initialisie-
rung einer *actio* liegen, die dem Willen als aktive Kraft zukommt:

> „Quia agente sufficienter approximato passo sufficienter disposito
> et in illa dispositione sufficiente, in qua alterum innatum est agere et
> alterum pati, oportet quod fiat actio quam hoc est innatum agere et
> illud pati."[36]

Der Wille ist nach Buridan ein Vermögen, dem es sowohl zu eigen ist, etwas
passiv in sich aufzunehmen, als auch, selbst aktiv eine *actio* verursachen zu
können. Eine *actio* besteht aber in nichts anderem als der *electio interior*[37],
die ihrerseits eine *volitio* ist.[38] Der Wille kann sich daher in seiner Eigenschaft als passives Vermögen von sich selbst als aktiver Kraft bestimmen
lassen.[39] Etwas zu wollen (was vorher nicht gewollt wurde), bedeutet, eine
Veränderung im Willen zu initiieren. Nach Buridan kann der Wille eine solche Veränderung selbst in sich verursachen, er kann einen neuen *actus volendi* oder *actus nolendi* aufnehmen, er kann aber auch nicht wollen (*non
velle*). Hierin besteht das entscheidende Merkmal des willentlich Handelnden (*agens voluntarium*):

> „Et ideo simpliciter et firmiter credere volo [...] quod voluntas ce-
> teris omnibus eodem modo se habentibus potest in actus oppositos
> [...]. Haec enim est differentia agentis voluntarii et non voluntarii,
> quia agens voluntarium potest se libere ad utrumque oppositorum
> determinare ceteris omnibus eodem modo se habentibus. Ista est

---

36   Quaest. in libr. eth., Fol 36vb.
37   Quaest. in libr. eth., Fol 123va: „[...] actio dicta primo et principaliter debet dici ipsa
     electio interior".
38   Vgl. Anm. 11.
39   Quaest. in libr. eth., Fol 37ra: „[...] conceditur quod actus volendi reperitur in ipsa
     voluntate et ita voluntas se habet passive ad ipsum, sed etiam haberet se ad ipsam
     active, quia determinare ad actionem, ad quam passivum per rationem suae passivita-
     tis est indifferens, coagere vel recipere pertinet ad vim activam."

enim proprietas naturalis agentis voluntarii sicut posse ridere hominis."[40]

Der Zustand des *non velle* und seine Aufhebung bedürfen ebenso wie die
Akte *velle* und *nolle* keiner anderen (äußeren) Ursache als des Willens
selbst, weil er keinen anderen Gegenstand darstellt als die genannten
Akte.[41] Im *non velle* ist der Wille im Zustand der „Nichtaktivität".[42] Die
Ursache des *non velle* wie seiner Beseitigung, der Aktivität, die zu einem
velle oder *nolle* führt, ist die *voluntas* selbst.[43] Diese bewegt sich allein deshalb aus dem *non velle* zu einem *velle* / *nolle*, weil und indem sie will:

> „Ad aliam cum dicitur quod oportet aliquid mutari volo ideo
> concedo quod voluntas nostra mutatur quia vult et ante non volebat.
> Nego igitur, quod voluntas necessario movetur antequam transeat in
> velle, immo in transeundo mutatur ex eo solum, quod vult et ante
> non volebat, ita quod non imaginor, quod in voluntatis mutatione
> oporteat aliquam rem novam occurrere quam ipsam volitionem esse,
> quae ante non erat."[44]

Die Veränderung des Willens vom Ruhezustand, in dem er nicht will (*non
velle*) hin zur ihm eigenen Aktivität des Wollens bzw. Nichtwollens (*velle*
bzw. *nolle*), also zur Zustimmung oder zur Ablehnung (eines Objektes),
vollzieht sich spontan, also ohne äußeren Impuls, einfach dadurch, dass der
Wille sich zum *velle* bzw. *nolle* entschließt.

Der Entscheidungsprozess

Bisher wurde deutlich, dass es dem Willen möglich ist, aus sich heraus einen
Akt des Wollens zu initiieren und sich frei für eine von zwei Alternativen
zu entscheiden. Es bleibt jedoch noch zu klären, warum der Wille sich aus
einem Ruhezustand zu einem Akt des Wollens / Nichtwollens entscheidet

---

[40] Quaest. in libr. eth., Fol 37rb / va.
[41] Quaest. in libr. eth., Fol 37va: „Potest dici quod voluntas nostra mutabilis est, potest
      enim in se novum actum volendi aut nolendi recipere a se distinctum [...]. Quando
      ergo dicitur, si voluntas modo non vult, oportet aliquam esse causam quietis sive
      privationis oppositae volitioni, potest dici, quod illud non est necessarium, cum illa
      privatio non sit aliqua res."
[42] Vgl. dazu das Verständnis des Thomas, Kap. II.2.2, S. 68f.
[43] Quaest. in libr. eth., Fol 37va: „Tamen quia loco non volitionis potest capi actus
      volendi positivus contrarius volitioni, et quia videtur quod, si privatio non exigit po-
      sitivum esse, tamen videtur exigere remotionem causae habitus, ideo potest alteri
      responderi, quod voluntas est causae ipsius quietis vel illius volitionis. Et quando
      dicitur, oportet igitur illam causam removeri ad hoc, quod velit, dico quod hoc esset
      verum ubi contrariorum essent contrariae causae, sed ubi idem est causa liber potens
      in utrumque contrariorum, illud non est verum. Sic autem est de voluntate nostra
      [...]."
[44] Quaest. in libr. eth., Fol 37vb.

und damit sich selbst bewegt, und warum er sich für die eine und nicht vielmehr für die andere Alternative entscheidet. Dieser Prozess wird in der 3. *quaestio* zu Buch III diskutiert.[45] Der Wille (*voluntas*) stellt die praktische Dimension der *anima* dar, ihm steht die erkennende Vernunft des *intellectus* als theoretische Dimension gegenüber.[46] Der Wille geht nicht notwendigerweise zum Wollen über, sondern frei (*libere*); damit aber der Wille zu einem eigentlichen Akt des Wollens übergehen kann, muss es zunächst ein Objekt geben, und dieses Objekt muss sich ihm durch den *intellectus* als gut erschließen, sodass es zu einem ersten Eindruck des Gefallens (*complacentia*) im Willen kommt:

> „[...] voluntas autem cum fuerit informata his speciebus, non necessario transit in actum volendi vel nolendi, sed libere potest in ipsum transire vel differe. Et potest libere imperare intellectui, ut amplius de illo obiecto inquirat aut ab huiusmodi consideratione omnino desistat, quod ante receptionem specierum non poterat. Sed si posuerimus [...] quod intellectus et voluntas non sint ad invicem et ab anima diversae res, non videtur quod ad inclinationem voluntatis vel saltem ad eius complacentiam in obiecto alia ex parte obiecti requiratur et iudicium de bonitate vel malitia rei volibis in intellectu existens. Non enim esset grave dicere sicut anima informata specie intelligibili potest transire in actum intelligendi [...] quod ipsa ita informata iudicio de bonitate et malitia rei volibilis potest transire in obiecto complacentiam quandam vel displacentiam, quae iam videtur esse quidam actus voluntatis."[47]

Dieses Gefallen am Objekt aufgrund des Urteils über seine Güte kann zwar schon als ein dem Willen zuzuordnender Akt ‚willentlich' genannt werden, es ist aber die notwendige Folge eines Urteils und als solche noch kein freier Akt eines freien Willens.[48] Das Gefallen (bzw. Missfallen oder auch

---

[45] Quaest. in libr. eth., Fol 41va: „Quaeritur tertio utrum actum volendi aut nolendi praecedat in ipsa voluntate aliquis alter actus aut alia quaecumque dispositio mediante quae actus volendi fiat in ipsa voluntate." Diese Frage wird von Buridan wiederum in drei Unterfragen eingeteilt, von denen vor allem die zweite für den vorliegenden Zusammenhang von Interesse ist (41vb: „Secunda est an adhuc ante huiusmodi voluntatis determinationem aliquis actus praecedat causatus in ipsa voluntate ab obiecto sibi praesentato vel a ratione sibi illud obiectum praesentante propter quem actum ipsa sit potens se determinare ad volendum vel nolendum cum ante obiecti praesentiam non posset, aut per quam ipsa sit potens imperare intellectui de inquisitionem circa illud obiectum cum ante non potest.")

[46] Quaest. in libr. eth., Fol 42va: „[...] intellectus et voluntas non distinguuntur ab anima neque ab invicem realiter, sed [...] ipsa anima dicitur intellectus in ordine ad actum cognoscendi et dicitur voluntas in ordine ad actum appetendi."

[47] Quaest. in libr. eth., Fol 42rb.

[48] Quaest. in libr. eth., Fol 42rb: „[...] si obiectum fuerit voluntati praesentatum sub ratione boni, tunc statim causabitur necessario in ipsa voluntate dictus actus complacentiae, et si fuerit sibi praesentatum sub ratione mali, causabitur actus

die gemischten Gefühle) stellt den passiven Teil des Willens dar; ihm steht
aber ein aktiver, reflexiver Teil gegenüber, der dasjenige, an dem er Gefallen
oder Missfallen findet, wollen oder nicht wollen kann oder auch seine Entscheidung aufzuschieben vermag:

> „Sed voluntas libere potest acceptare opus illud sine refutatione vel
> refutare sine acceptatione vel etiam nec refutare nec acceptare, sed
> differe, ut videtur mihi, quod quasi quilibet homo experiri potest in
> seipso."[49]

Der Wille hebt in seiner Entscheidung für oder gegen ein Objekt dessen
Ambivalenz insoweit auf, dass er eben das ganze Objekt will oder nicht will.
Der Wille ist also ein Vermögen, das sich selbst spontan aus sich heraus –
frei – zu seinen Akten zu bestimmen vermag:

> „Suppono enim ex dictis prius, quod voluntas sit activa illius actus
> sui, cuius ipsa est primo domina et quod illum actum agat in seipsam.
> [...] activum approximatum passivum potest in actionem suam
> transire circa illud passivum, cum ante non posset."[50]

Diese Willensentscheidung begründet eigentlich das Wollen, die ersten,
passiven Eindrücke des Willens und ihre unwillkürlichen Reaktionen (Gefallen, Missfallen) sind jedoch nicht eigentlich willentliche Akte und daher
nicht moralisch relevant.[51] Die primäre Aufgabe des Willens ist es daher,
das Wollen selbst zu bestimmen, sein eigentliches Objekt ist er selbst, die

---

displicentiae." Auch hier betont Buridan wieder, dass ein Objekt sowohl gefallen als
auch missfallen kann, also stets eine Mischung vorliegt: schlechthin gut ist nur der
finis ultimus; der Wille kann aber nicht zugleich wollen und nicht wollen und muss
daher das Objekt letztlich entweder annehmen oder ablehnen. Daher ist das Gefallen
auch noch kein eigentliches Wollen des Objektes: „Et si [obiectum] praesentetur
simile sub ratione boni vel mali, causabuntur in ea similiter utrique actus [...]. Complacentia enim et displicentia circa idem opus non opponuntur, si fuerint secundum
diversas rationes in tempore illo compossibiles in eodem. Sed quia acceptatio et refutatio sunt impetus ad actum prosequendum vel fugiendum et isti motus scilicet
persecutio vel fuga propter contrarietatem sunt incompossibiles in eodem, ideo
etiam non possunt simul in voluntate fieri huiusmodi acceptatio et refutatio." (ebd.)

49 Quaest. in libr. eth., Fol 42va. Wieder verweist Buridan auf die Erfahrung als Quelle
    der Erkenntnis des Willensprozesses.
50 Quaest. in libr. eth., Fol 42va.
51 Quaest. in libr. eth., Fol 43ra: „[...] huiusmodi complacentia vel displicentia est pri-
    mus actus voluntatis [...] voluntas non est activa sui primis actus, sed passiva tantum,
    et quod libertas non est conveniens passivo, inquantum passivum est, sed potius ac-
    tivo, inquantum activum, non videtur inconveniens concedere quod voluntas non sit
    libera sive domina sui primi actus [...]. Sed ipsa libere est domina suae acceptationis
    aut refutationis consequentis, et hoc sufficere videtur, videlicet, quod voluntas sit
    illorum actuum domina, in quibus existit meritum vel peccatum. Modo videtur quod
    in complacentia vel displicentia praedictis nec mereamur nec peccemus, sed in obiecti
    totius acceptatione aut refutatione." Hier zeigt sich der Wille nach Korolec als „ré-
    ellement libre" (Korolec 1974, S. 121).

Erkenntnis, die dieser Selbstbewegung zugrunde liegt, ist die reflexive Erkenntnis des Intellekts, dass es gut ist, zu wollen, und mündet in dem Urteil, dass „zu wollen ist".

Das Verhältnis zwischen Willensakt und Vernunfterkenntnis

Im Folgenden ist entsprechend den vorangegangenen Überlegungen zum Zusammenspiel von Wille und Vernunft zu zeigen, inwiefern ein Vorrang der einen Instanz gegenüber der anderen besteht. Tatsächlich gestaltet sich das Verhältnis beider derart, dass die Vernunft eine „Funktion des Willens"[52] ist, denn der Wille ist freier als die Vernunft. In der 4. *quaestio*, ob es dem Willen möglich sei, die schlechtere von zwei Alternativen zu wollen,[53] wird das Verhältnis zwischen Willensakt und Vernunfterkenntnis ausführlicher erörtert.

Gegenüber dem Urteil der Vernunft über ein Objekt ist der Wille insofern verpflichtet und gerade nicht frei, als er nicht die beste oder bessere von zwei Alternativen ablehnen kann und die weniger gute wollen kann, die dann im Verhältnis zum Besseren schlecht wäre, denn es ist dem Willen unmöglich, Schlechtes als Schlechtes zu wollen; allerdings kann sich der Wille durch eine ihm eigentümliche Fähigkeit, die zum Merkmal seiner Freiheit wird, dem Urteil der Vernunft widersetzen:

> „Prima conclusio est quod voluntas stante casu posito non potest tunc et pro tunc velle minus bonum. Et dixi ‚non potest tunc et pro tunc' quia tunc voluntas potest velle minus bonum pro alio tempore in quo non amplius stabit illud iudicium. Et est in potestate voluntatis imperare intellectui, ut desistat a consideratione illius boni maioris, et tunc poterit acceptare minus."[54]

Die hier angesprochene Möglichkeit, die weniger gute von zwei Alternativen vorzuziehen, indem die Berücksichtigung der besseren durch den *intellectus* unterbunden wird, steht im Gegensatz zur Aussage, dass die Freiheit eine schlechte Freiheit wäre, wenn sie ihr Subjekt dazu brächte, das Schlechtere zu wählen. Ein in dieser Weise agierender freier Wille scheint seiner eigenen Natur, die auf das Gute und Beste ausgerichtet ist, zuwiderzulaufen.

Zweitens ist der Wille gegenüber dem Urteil über das Objekt insofern frei, als er den tatsächlichen Entschluss zum Wollen des Besseren oder sogar des schlechthin Guten *aufschieben* (*differre*) kann:

---

[52] Vgl. Krieger, Der Begriff der praktischen Vernunft, S. 199.
[53] Quaest. in libr. eth., Fol 43rb: „Quaeritur quarto utrum propositis duobus bonis per rationem maiori bono et minori boni incompossibilibus voluntas dimisso maiori bono possit velle minus bonum."
[54] Quaest. in libr. eth., Fol 44ra.

„Appetitus autem liber, scilicet voluntas ex sua libertate oppositionis habet, quod non fertur necessario in bonum apprehensum, licet actu nullum apparet annexum vel consequens malum. Sed potest differre, ut antea fiat inquisitio, si apprehenso bono sit aliqua annexa vel consequens malitia et quanta, per quam dilationem et praeviam inquisitionem potest homo quasi omnem evitare pravitatem. Ad hoc igitur data est huiusmodi libertas et non ad hoc quod possit in malum sub ratione mali aut in minus bonum sub ratione minoris boni. […] nunquam voluntas tenderet in malum si esset sub ratione malitiae apprehensum et iudicatum et hoc tam particulari iudicio quam universali. "[55]

Diese Möglichkeit des Aufschubs des Wollens, in der die Freiheit des Willens besteht, dient ausdrücklich dem Zweck einer erneuten Prüfung des Guten hin auf ebendiese Güte, damit das Schlechte in jedem Fall verhindert werden kann. Zur Gewährleistung einer gelingenden Praxis, d. i. des Wollens, muss diese Praxis stets aus Freiheit um der Freiheit willen erfolgen. Dabei ist der Aufweis dieser Praxis (des Wollens) für Buridan zur Stützung der eigenen These der Willensfreiheit unerlässlich.[56] Dementsprechend lautet die zweite *conclusio*:

„Secunda conclusio est quod in casu posito voluntas non necessario fertur in prosecutionem maioris boni, sed potest differe actum volendi, ut antea fiat inquisitio maior de his omnibus, quae concomitari possunt vel insequi illud magis bonum. Nam, si ipsum esset absque aliquo minori bono praesentatum voluntati, ipsa posset secundum dicta prius differre actum volendi. Ergo multo magis hoc potest quando praesentatur cum altero incompossibili bono. Et haec conclusio videtur necessaria ad salvandum voluntatis libertatem et dominium. "[57]

Krieger zufolge besteht gerade in dieser Möglichkeit zur Distanz selbst vom als gut Erkannten die Freiheit des Willens:

„[…] denn der Wille ist nur dann ein wirklich freier und durch nichts als sich selbst bestimmter Wille, wenn er nicht nur Ursprung, sondern auch alleiniger Grund seines Wollens ist. Ist er aber durch keine Erkenntnis des Guten zum Wollen selbst gezwungen, sogar nicht durch die Erkenntnis (seines eigenen Vollzugs als) des schlechthin und uneingeschränkten Guten, dann ist der Wille alleiniger Ursprung und Grund des Wollens selbst. "[58]

---

[55] Ebd.
[56] Vgl. Monahan 1954, S. 80.
[57] Quaest. in libr. eth., Fol 44ra.
[58] Krieger, Der Begriff der praktischen Vernunft, S. 176.

Willensfreiheit bedeutet dann, allein aus sich selbst heraus einen Willensakt (*velle / nolle*) hervorzubringen oder auch im Zustand des *non velle* zu verharren; wenn er aber dann schließlich doch wollen *muss*, so will der Wille notwendig das jeweils als besser Erkannte.[59] Die praktische Vernunft ist daher die Funktion des Willens, insofern sie die selbstreflexive Erkenntnis des Willens ist, durch die er sich zum Wollen, also selbst, bestimmt; dies ist nichts anderes als die jeglichem konkreten Wollen zugrundliegende Selbstbejahung des Willens; der Wille will seinen Vollzug und bewirkt ihn dadurch. Die Vernunft erkennt etwas als gut, insofern der Wille sich selbst dazu bestimmt, vernünftig zu wollen. Daher ist der Wille nicht frei in der Berücksichtigung des Urteils der Vernunft, wohl aber in der Motivierung zu einem Vernunfturteil hinsichtlich des zu Wollenden.[60]

Die Initiierung der Dynamik zwischen Wille und Vernunft

In der zweiten *quaestio* zu Buch X stellt Buridan die Frage nach der Freiheit der Akte der Seele, also des Wollens und des Denkens, und nach ihrer gegenseitigen Abhängigkeit.[61] Der Wille ist Buridan zufolge diejenige Kraft der Seele, die sich selbst in freier Weise in Bewegung setzen kann. Die Selbsterkenntnis des Willens hat das eigene Wollen zum Objekt, die Tätigkeit der Vernunft wird vom Willen selbst hervorgebracht und hängt damit von diesem ab. Mit der Frage, welchen Akt die Seele freier hervorbringt, wird daher die Frage diskutiert, ob der Wille oder der Intellekt letztlich der Ursprung des menschlichen Handelns ist. Zur Antwort auf diese Frage unterscheidet Buridan zunächst zwischen zwei Weisen freien Handelns:

---

[59] Quaest. in libr. eth., Fol 44 ra / rb:„Tertia conclusio si voluntas debeat eligere ipsa necessario eliget maius bonum, quia aut maius bonum aut minus, sed non potest minus pro tunc, igitur oportet quod maius.“

[60] Vgl. Zupko 2003, S. 257f; Zupko bemerkt, dass Buridan in dieser Frage nach der Begründung des *non velle* „vage“ bliebe, allerdings sei sie mit Bezug auf 44vb zu klären. Die Entscheidung zum *non velle* verdanke sich (wie auch die anderen Akte des Willens) dem Urteil des Intellekts; in diesem Fall besagt das Urteil, dass das infrage stehende Objekt noch nicht abschließend beurteilt werden kann, daher will der Wille weiter überlegen, da zu überlegen in dieser Situation die (vom Intellekt vorgestellte) beste Lösung darstellt. Auch im *non velle* wolle der Wille also (wie im *nolle*) etwas Bestimmtes, das ihm als Gut vorgestellt wird. Letztlich habe der Wille durch seine Möglichkeit zum *non velle* keine Freiheit hinzugewonnen zu jener, die er schon in der Fähigkeit zu seinen unterschiedlichen Akten realisiere. Allerdings bleibt doch ein Unterschied zwischen den Akten bestehen, den Zupko nicht berücksichtigt: das direkte Objekt ist beim *non velle* eben nicht ein außerhalb des Willens stehendes Ziel, sondern die Willensaktivität selbst; beim *velle* und beim *nolle* ist dieser Selbstbezug immer Bedingung der Aktivität, aber beim *non velle* fehlt umgekehrt der Bezug zum Gegenstand außerhalb des Selbstbezugs.

[61] Quaest. in libr. eth., Fol 205rb: „Queritur utrum anima producat in se actum volendi liberius quam actum intelligendi.“

„Uno modo dicitur agens libere agere libertate finalis ordinationis, alio modo libertate oppositionis. Libertate finalis ordinationis dicitur agens libere agere si agat sui ipsius gratia principali intentione et serviliter si gratia alterius. Unde sic solus deus agit simpliciter et omnino libere, omnia autem alia agentia in ordine ad ipsum deum agunt serviliter quia omnia quae sunt aguntur gratia ipsius dei. […] licet ergo agamus finaliter in ordine ad deum quia principalius propter ipsum quam propter nos, tamen simpliciter loquendo dicimur agere libere si principalius propter nos quam propter aliquid praeter deum qui finaliter continet nos."[62]

Der *libertas finalis ordinationis* gemäß ist dasjenige frei, das um seiner selbst willen ist und handelt. Dies trifft nach Buridan streng genommen nur auf Gott zu, da nur er Grund und Ziel seiner selbst ist; der Mensch aber, der letztlich auf Gott ausgerichtet ist und insofern nicht um seiner selbst willen ist, wird dennoch auch in diesem Sinne frei genannt, denn die Differenz zwischen den beiden Redeweisen der *libertas finalis ordinationis* ist die zwischen der praktischen und der theoretischen Perspektive. Letztes Ziel ist in praktischer Hinsicht unsere Freiheit, letztes Ziel im Sinne unserer Zugehörigkeit zur Welt im Ganzen ist Gott.[63] Als *libertas oppositionis* bezeichnet Buridan hingegen jene Freiheit zu entgegengesetzten Akten (*velle / nolle*) und zum *non velle*, die er bereits ausführlich beschrieben hat:

---

[62] Quaest. in libr. eth., Fol 205rb / va.; in der wichtigen Frage nach der *libertas finalis ordinationis* kommt Buridan nicht ohne die theologische Perspektive aus, die sich im Verweis auf Gott niederschlägt, der als einziger im strengen Sinne wirklich um seiner selbst willen tätig ist; vgl. Zupko, 2003, S. 261. Vgl. dazu auch Korolec 1974, S. 111: „Buridan prend bien soin de ne pas se prononcer sur des questions relevant de la problématique théologique; il le dit explicitement: ‚Nos autem … philosophice loquamur'. […] En reconnaissant la validité de la perspective théologique, il y renonce cependant et n'entend envisager le problème du bonheur qu'en philosophie […]. Le bonheur en question – *felicitas meritoria* – l'homme le realise lui-même, il est son propre mérite et il l'obtient grâce à ses actes libres, indépendants et spontanés. *Homo felicitabilis* […] c'est l'homme libre". Auch bei Korolec wird deutlich, dass die theologische Perspektive nicht völlig außen vor bleibt; er betont zwar zunächst, dass es Buridan um dasjenige Glück geht, das der Mensch als *freier Mensch* durch ein tugendhaftes Leben auf dieser Erde erreichen kann, räumt aber ein, dass der Mensch stets auf Gott ausgerichtet ist, den er als sein letztes Ziel erkennt: „[…] Buridan constate que l'homme fait son choix sans aucune contrainte, et que le principe de la liberté de l'homme se trouve, comme on l'a dit déjà, en lui-même. Cette liberté n'est cependant pas absolue et, de l'avis de Buridan, l'homme, lorsqu'il s'agit du but final, ne peut pas viser au mal, il doit toujours se diriger vers Dieu." (S. 119).

[63] Vgl. Korolec 1974, S. 124: „Dans la catégorie de la liberté au sens de la *libertas finalis ordinationis*, Dieu est absolument libre et il a la plénitude du bonheur. C'est qu'il est lui-même l'origine et le but de ses actes et qu'il agit uniquement pour son propre bien. Il n'en va pas de même pour l'homme. L'homme agirait d'une façon libre, au sens de la *libertas finalis ordinationis*, s'il avait pour but son propre bien; mais l'homme vise au bien supérieur, au bien absolu, aussi, son action est-elle soumise à Dieu."

> „Sed libertas oppositionis agens dicitur libere quia cum agit aliquid
> non praenecessitatur ad agendum illud per quodcumque aliud vel
> aliorum quorumcumque concursum, sed omnibus entibus eodem
> modo se habentibus sicut se habent, quando incipit agere propter
> ipsammet actionem et sic manentibus possibile est ipsum non agere
> aut forte oppositum agere [...] hac libertate voluntas est libera et
> nulla alia potentia est magis libera quam voluntas [...]."[64]

Eine zweite Unterscheidung nimmt Buridan zwischen einem ersten freien
Akt vor, der ohne jegliche Voraussetzungen frei aus sich heraus hervorgebracht wird, und einem zweiten freien Akt, der dem ersten notwendig folgt:

> „[...] dupliciter aliquis actus est in potestate nostra libera, uno modo
> quia ipsum producimus per nullum tamen previum necessitati ad
> producendum ipsum quando ipsum producimus, et hoc potest
> vocari liberum secundum se: sic autem producimus actum volendi
> vel nolendi. Alio modo quod ipse necessario non existente impedi-
> mento sequitur ad illum actum nostrum secundum se liberum, ita
> quod sine eo non fieret, et talem actum possemus vocare liberum
> consecutive, vel quidam vocatur primum actum liberum elicitum
> quia voluntas producit ipsum libere immediate, secundum autem
> vocant actum libere imperatum, quia voluntas iubet aliis potentiis
> nostris quod illos actus exsequantur."[65]

Der Wille bringt als Akt der ersten Art, also *libere elicitus*, sein Wollen völlig frei, unmittelbar aus sich heraus und unabhängig von jeglicher anderen
Kraft, hervor. Dagegen befiehlt er den anderen Vermögen, zu denen auch
die Vernunft zählt, die Akte der zweiten Art. Eine Vielzahl von Ver-
nunftakten sind also vom Willen befohlene Akte, die im Sinne eines *actus
libere imperatus* frei sind,[66] es gibt aber auch Akte der Vernunft, die sich
nicht aufgrund eines Befehls des Willens, sondern aus Gewohnheit oder
natürlicher Notwendigkeit heraus vollziehen.[67] Kein Akt des *intellectus*
wird aber von diesem selbst im Sinne des *libere elicitus* frei hervorgebracht,
sondern immer *libere imperatus*, also aufgrund eines Befehls des Willens:

---

[64] Quaest. in libr. eth., Fol 205va.
[65] Quaest. in libr. eth., Fol 206va.
[66] Ebd.: „Sed actus quos intellectus producit ea ratione qua dicitur intellectus sunt
      saepe actus liberi a voluntate imperati [...]." In der Folge geht Buridan auf ein Bei-
      spiel theoretischer Vernunft (Geometrie) ein.
[67] Quaest. in libr. eth., Fol 206vb: „[...] actum speculationis producimus aliquando li-
      bere, aliquando non libere [...] Dico non libere, ut quia sine tali imperio seu actu
      voluntatis, posito casu quod sortes expergefactus a somno surgat et occurrat ad as-
      pectui suo liber geometriae et propter conustudinem legit in eo et studet et specula-
      tur [...] Nam ille non libere expergiscitur, sed necessitate naturali aut forte violente
      [...]."

„Nunc duodecimam conclusionem pono talem: quia intellectus humanus nullum actum intelligendi producit libere tamquam actum secundum se libere elicitum, licet bene tamquam imperatum."[68]

Mit der Zuordnung jeglicher Akte des Intellekts als *„libere imperati"* kommt bezüglich der Frage nach dem Beginn der wechselseitigen Bewegung zwischen Intellekt und Wille nur noch der Wille als Initialkraft infrage:

„[…] dicendum est directe de quaesito proprio de libertate oppositionis: et pono decimasextam conclusionem quod anima liberius producit actum volendi quam actum intelligendi, quia actum volendi primo et immediate producimus libere tamquam secundum se libere elicitum, actum autem intelligendi non producimus libere nisi consecutive tamquam libere imperatum. Et ideo actum intelligendi libere producimus propter libere producere actum volendi per quem illum imperamus et propter unumquodque tale et illud magis."[69]

Der Willensakt wird also freier hervorgebracht als der Vernunftakt, weil er *secundum se libere elicitus* ist, der *actus intelligendi* hingegen wird hervorgebracht um des freien *actus volendi* willen, durch den dieser befohlen wird. Der Intellekt steht zum Willen also im Verhältnis eines Mittels, er ist nicht nur von seinem Befehl abhängig, sondern auch um des Willens willen aktiv. Der Akt des Erkennens wird durch das Wollen und um des Wollens willen hervorgebracht, der Akt des Wollens hingegen um seiner selbst willen. Damit bestimmt Buridan diesen Akt der Erkenntnis als ein ausschließlich in der Macht des Willens stehendes Selbstverhältnis; der so bestimmte Wille ist frei und um seiner eigenen Freiheit willen tätig. Dieses funktionale Verhältnis der praktischen Vernunft zum Willen, d. h., dass diese das ursprüngliche Selbstverhältnis des Willens ist, drückt der letzte Satz des Zitats aus: *„Et ideo actum intelligendi libere producimus propter libere producere actum volendi per quem illum imperamus et propter unumquodque tale et illud magis."* Schließlich wird die Freiheit des Willens (*libertas oppositionis*), die in der Fähigkeit zu entgegengesetzten Akten (*velle / nolle*) und zur Selbstbewegung besteht, am Ende der *quaestio* zur eingangs erörterten Freiheit hinsichtlich des Ziels (*libertas finalis ordinationis*) in ein Verhältnis gesetzt. In diesem Zusammenhang wird auch deutlich, worin nach Buridan das letzte Ziel menschlichen Handelns und damit sein Glück besteht:

„[…] inter omnes actus quos anima nostra producit ipsa liberius hac libertate producit illum qui est aliorum optimus et perfectissimus, illum enim maxime producit suiipsius gratia quia illo maxime perficitur et ille etiam maxime est finis aliorum."[70]

---

[68] Quaest. in libr. eth., Fol 207ra.
[69] Quaest. in libr. eth., Fol 207va.
[70] Quaest. in libr. eth., Fol 207vb.

Unter allen Akten, die die Seele hervorbringt, muss derjenige der freieste sein, der auch der vornehmste Akt ist, den sie am meisten um seiner selbst willen vollzieht und auf den alle anderen Akte ausgerichtet sind. Um jenen Akt hervorbringen zu können, der am meisten um seiner selbst willen vollzogen wird und auf den jeder andere Akt zielt, hat der Mensch die *libertas oppositionis*, durch die er das scheinbar Gute auf seinen Gehalt hin untersuchen kann, bevor er es als schlechthin Gutes erkennt und wählt:

> „[...] libertas igitur oppositionis [...] ad bonum nostrum nobis data est, ut de eo quod non est firmiter et clare iudicatum esse simpliciter bonum vel simpliciter malum differamus acceptationem vel refutationem donec ad nostram possibilitatem inquisuerimus an illud apparens bonum vel malum sit simpliciter bonum vel simpliciter malum, ut finaliter acceptemus simpliciter bonum, non simpliciter malum, et refutemus simpliciter malum et non simpliciter bonum [...]."[71]

Der Wille, der das als schlechthin gut Erkannte will, sowie der Intellekt, der diese Erkenntnis leistet, sind in diesen Akten um ihrer selbst willen und damit um der *libertas finalis ordinationis* willen tätig:

> „Cum intellectus inquirit et iudicat de simpliciter bono quod sit simpliciter bonum et voluntas illud acceptat tunc tam intellectus quam voluntas hoc agunt propter se et ipsorum gratia [...] intellectus et voluntas sic agunt libere libertate oppositionis quae data est nobis finaliter ut tam secundum intellectum quam secundum voluntatem agamus libere libertate finalis ordinationis. [...] Item ad acceptationem finalis boni perfecte [...]. Non se habet voluntas libere libertate oppositionis, sed se habet ad eam libere libertate finalis ordinationis. [...] Ergo manifestum est, quod omnes actus nostri liberi libertate oppositionis et ipsa libertas oppositionis sunt gratia actus liberi libertate finalis ordinationis, scilicet **ut sumus liberi**."[72]

Jegliches Wollen geschieht um des Wollens oder der Freiheit willen, die *libertas oppositionis* findet ihre Sinnbestimmung in der *libertas finalis ordinationis*. Die Akte von Wille und Intellekt im Modus der *libertas oppositionis* zielen letztlich darauf ab, die Freiheit im Sinne der *libertas finalis ordinationis* zu gewährleisten, in der das menschliche Glück besteht:

> „Item secundum summum bonum humanum, quod est hominis felicitas, est summa hominis libertas finalis ordinationis et ad illam finaliter ordinantur omnia alia bona humanum [...] et libertas oppositionis non est illa felicitas, quia illa libertas oppositionis est nobis

---

[71] Ebd.
[72] Ebd.

innata et non ipsa felicitas, ergo ad libertatem finalis ordinationis ordinatur finaliter libertas oppositionis.“[73]

In Bezug auf die *libertas oppositionis* ist der Wille das freiere Vermögen,
denn er bewegt sich selbst zu seinen Akten, der Intellekt aber wird durch
den Willen zu seinen Akten bewegt. Hinsichtlich der *libertas finalis ordinationis* ist der Intellekt jedoch freier als der Wille, denn er begreift das Ziel
unmittelbar, wohingegen der Wille zum Wollen dieses Zieles auf den Intellekt angewiesen ist:

> „Anima liberius se habet in producendo volitionem ea ratione qua
> dicitur intellectus quam ea ratione qua dicitur voluntas. Dico si sit in
> hoc aliqua comparatio quia non videtur in hoc comparatio quoad li-
> bertatem oppositionis sed quoad libertatem principalitatis et finalis
> ordinationis. Si enim apprehensio se habeat principalius in produ-
> cendo volitionem quam illam complacentiam, tunc anima principa-
> lius et per consequens liberius producit illam volitionem ea ratione
> qua dicitur intellectus quam ea ratione qua dicitur voluntas. Sed ita
> est.“[74]

Die *libertas finalis ordinationis* erlaubt es dem Menschen zwar nicht, sich
gegen das letzte Ziel zu entscheiden, aber insofern Intellekt und Wille sich
selbst zum Ziel haben, wenn sie ihre Akte ausführen, sind sie frei. Der hier
beschriebene Vorrang des *intellectus* vor dem Willen ist aus der Perspektive
der *anima* festgestellt, er beschreibt das willentliche Selbstverhältnis in seiner Vernunftbestimmtheit und stellt insoweit einen Vorrang der Vernunft
vor dem Willen fest. Diese Aussage ist theoretischer Natur, denn sie kennzeichnet die (primäre) Natur der Seele als Vernunft, sie macht keine praktische Aussage darüber, welche Tätigkeit die im Sinne dieser Natur der
Seele primär erfolgende (die Ausübung der Vernunfttätigkeit bewirkende)
Erkenntnis ist; diese (primäre) ist eine praktische Erkenntnis, nämlich die

---

[73] Ebd. Dieser Gedanke der Hinordnung der *libertas oppositionis* auf die *libertas finalis
ordinationis* ist nach Zupko ein intellektualistischer Gedanke in der Tradition
Thomas von Aquins; dementsprechend identifiziere Buridan schließlich das Glück
des Menschen mit der Gottesschau als der Vervollkommnung der *libertas finalis ordinationis* und gebe damit dem Intellekt Vorrang vor dem Willen. Insgesamt tendiert
Zupko letztlich zu einer Zuordnung Buridans zum Intellektualismus; Zupko 2003,
S. 250f. und S. 267. Vgl. auch Monahan 1954, S. 84.

[74] Quaest. in libr. eth., Fol 209 ra; vgl. auch Monahan 1954, S. 82f. und Korolec 1974,
S. 126: „[...] Buridan examine, dans son commentaire, aussi bien le problème de la
liberté de l'homme que celui de la liberté de choix. Et si, en traitant du premier de
ces problèmes, il prend le parti de l'intellectualisme, il se prononce, en revanche, pour
un voluntarisme modéré quand il parle du second. Il semble [...] que Buridan, en
cherchant une double formule pour élucider le problème de la liberté de l'homme et
en parlant de libertas oppositionis et de libertas finalis ordinationis, cherchait un
compromis entre les partisans des deux orientations.“

das Wollen als solches bestimmende und bewirkende Erkenntnis des Willens. Die Seele ist durch jene *apprehensio*, durch die das Wollen hervorgebracht wird, freier als durch das Gefallen (*complacentia*); die *apprehensio* ist ein Akt der Vernunft, aber als Selbsterkenntnis ist sie Funktion des Willens.

Buridan diskutiert bereits in der fünften Frage des II. Buches die Frage, ob der Wille seine Akte unabhängig vom Intellekt setzen kann[75], und gibt einen Hinweis auf den Anfang der beschriebenen Dynamik zwischen Wille und Vernunft. Wenn der Wille nur Gutes wollen kann und dieses Gute in rationaler Weise vorliegen muss, gilt auch hinsichtlich der Aktivität des Erkennens, dass diese dem Willen als etwas Gutes, zu Wollendes vorgestellt wird, und er sie deshalb will:

> „Solutio dicendum est quod ipsa voluntas movet intellectum ad considerandum ut inveniat medium valens ad attingendum finem volitum. Hoc autem non posset esse nisi per intellectum sibi praesentatum sub ratione boni hoc, quod est consiliari ad tale medium inveniendum. Sicut igitur hoc iudicat intellectus esse bonum, ita hoc vult voluntas, unde sicut intellectus non cognoscit determinate hoc medium quod postmodum invenit, ita nec voluntas determinate fertur in illud medium, sed fertur in consiliativum ad inveniendum medium, et hoc cognoscit intellectus et iudicat esse bonum. Cum autem intellectus hoc determinatum medium invenerit et iudicaverit esse bonum, tunc voluntas poterit determinate velle ipsum et non ante. [...] voluntas nunquam movet intellectum ad consiliandum nisi intellectus praeiudicaverit quod considerare illud obiectum est bonum."[76]

Die Erkenntnis, dass „*considerare*" gut ist, setzt eine Entscheidung des Willens zu diesem Vernunftakt voraus. Umgekehrt setzt jeder Willensakt ein Urteil der Vernunft über die Güte des Gewollten voraus. Dies muss aber auch hinsichtlich des Willensaktes als solchen gelten: Auch den eigenen Vollzug muss der Intellekt dem Willen als gut vermitteln, damit der Wille ihn wollen kann. Damit diese gegenseitige Bedingung von Vernunft und Wille sich nicht in einem infiniten Regress verliert, muss es einen unbedingten Anfang des Wechselspiels zwischen Intellekt und Wille geben.

Dieser allererste voraussetzungslose Akt besteht in einem reflexiven Akt des Willens, durch den dieser seinen eigenen Vollzug, also das Wollen als solches, als ein Gutes begreift und deshalb will:

> „Der Akt der Vernunft, der ausgeübt wird, ohne vorher dem Willen als gut vorgestellt zu sein und deswegen ausgeführt zu werden, der seinerseits aber dem Willen etwas Gutes als solches vorstellt, so daß der Wille dieses Objekt uneingeschränkt wollen wird, kann dann nur

---

[75] Quaest. in libr. eth., Fol 44rb (Utrum voluntas possit velle contra vel praeter iudicium rationis).

[76] Quaest. in libr. eth., Fol 44va / vb.

das Wollen als solches zum Gegenstand haben: Diese Vernunfterkenntnis [...] ist ein reflexives Verhältnis, durch das der Wille sich
auf sich selbst bezieht. Der Wille erkennt auf diese Weise seinen eigenen Vollzug als etwas Gutes und vermag sich deswegen zu entschließen, zu wollen [...] der Wille ist also nicht nur Ursprung, sondern auch alleiniger Grund seines Wollens [...]. Zugleich ergibt sich,
daß das, was schlechthin und uneingeschränkt gut ist, nichts anderes
als das Wollen selbst ist. Denn wenn jene Vernunfterkenntnis, durch
die der Wille seinen eigenen Vollzug als gut erkennt, nichts anderes
als eben diesen Vollzug zum Gegenstand hat, dann ist allein das Wollen als solches gut."[77]

Allein dem Willen als solchem kommt dann der Charakter des uneingeschränkt Guten zu, denn jedes andere Wollen setzt diesen Willensvollzug
seinerseits voraus; nur der Vollzug des Willens als solcher ist voraussetzungslos, weil nur das Wollen als solches unbedingt gut ist und deshalb
gewollt wird. Aufgrund der Erkenntnis der eigenen Güte kommt es zum
Wollen. In der Selbstbestimmung des Willens besteht dessen Freiheit, sie
hat ihren Sinn in sich selbst; ihr Objekt ist der Wille selbst, die entsprechende Erkenntnis des Intellekts ist reflexiv.[78]

Zur Frage nach dem uneingeschränkt Guten äußert sich Buridan explizit in der 8. *quaestio* zu Buch VII. Ist der Wille der Überzeugung, dass er
ein uneingeschränkt Gutes vor sich hat, fasst er notwendig den Entschluss
zum eigenen Vollzug und will tatsächlich:

„[...] si praedictum iudicium fuerit certum omnino videlicet quod
homo credat firmiter sufficienter vidisse omnes circumstantias et
combinasse et secundum earum combinationem credat firmiter illud
esse sibi bonum secundum omnem rationem bonitatis et nullo modo
malum, puto quod voluntas necessario acceptaret illud. Et non intelligo hic per certum iudicium idem, quod iudicium verum vel scien-
tificum, sed idem, quod firmiter creditum omni exclusa formi-
dine."[79]

Ist die Prüfung durch die Vernunft abgeschlossen und steht für den Willen
schließlich fest, dass es sich um ein in jeder Hinsicht gutes Objekt handelt,
muss der Wille es notwendig wollen und wird sich in Bewegung setzen. Die
Überzeugung des Willens, es mit einem schlechthinnigen Guten zu tun zu
haben, ist allerdings kein Urteil im Sinne wissenschaftlicher Erkenntnis,
sondern eine subjektive Selbstgewissheit des praktischen Urteils (als letzter
Grund willentlicher Entscheidung). Dieses schlechthin Gute besteht aber
in nichts anderem als im Willen als solchem, in seinem eigenen Vollzug. Die

---

[77] Krieger, Der Begriff der praktischen Vernunft, S. 181f.
[78] Vgl. Krieger, Der Begriff der praktischen Vernunft, S. 182.
[79] Quaest. in libr. eth., Fol 145rb; Vgl. Krieger, Der Begriff der praktischen Vernunft,
S. 190.

Bestimmung des Willensvollzugs als des um seiner selbst willen Guten hat ihrerseits Konsequenzen für den Inhalt des Wollens, der das konkrete Ziel des Handelns angibt:

> „Aber erst in dem Wollen selbst erfaßt [der Handelnde] dasjenige, das er als das allein um seiner selbst willen und deswegen uneingeschränkt Gute zu erkennen vermag. Damit wird zugleich eine Entscheidung über die konkrete Inhaltlichkeit seines Handelns möglich. Denn gemäß der ausschließlichen Vernunftbestimmtheit des Wollens selbst kann nicht anders als in eben dieser Weise gehandelt werden; im Blick auf das konkret zu Tuende muß also zugleich gewollt werden können, daß allgemein so gehandelt wird."[80]

Für das konkrete Handlungsziel als Inhalt des Wollens gilt dann also, dass dieses sich stets an der Maßgabe der Vernunft orientiert, die im Allgemeinen und Notwendigen besteht.

III.2 Freundschaft als Anerkennung der Freiheit des Freundes

Der Ort der Auseinandersetzung Buridans mit dem Thema Freundschaft ist sein Kommentar zu den Freundschaftsbüchern VIII und IX in der *Nikomachischen Ethik*. Der Text umfasst 70 Seiten, in denen in zwei Büchern insgesamt 34 *quaestiones* bearbeitet werden.[81] Ziel der vorliegenden Textanalyse ist es, Buridans Verständnis von Freundschaft anhand jener Fragestellungen herauszuarbeiten, die sich aus der bisherigen Arbeit ergeben haben: Was versteht Buridan unter Freundschaft? Warum wird eine bestimmte Person zum Freund und nicht vielmehr eine andere? Inwiefern ist die Begründung der Freundschaft Ausdruck einer Entscheidung des Willens?

---

[80] Krieger, Der Begriff der praktischen Vernunft, S. 193.

[81] Zur Thematik von Überlieferung, Datierung und Echtheit der Quellen vgl. Michael, Bernd: Johannes Buridan, Teil I, S. 259-285 sowie Teil II, insb. Abschn. II B. Es liegt keine kritische Edition des Textes vor, er gilt aber sicher als echt. Im Anhang der Arbeit findet sich ein Inhaltsverzeichnis zu den *quaestiones* der Bücher VIII und IX. Offensichtliche Rechtschreib- und Grammatikfehler in der Handschrift wurden stillschweigend korrigiert. Alle Hervorhebungen (in Fettdruck) stammen von mir. In der Quelle nicht eindeutig zu entziffern Textstellen sind in Eckklammern gesetzt.

III.2.1 Freundschaft als *actus virtutis*

Buridan erörtert gleich zu Beginn der ersten *quaestio* (*Utrum ad istam scientiam ethicorum pertinet determinare de amicitia*) des VIII. Buches sein Verständnis der *amicitia*, um die Auseinandersetzung mit dem Thema Freundschaft im Rahmen der Ethik zu begründen, die sich mit der menschlichen Praxis im Allgemeinen und der Frage nach dem spezifisch menschlichen Guten im Besonderen beschäftigt. Der Begriff *amicitia* wird häufig im weitesten Sinne zur Bezeichnung der *„consonantia et debita proportione entium adinvicem et ad unum principium in mundi constitutione"*[82] (der Übereinstimmung und des geschuldeten Verhältnisses des Seienden untereinander und in Bezug auf das einigende Prinzip im Konstitutionsverhältnis des Universums) oder mehr noch zur Bezeichnung der natürlichen gegenseitigen *„concordia et communicatio"* (Eintracht und wechselseitiges Verstehen) vieler Lebewesen einer *species* untereinander verwendet, die beim Menschen den Gebrauch der Vernunft einschließt und insgesamt Gegenstand des natürlichen Wissens ist.[83] Im eigentlichen Sinne bedeutet Freundschaft für Buridan aber die von der Vernunft bestimmte Eintracht, die wohlwollende Mitteilung oder auch die durch Gewöhnung erworbene Einstellung über diese, und insoweit ist Freundschaft genuiner Gegenstand der Ethik:

> „Tamen amicitia sumitur adhuc magis proprie pro concordia seu benevola communicatione hominum **directa ratione**, vel etiam pro habitu circa hoc acquisito per assuefactionem, et sic de amicitia pertinet ad moralem."[84]

Diese Bestimmung unterscheidet sich insofern von der zweiten, als sie die *ratio* als bestimmenden Ursprung der wohlwollenden *communicatio* hervorhebt und sie nicht bloß als Korrektiv affektiver Zuneigung integriert. Die Tatsache, dass Freundschaft, wie Buridan sie versteht, wesentlich an die *ratio* gebunden ist, begründet in besonderer Weise ihre Zugehörigkeit zur Ethik.[85] Damit betont Buridan, dass zur Güte der Freundschaft in Abgrenzung zu natürlich-triebhaften affektiven Vollzügen gefordert wird, dass sie durch die Vernunft geleitet und gemäßigt (und nicht bloß *„circum-*

---

[82] Quaest. in libr. eth., Fol 168ra.

[83] Ebd.: „Aliomodo sumitur amicitia magis proprie pro naturali concordia et communicatione multorum animalium eiusdem speciei adinvicem, etiam circumscripto usu rationis, et sic adhuc ad scientiam naturalem [...] pertinet de amicitia."

[84] Ebd.

[85] Ebd.: „[...] de omni humano actu vel habitu, qui est maxime necessarius ad bonam et sufficientem vitam ducendam, pertinet ad moralem scientiam, specialiter si ad bonitatem illius actus vel habitus exigatur, quod sit ratione directus et modificatus et assuetudine confirmatus, quod dico ad excludendum motum et naturalem operationem cordis vel respirationem et alios tales actus pure naturales."

scripto usu rationis") sowie durch Gewöhnung gefestigt ist. Buridan bestimmt die Freundschaft näher als *„virtus moralis"*[86] oder zu dieser gehörend und als ein *„honestum per se"*[87], also ein um seiner selbst willen Gutes, das sich als unverzichtbar für ein gelingendes Leben[88] erweist.

Die Frage, ob Freundschaft eine Tugend sei (*l.* VIII, *q.* 2: *Utrum amicitia sit virtus*), stellt sich unmittelbar als Folge ihrer Zuordnung zur Ethik. Buridan zeigt zwei mögliche Alternativen auf, die einander ergänzen. In der ersten Antwort trifft Buridan erneut die Unterscheidung zwischen drei möglichen Begriffsverständnissen von Freundschaft: 1) Freundschaft verstanden als reine *passio*, 2) Freundschaft als Tugend, die die *passiones* beherrscht und 3) Freundschaft als ein in der *ratio* wesentlich gründendes Verhältnis. Die *amicitia* ist, soweit sie als *amor* im Gegensatz zum *odium*, also als natural-affektive Neigung zum Freund um seiner selbst willen verstanden wird, keine Tugend, sondern eine Leidenschaft,[89] die das Wohl des Freundes um seiner selbst willen erstrebt. Sie kann zweitens als *„virtus electiva medii laudabilis"*[90] mit Hilfe der *ratio* zwischen den *passiones amor* und *odium* eine mäßigende Funktion übernehmen. Drittens kann Freundschaft als *actus virtutis* verstanden werden, der darin besteht, sich nach Maßgabe der Vernunft dem Geliebten ganz hinzugeben und den eigenen Willen auf diesen Freund auszurichten:

> „Sed […] nomen amicitiae non solum invenitur capi pro passione et virtute praedictis, sed etiam pro maximo et excellentissimo actu dicente virtutis, qui est **se totaliter condonare amato et in ipso perfecte suam transferre voluntatem, sed tamen secundum dictamen rectae rationis**, ut unum fiat velle et nolle amicorum. Sic autem capiendo nomen amicitiae diceretur, quod Aristoteles in octavo huius dicit notabliliter amicitiam non esse habitum, sed assimilari habitui, amationem autem passioni, quoniam ille actus, qui

---

[86] Ebd.

[87] Quaest. in libr. eth., Fol 168rb.

[88] Quaest. in libr. eth., Fol 168rb / va; hier mit Bezugnahme auf die Wendungen des Aristoteles und Ciceros im *Laelius*.

[89] Quaest. in libr. eth., Fol 169rb: „Dicam igitur, quod amicitia quandoque capitur pro passione appetitus, nam in secundo huius Aristoteles enumerat amicitiam seu amorem et odium inter passiones, et idem magis apparet secundo rhetoricae, ubi dicit Aristoteles, qualiter movemur ad amicitiam et odium; sicut ipse declarat, qualiter movemur ad alias passiones, et ista amicitia, ut apparet secundo rhetoricae, potest sic describi: amicitia est passio appetitus inclinans ad benevolendum et benefaciendum amico ipsius gratia. Istomodo aut certum est, quod amicitia non est virtus, nam sicut dicitur secundo huius: passiones neque virtutes sunt neque malitiae."

[90] Quaest. in libr. eth., Fol 169va: „[…] potest enim sic argui: circa quascumque passiones et operationes contingit excessus pravus et defectus vituperabilis, circa eas oportet esse virtutem electivam medii laudabilis et ad ipsum prosequendum inclinativam. Et tunc ex praedictis sume minorem et poteris inferre conclusionem; hanc autem virtutem possumus vocare amicitiam et tunc indubitanter amicitia erit virtus."

est condonare se amato et se transformare in amatum, quando
provenit ex impetu passionis, dicitur proprie non amicitia, sed
amatio, quando vero provenit ex habitu virtuoso secundum
sententiam rectae rationis, tunc proprie vocatur amicitia. [...] Sic
igitur amicitia assimulatur habitui, quia provenit ex habitu virtutis,
amatio aut passioni, quia provenit impetu passionis."[91]

Nach diesem Verständnis ist *amicitia* nicht selbst ein tugendhafter *habitus*,
entsteht aber aus einem solchen heraus und ist damit eine diesem angegli-
chene Wirkung des *habitus*, der eine Tugend ist, also ein der *recta ratio* ge-
mäßes, mit Tugend verbundenes Handeln. Im Gegensatz hierzu muss dann
jene Zuneigung, die in einer *passio* gründet, *amatio* genannt werden. Da die
so verstandene *amicitia* eine Hingabe im Willen und im Handeln fordert,
wird vorausgesetzt, dass der Geliebte gut ist, die Freunde sich einander gegenseitig verbunden wissen und in durch langzeitige Verbindung erlangter
Erfahrung erprobt sind.[92]

Die zweite mögliche Beantwortung der Frage, ob Freundschaft eine
Tugend sei, setzt bei dem Verständnis von *amicitia* als die *passiones* mäßi-
gender *virtus* an: *amicitia* bezeichnet dann nicht die Tugend an sich (*virtus
simpliciter*), sondern in eingeschränkter Weise (*contracte significata*), denn
sie bezieht sich auf die der Tugend ensprechende vorzüglichste Tätigkeit
(*per connotationem suae excellentissimae operationis*).[93] Die beiden Antworten sind „*concordes in re*"[94], denn während die erste Antwort davon ausgehe,
dass der Name *amicitia* im eigentlichen Sinne verwendet vornehmlich jenen

---

[91] Quaest. in libr. eth., Fol 169va.
[92] Ebd.:„[...] sciendum, quod amicitia sic accepta claudit in se conditiones, quas
Aristoteles in isto octavo attribuit amicitae, ad hoc enim, quod recta ratio dictet
totaliter se condonandum amato et secundum voluntatem et secundum
operationem, necesse est, ut amatus sit plenus virtute et quod reamet amantem et
quod hinc sint uterque manifesta et per longum coniunctum experta."
[93] Quaest. in libr. eth., Fol 169vb-170ra: „Sed sicut videmus de unaquaque aliarum
virtutum, quod aliquando nomen sumptum [est] ab aliquo opere ipsius ut ab aliqua
passione, cuius ipsa est temperantia vel ab aliqua conditione materiali sui obiecti, vel
ab aliquo huiusmodi significat illam virtutem non simpliciter et secundum eius
totalem ambitum, sed contracte scilicet connotando talem operationem vel
passionem ut talem obiecti materiale conditionem vel circumstantiam [...]. Ita
concedi debet, quod hoc posset fieri de virtute, quae est ponenda circa amorem et
odium. Et tunc diceretur, quod nomen amicitiae, prout de vera amicitia loquitur
Aristoteles in isto octavo, significat dictam virtutem non simpliciter et secundum
eius totum ambitum, sed contracte per connotationem suae excellentissimae
operationis, qui prius dicta fuit."
[94] Quaest. in libr. eth., Fol 170ra.

Akt bezeichnet und jene *virtus* konnotiert, gehe die zweite Antwort umgekehrt vor.[95] Im Ergebnis soll die vorangegangene Differenzierung des *amicitia*-Begriffs verdeutlichen, worin der Grund der *amicitia* liegt, wenn sie
ein *actus virtutis* ist: das Verhältnis zum Freund ist ein wesentlich in der
Vernunft begründetes. Indes schließt diese Grundlegung in der Vernunft
keineswegs aus, dass die Freunde einander auch von Herzen gern haben
und lieben, nur – und das ist der entscheidende Punkt – wird ihre Zuneigung, wenn sie als *amicitia* (und nicht bloß als *amatio*) verstanden wird,
von der Vernunft bestimmt.

III.2.2 *Amicitia propter utile vel delectabile vel honestum*

Buridan setzt sich in *quaestio* 4 zu Buch VIII mit der für die aristotelische
Freundschaftskonzeption zentralen Dreiteilung der Freundschaft auseinander, anhand deren Unterscheidung dieser die Bestimmung der Freundschaft im eigentlichen Sinne vornimmt. Nach Aristoteles gibt es drei Arten
der Freundschaft gemäß des Liebenswerten als der Ursache, warum der
Freund geliebt wird: weil er nützlich ist, weil er lustbringend ist oder aber
weil er tugendhaft ist. Dementsprechend gibt es Nutzenfreundschaften,
Lustfreundschaften oder Tugendfreundschaften. Allerdings stellt sich im
Verlauf des Textes heraus, dass nur die Tugendfreundschaft Freundschaft
im eigentlichen Sinne ist, wohingegen die Nutzen- und Lustfreundschaften
nur freundschaftsähnliche Beziehungen sind. Die Tugendfreundschaft aber
schließt ihrerseits den gegenseitgen Nutzen und die gegenseitige Lust der
Freunde in sich ein.

   Zunächst erläutert Buridan die bei Aristoteles im Einzelnen vorgetragenen Merkmale jeder Freundschaft: So kann Freundschaft grundsätzlich
nicht etwa auf Tiere oder auf Gegenstände, sondern nur auf Menschen gerichtet sein, denn sie ist ein Wohlwollen, das von Wechselseitigkeit geprägt
ist; diesem wechselseitigen Wohlwollen, das offenbar wird, korrespondiert
ein entsprechendes Handeln im regelmäßigen Miteinander.[96] Diese drei Aspekte (Wohlwollen, Wechselseitigkeit, Zusammenleben) bilden den Kern-
gedanken der aristotelischen Freundschaftsdefinition und treffen auch bei

---

[95]   Ebd.: „Primus igitur modus ponit, quod nomen amicitiae proprie sumptum significat
      principaliter illum actum et connotat illam virtutem, ita scilicet, quod ipsum
      supponit pro illo actu appellando illam virtutem. Secundus autem modus solvendi
      ponit econverso; et sic utrique modus solvendi concessa significatione nominis sicut
      supponit est virtus."

[96]   Quaest. in libr. eth., Fol 171vb: „[...] amicitia autem proprie non est ad inanimata,
      quoniam amicitia benevolentiam exigit [...]. Item etiam amicitia requirit
      readamationem, non enim aliquos dicimus amicos, nisi sit amor mutuus ad
      utrumque. Et ad huc ultra amicitia requirit, quod amatio et readamatio nullum lateat
      ad amantium, aliter non transcenderet gradum benevolentiae. [...] Dicemus ergo,
      quod amicitia est amor benevolus mutuus manifestus."

Buridan auf jede Freundschaft ganz unabhängig von der Ursache des Wohlwollens zu.

Nun kann die angesprochene Dreiteilung nach Buridan zunächst als
eine abstrahierende Unterteilung eines einzigen Guten in drei verschiedene
Gesichtspunkte verstanden werden, und dementsprechend gibt es eigentlich nur *einen* Grund der Freundschaft, der verschiedene Aspekte in sich
birgt: der primäre Grund der Freundschaft ist die Intention des *honestum*:

> „[…] simpliciter loquendo nihil est utile vel delectabile, quod non
> sit honestum, nec aliquid est honestum, quod non sit delectabile et
> utile. **Non est enim divisio boni in tria bona diversa realiter**, sed
> est divisio eiusdem boni seu amabilis in tres diversas rationes
> bonitatis seu amabilitatis, propter quod etiam diceremus, quod
> simpliciter loquendo amicitia non dividitur in amicitiam propter
> honestum, propter utile et propter delectabile tanquam in tres
> diversas amicitias, sed est divisio verae amicitiae in tres rationes sibi
> attributas. **Amici enim veri primitus intendunt honestatem**,
> consequenter autem delectationem et utilitatem, et hoc satis
> expressit Aristoteles in octavo huius, quia solam amicitiam propter
> honestum vocavit simpliciter et per se amicitiam, quam delectavit
> simul continere honestatem, delectationem et utilitatem.“[97]

Die *amicitia propter honestum* ist Freundschaft im schlechthinnigen Sinne
(*simpliciter*), denn es ist das *bonum simpliciter* in Form des *honestum* (des
um seiner selbst willen Guten), das in dieser Freundschaft primär intendiert
wird, da es letztlich das eigentlich Liebenswerte ist. In dieser Freundschaft
des um seiner selbst willen Guten wird das Gute dabei in seiner Ganzheit
erlebt. Das Gute, Lust und Nutzen sind in dieser Freundschaft analytisch
trennbare Momente, die aber einander bedingen und in der *vera amicitia*
gemeinsam erfahrbar sind: die Freunde sind einander immer auch angenehm und nützlich; das Angenehme ist umgekehrt immer auch nützlich
und auch gut, so wie das Nützliche sowohl angenehm als auch gut ist.

Die Abstraktion des einen Liebenswerten in seine verschiedenen Attribute kann aber auch als konkrete Unterscheidung verstanden werden:
Die Mehrzahl der Menschen versteht nach Buridan unter dem *honestum*
lediglich die einzelnen *virtutes* (z. B. Tapferkeit), Lust nennt sie die sinnlich
erfahrbare Lust, und als nützlich erscheint ihr vor allem das Geld; hieraus
ergibt sich dann die allgemeine Einteilung von Freundschaft in drei verschiedene Freundschaftstypen:

> „Sed tamen, sicut dictum fuit in secundo libro quaestione undecima,
> bonum seu eligibile et per consequens amabile divisione vulgari
> dividitur in honestum, delectabile et utile tanquam in tria bona
> diversa, quia vulgus honestum vocat virtutes et opera virtutum et
> honores, prout impenduntur in signum virtutis. Delectabile autem

---

97 Ebd.

> vocat id solum, quod est sensualiter delectabile, sicut sunt cibi et potus et venerei actus et ludi; et talia utile autem vocat pecunias et alia exteriora bona, quae non secundum se delectant sensum, sed quia valent ad ea adipiscenda, quae secundum se delectant. Et isto modo etiam amicitia non simpliciter et secundum rei veritatem, sed secundum vulgarem acceptionem plus intendentem ad vulgarem acceptionem quam ad rationem dividitur in dictas tres amicitias tanquam realiter diversas.[98]

Dass die Unterteilung in drei Freundschaftsarten gerechtfertigt ist, begründet Buridan im Einzelnen durch drei Argumente: Erstens ist *amicitia* zwingend an das Liebenswerte gebunden, liebenswert ist stets ein Gutes oder scheinbar Gutes, und gut oder scheinbar gut ist etwas aufgrund einer der drei Ursachen; alle aus diesen Ursachen hervorgehenden Verhältnisse werden gemäß des allgemeinen Sprachgebrauchs *amicitiae* genannt.[99] Das zweite Argument[100] zeigt, dass die Unterscheidung in verschiedene *amicitiae* gerechtfertigt ist, insofern Lust- und Nutzenfreundschaften keine *amicitiae simpliciter* sind. Bereits zu Beginn hat Buridan betont, dass die drei Momente *honestum*, *delectatio* und *utilitas* in der *amicitia simpliciter* stets gemeinsam auftreten; dabei ist das *honestum* das primär Liebenswerte und wird daher auch eigentlich intendiert, wohingegen das Nützliche oder Lustvolle nur mitfolgend intendiert werden. Hier zeigt sich nun, dass dieser Vorrang des *honestum* zwingend ist: *Simpliciter amabilis* und damit Objekt einer *amicitia simpliciter* ist nur, was ein *bonum simpliciter* ist oder auf ein solches hingeordnet. Allein das *honestum* wird als ein solches *bonum simpliciter* verstanden, da es um seiner selbst willen liebenswert ist, während Lust oder Nutzen stets um des *honestum* willen geliebt werden, also auf dieses hinzuordnen sind, wie es das Beispiel der *viri studiosi* zeigt.[101] Hingegen sind Verhältnisse, die primär nicht ein *honestum*, sondern Lust oder Nutzen als Liebenswertes intendieren, ohne auf das *honestum* hingeordnet zu sein, keine *amicitiae simpliciter*, sondern bloß freundschaftsähnliche Beziehungen, die eben allgemein als Freundschaft bezeichnet werden, weil auch hier

---

[98] Quaest. in libr. eth., Fol 171vb / 172ra.

[99] Quaest. in libr. eth., Fol 172ra.

[100] Ebd.: „[…] amicitia propter delectabile et amicitia propter utile non sunt simpliciter et secundum veritatem dicendae amicitiae, quod probatur primo, quia amicitia simpliciter non est nisi amabilis simpliciter, sed delectabilia et utilia sensualia, de quibus nunc loquimur, non sunt simpliciter amabilia nisi hoc sit honesti gratia, scilicet prout ordinantur in aliquid honestum gratia etc; maior videtur nota de se, minor probatur, quia nihil videtur amabile simpliciter nisi bonum simpliciter, talia autem non sunt bona simpliciter nisi, ut ordinantur in opus honestum […].“

[101] Ebd.: „Hoc enim simpliciter et vere est amabile, quod viri studiosi amant, viri autem studiosi amant cibos et potus, pecunias et honores; […] ipsa autem a studiosis non amantur sui gratia, sed ut ordinantur ad honestum; gratia simpliciter et vere loquendo ipsa sic et non aliter dicenda sunt amabilia.“

das zentrale Merkmal des gegenseitigen Wohlwollens vorliegt und weil sie, wie die eigentliche Freundschaft, auch Lust bzw. Nutzen enthalten. Lust und Nutzen sind aber hier keine Begleiterscheinungen, sie stellen vielmehr die entscheidenden Ursachen der Liebe dar. In dieser Hinsicht ist also die Unterscheidung in drei Freundschaftsarten gerechtfertigt.

III.2.3 Freiheit oder die moralische Person als Prinzip der Freundschaft

Die *amicitia simpliciter* als jene Freundschaft, die das *honestum* intendiert, unterscheidet sich von der Lustfreundschaft und von der Nutzenfreundschaft in ihrer Intention; in letzteren besteht die Absicht der Freunde primär in ebendiesen Wirkungen (der Lust bzw. des Nutzens) auf den Freund und durch den Freund, daher werden dort gar nicht die Personen selbst, sondern eigentlich bloß die auf sie wirkenden Eigenschaften (angenehm sein, nützlich sein) geliebt.[102] Nun stellt Buridan die Frage, ob nicht auch in der *amicitia propter honestum* nicht die Person selbst, sondern eben ihre *virtus* geliebt wird, d. h. ob Tugenden nicht Eigenschaften wie ‚angenehm sein' oder ‚nützlich sein' sind, sodass die *amicitia propter honestum* gar keine substantiell andere Freundschaft wäre.[103] In der Antwort wird das Verhältnis zwischen einer Person und ihrer Tugend deutlich und die besondere Bedeutung der letzteren als Ursache der *amicitia simpliciter* begründet:

> „[…] ad hoc dicendum est, quod virtutes dicuntur homini habenti eas inesse secundum seipsum pro tanto, quia **in hominis potestate est fieri virtuosum et manere virtuosum** sic, quod ab eo virtus aufferri non potest ipso i[n]vito. Sic autem non convenit homini secundum seipsum, quod sit alteri utilis vel delectabilis. Non enim est in potestate sua, quod sit iuvenis et pulcher, nec est in potestate sua, quod sit dives aut potens alterius negotia procurare; immo nec vita alterius est in sua potestate, quae remota nec amplius erit sibi utilis nec delectabilis. Patet ergo, quod amicitia propter utile vel delectabile non est secundum se ad personam amatam, immo per accidens pure; sed **amicitia propter honestum est ad personam secundum seipsam**, quia eius gratia, quod convenit homini secundum seipsum."[104]

---

[102] Quaest. in libr. eth., Fol 172ra / rb: „[…] obiectum per se non est persona amata, sed sunt utilitas et delectatio, quas impendit amanti ad eas, autem non est simpliciter et vere dicta amicitia, quia ipsa non est ad inanimata neque ad ea, quae non readamant."

[103] Quaest. in libr. eth., Fol 172rb: „Sed dices, quod ita argueretur de amicitia propter honestum, obiectum enim per se talis amicitiae non est persona amata, sed eius virtutes, quae nec sunt animatae nec readamant, gratiae concluderetur, quod illa non esset vere dicta amicitia, quod est falsum."

[104] Ebd.

Die Tugend eines Menschen ist diesem immer an sich selbst zuzuschreiben, denn es liegt allein in seiner Entscheidung, gut zu sein, seine moralische Einstellung kann ihm nicht gegen seinen Willen genommen werden. Dagegen liegt es nicht in der Macht eines Menschen, für einen anderen angenehm oder nützlich zu sein (sowenig, wie er sein Aussehen oder seine Jugend beeinflussen kann), genauso wenig kann er die Nützlichkeit oder Annehmlichkeit anderer Menschen willkürlich hervorrufen. Daher ist die auf dem Nutzen oder auf der Lust beruhende Freundschaft nicht Freundschaft zur Person an sich, sondern *per accidens pure*, hingegen gilt die Freundschaft um des Guten selbst willen diesem Menschen selbst. Aus diesem Grund ist gerade nicht die Tugend oder die einzelne tugendhafte Handlung der Grund der Liebe:

> „[...] potest dici, quod primum honestum non est virtus nec opus virtutis, **immo ipsa persona**, quod sic videri potest: homo potestatem habet operandi bene et operandi male et per seipsum ratione libertatis proprie determinat se ad bene vel male, **ex ipsa autem determinatione ad opus bonum homo dicitur bonus et honestus**, [...] opus non prius dicitur honestum quam homo, sed homo potius et prius naturaliter, inquamtum est causa libere opus eliciens, propter quod **amicitia propter honestum est per se et primomodo ad personam et ad alia ipsius gratia**.“[105]

Das *primum honestum*, das um seiner selbst willen Gute, ist nicht die einzelne Tugend (*virtus*) oder ihr Werk, sondern die Person selbst, denn sie selbst hat die Befähigung, gut oder schlecht zu handeln, sie bestimmt sich selbst aus Freiheit zu diesem oder jenem Handeln; aufgrund dieser Selbstbestimmung zum Guten, also seiner Freiheit oder Moralität, wird der Mensch allererst gut genannt. Das Handeln und die Güte gehen nicht dem Menschen voraus, sondern umgekehrt ist es der Mensch, der in freier Ursache das Handeln wählt und Güte allererst verursacht. Daher gilt die *amicitia* als die durch das Gute um seiner selbst willen bestehende Freundschaft der Person selbst in ihrem Personsein, d. h. in ihrem Freisein bzw. Moralischsein. Buridan betont also, dass die Person Ursprung des Guten und deshalb liebenswert ist: nicht einzelne erworbene moralische Qualitäten, also Tugend*en*, (das Gutsein als Habitus) machen den Grund der Freundschaft aus, sondern die die Person als solche auszeichnende Befähigung zum Guten, also ihre Freiheit, ihre Moralität. Bei Aristoteles heißt es, der Freund werde geliebt, „weil er ist, der er ist“[106], und dies, was er ist, ist im Wesentlichen seine Vernunftnatur. Für Aristoteles zeigt sich der Tugendhafte in der Verwirklichung eines Gutes, bei Buridan hingegen zeichnet sich der gute Mensch primär durch seine Befähigung zum Guten aus, die

---

[105] Ebd.
[106] EN 1156 a17f.

der Mensch als solcher immer schon hat.[107] Realisiert wird diese Befähigung dann allein in der freiwilligen, vernünftigen Selbstbestimmung zum Guten, sie ist daher unauflösbar mit der Person verknüpft, deren Wille hier tätig ist. Das Gute ist deshalb nicht irgendein Werk, ein Ergebnis außerhalb des Handelnden, sondern die Person selbst in ihrer Freiheit. Die Anerkennung der Tugend des anderen in der Freundschaft ist daher eigentlich die Anerkennung der Person selbst, insofern sie selbst in ihrer Freiheit oder Befähigung zum Guten, d. i. in ihrer Moralität anerkannt wird. Damit aber wird Freundschaft zur Tugend schlechthin, weil sie das Gute schlechthin betrifft, das in der Person selbst besteht. Die Wahl des Freundes gründet daher nach Buridan in der Freiheit um der Freiheit willen. Insofern ist sie kontingent, d. h. nicht notwendig.

Die *amicitia propter honestum*, die Freundschaft im eigentlichen Sinne ist (*amicitia simpliciter*), ist die vollkommene Freundschaft, weil die geliebte Person uneingeschränkt liebenswert, also gut, ist.[108] Buridans Antwort hinsichtlich der Frage nach der Unterscheidbarkeit der *amicitia* differenziert damit zwischen engem und allgemeinem Begriffsverständnis:[109] streng genommen gibt es nur die eine *amicitia simpliciter*, die *propter honestum* ist und die Nutzen und Lust in sich integriert. Der allgemeine Wortgebrauch bezeichnet aber auch jene Verhältnisse als *amicitiae*, die es eigentlich nur *secundum quid* sind. Diese Bezeichnung hat ihre Berechtigung, da die *amicitiae secundum quid* der *amicitia simpliciter* aufgrund von anderen Übereinstimmungen ähnlich sind (insbesondere hinsichtlich des wechselseitigen Wohlwollens).

III.2.4 *Benevolentia* und *beneficentia*: Freundschaft als Einheit von Wollen und Tun

Das Zielgut der *amicitia propter honestum* bestimmt Buridan als die Person des Freundes um ihrer selbst willen. Worin drückt sich diese Freundschaft nun aus? Es mag vermutet werden, dass der unmittelbare Bezug auf den Freund selbst zu einer übermäßigen Liebe der Freunde führt. In der Tat realisiert sich der Bezug auf den Freund im Sinne eines Höchstmaßes, doch

---

[107] Vgl. Kap. III.3.1: *Amicitia perfecta*: Freundschaft als Norm.

[108] Quaest. in libr. eth., Fol 172vb: „Et ex his inferendum est ultimo, quod amicitia propter honestum est amicitia perfecta et maxima, quia illa amicitia est perfecta et maxima, quae est boni et amabilis secundum omnem rationem bonitatis et amabilitatis. Sic autem est de amicitia propter honestum, quae est inter bonos; probatio, quia nihil potest habere rationem amabilis nisi quia est bonum simpliciter vel bonum amanti et iterum nisi quia honestum vel utile vel delectabile. Sed haec omnia reperiuntur in amicitia propter honestum […].“

[109] Ebd.

dieses besteht gerade nicht in einem Überfluss an Liebe, sondern in einem vorzüglichen vernunftgemäßen Akt:

> „[...] secundum veritatem amicitia perfecta consistit in multiplici superabundantia, non prout significat plus, quam oportet, sed prout significat summum, quod ab alio non exceditur. Oportet enim amicum amico esse **summe benevolum**, quantum est possibile alterum alteri esse benevolum et **summe beneficium** et summe delectabilem et utilem, dico non ad exteriores pecunias cumulandas, sed opera virtutum exercenda et cum delectatione continuanda et multiplicanda. Haec enim superabundantia non est a virtute aliena, cum sit consona recte rationi."[110]

Die *amicitia perfecta* vollzieht sich nicht im Überfluss als einem ‚mehr als gebührend', sondern hinsichtlich des Höchsten, das man in der Freundschaft geben kann: in höchstem Maße dem Freund wohlwollend (*benevolum*) und mit gutem Tun (*beneficium*) zu begegnen, ihm angenehm und nützlich zu sein, so gut es nur geht, gute Werke auszuüben, und dies alles stets an der *recta ratio* orientiert. Diese Freundschaft realisiert das höchste Gute als ein um seiner selbst willen Gutes, das zum partikularen Guten gerade nicht im Verhältnis des Überflusses, sondern im Verhältnis der Vollkommenheit steht. In Bezug auf jenes Verständnis von Freundschaft, das diese in den *passiones* begründet, gilt daher, dass es mit der *perfecta amicitia* nicht übereinstimmen kann. Ein Freundschaftsverständnis, dem gemäß die *passiones* der Leitung der *ratio* durch die *virtus modificativa* unterstehen, ist dagegen vereinbar mit dem geforderten tugendhaften Handeln in der *amicitia perfecta*.[111] Wird Freundschaft aber als Willensakt (*actus voluntatis*) verstanden, der der Vernunft folgt, stimmt sie in höchstem Maße mit den von Aristoteles intendierten Anforderungen an eine *amicitia virtuosa* überein, als ausschließlich vernunftbestimmtes Wollen wird Freundschaft hier in moralischer Weise realisiert.[112]

Die Begriffe *benevolentia* und *beneficentia* bestimmen den Wesenskern dessen, was *amicitia* ausmacht, worin sie besteht. Sie leiten sich vom Adverb *bene* ab und nicht vom Nomen *bonum*, und so wie sich *benevelle* von *bonum velle* unterscheidet und *benefacere* von *bonum facere*, so sind auch *benevolentia* und *bonivolentia* sowie *beneficentia* und *bonificentia* zu unterscheiden: *bonivolentia* und *bonificentia* können durchaus dem Urteil der

---

[110] Quaest. in libr. eth., Fol 177rb / va.

[111] Quaest. in libr. eth., Fol 177va: „Scias tamen, quod, ut credo, amatio, si accipiatur pro passione appetitus sensitivi, non habet in sua excellentia locum in amicitia virtuosa. [...] Haec tamen passiones habent locum in operibus virtuosis, prout modificatae sunt ratione aliquando intensiores, aliquando remissiones secundum exigentiam circumstantiarum et operis, sicut de ita dictum fuit in tertio libro et in quarto."

[112] Quaest. in libr. eth., Fol 172va.

recta ratio oder auch den guten Sitten widersprechen, *benevolentia* und *beneficentia* jedoch niemals.[113] Zweitens können *benevolentia* und *beneficentia* als *actus* verstanden werden, durch die wir jemandem *formaliter* Gutes wollen oder Gutes tun, oder sie können als *habitus* verstanden werden, durch die wir dazu bestimmt sind, geneigt zu sein, jemandem Gutes zu wollen oder Gutes zu tun.[114] Versteht man *benevolentia* und *beneficentia* nun als Akte, so sind sie eindeutig keine Tugenden, denn Tugenden sind dauerhafte Gesinnungen (*habitus permansivi*), außerdem müssen diese Akte nicht notwendigerweise wie andere Tugenden sein, weil der Wille aufgrund seiner Freiheit auch dann, wenn er „in Schlechtes verstrickt" ist, gut wollen und gut handeln kann, auch wenn dies schwierig ist und selten vorkommt.[115] Allerdings gehen diese Akte niemals aus Boshaftigkeit hervor: sowie dem Menschen aufgrund von Tugend nichts anderes als *benevelle* und *benefacere* möglich ist, so ist ihm aufgrund von Boshaftigkeit lediglich schlechtes Wollen und Tun möglich; wenn daher der Schlechte etwas Gutes will und tut, dann geschieht dies nicht aufgrund seiner Boshaftigkeit, sondern allein seinem Willen gemäß aufgrund seiner Freiheit.[116] Wenn nun *benevolentia* und *beneficentia* allgemein als *habitus* im Willen des Menschen begriffen werden, ist erstens festzustellen, dass ein solcher *habitus* nicht in schlechten Menschen zu finden wäre, da er durch eine Vielzahl entsprechender Werke entstanden sein müsste, was ja auf schlechte Menschen nicht zutrifft.[117] Zweitens wären dann zweifellos alle *virtutes morales* als *benevolentia* und *be-*

---

[113] Quaest. in libr. eth., Fol 196va / b: „Primo dicendum est, quod benevolentia et beneficentia derivantur ab hoc adverbio bene, non ab hoc nomine bonum; si enim derivaretur ab hoc nomine bonum, deberent dici bonivolentia et bonificentia. Unde dicendum est, quod sicut differunt benevelle et bonum velle, vel etiam bonum facere et benefacere, sic differunt benevolentia et bonivolentia, vel etiam bonificentia et beneficentia. […] licet bonivolentia et bonificentia possit esse contra rectum iudicium rationis et contra bonos mores, tamen benevolentia et beneficentia nequequam."

[114] Quaest. in libr. eth., Fol 196vb: „Secundo sciendum est, quod tamen benevolentia [et] beneficentia possunt capi pro actibus, quibus formaliter alicui benevolumus vel benefacimus, vel possunt capi pro habitibus, quibus determinante inclinamur ad benevolendum alicui vel benefaciendum."

[115] Ebd.: „Si gratia capiantur pro dictis actibus, indubitanter concedendum est, quod non sunt virtutes, quia virtutes sunt habitus permansivi, illi autem non sunt habitus et cito protranseunt. Dicendum est etiam, quod nec est necesse illos actus esse secundum aliquas virtutes, **quia voluntas propter eius libertatem etiam irretita malitiis potest benevelle et beneagere,** licet hoc sit difficile et raro contingat."

[116] Ebd.: „Sed tamen dicendum est, quod illi actus nunquam procedunt ex malitia. Sicut enim secundum virtutem non est possibile nisi benevelle et benefacere, sic secundum malitiam non potest quis nisi malevelle et male facere, si gratia malus benevelit vel benefacit, hoc non est secundum malitiam, sed secundum simplicem voluntatem ratione suae libertatis."

[117] Ebd.

neficentia zu bezeichnen, weil jede Tugend in Bezug auf ihren eigenen Gegenstand zu *benevolentia*, richtigem Wählen und richtigem Handeln neigt.[118] Indes, so betont Buridan, sind *benevolentia* und *beneficentia* eigentlich beschränkt auf jene Akte und Gesinnungen, durch die Menschen sich auf eine andere Person um ihrer selbst willen beziehen:

> „Sed sciendum est, quod benevolentia et beneficentia, quando proprie sumuntur, **restringuntur ad illos actus vel habitus, qui sunt ad personam aliquam ipsius gratia**, ita quod non a quocumque benevelle dicatur benevolentia, sed solum a benevelle alteri personae ipsius gratia, nec a quibuscumque benefacere dicatur beneficentia, sed solum ad benefacere alteri personae ipsius gratia."[119]

Es kann daher nicht jegliches beliebige Wohlwollen als *benevolentia* bezeichnet werden, sondern nur dasjenige, dass sich auf eine Person um ihrer selbst willen richtet, und gleiches gilt für die *beneficentia*; dann aber beschränken sich *benevolentia* und *beneficentia* auf den Gegenstand der *amicitia*.[120] Wenn also *benevolentia* und *beneficentia* eigentlich als *habitus* zu verstehen sind und Freundschaft im eigentlichen Sinne als *habitus*, der einen *actus* fordert, verstanden wird, dann ist jede *amicitia benevolentia* und *beneficentia*, nicht aber umgekehrt.[121] Als Tugenden vermitteln *benevolentia* und *beneficentia* zwischen schlechtem Extrem und tadelnswertem Mangel gemäß der *recta rationis*.[122]

An den vorangegangenen Überlegungen wird deutlich, worin die *amicitia* in ihrem Kern besteht: in der Freundschaft im eigentlichen Sinne (*amicitia simpliciter*) anerkennen die Freunde sich gegenseitig in ihrer Freiheit (oder Moralität) als der Befähigung zum Guten und damit in ihrem Personsein, deshalb beziehen sich die Freunde aufeinander um ihrer selbst willen. Die gegenseitige Anerkennung der Freunde realisiert sich in *benevolentia* und *beneficentia*, die Liebe der *amicitia simpliciter* vollzieht sich damit

---

[118] Ebd.

[119] Ebd.

[120] Ebd.: „Et tunc benevolentia et beneficentia restringuntur ad materiam, circa quam versatur virtus amicitiae […]."

[121] Quaest. in libr. eth., Fol 196vb / 197ra: „Si gratia benevolentia et beneficentia sic proprie capiantur et pro habitibus et amicitia proprissime accepta ponatur supponere pro habitu appellando actum, modo qui determinatum fuit in secunda questionae octavi, dicendum est, quod omnis amicitia est benevolentia et beneficentia, sed non convertitur."

[122] Ebd.: „Tamen ego opinor, quod benevolentia proprie dicta sit virtus, si capiatur pro habitu firmo, et consimiliter intelligo de beneficentia, quia omnis habitus firmus inclinans ad medium rationis inter excessum pravum et defectum vituperabilem est virtus, ut apparunt in secundo libro. Sed benevolentia et beneficentia es[se]t talis habitus, quod probatur, quia benevelle et benefacere est secundum rectam rationem et universaliter omne bene, licet non sit ita de bonum velle vel facere."

vernunftgemäß. Gleichwohl ist es vereinbar mit dem so verstandenen Begriff der *amicitia*, dass die Freunde einander auch mit herzlicher Zuneigung verbunden sind, sofern diese sich stets an der *recta ratio* orientiert. Entscheidend ist, dass die *passio* das Verhältnis der Freunde nicht eigentlich begründet und die liebevolle Zuneigung der Freunde durch ihre gegenseitige Anerkennung der Freiheit des Anderen bestimmt ist.

III.3 Freundschaft als Verhältnis zwischen Gleichen

Die Ausdifferenzierung des *amicitia*-Begriffes bei Buridan vor dem Hintergrund der aristotelischen Definition hatte zunächst die Herausarbeitung des Wesenskerns der Freundschaft zum Ziel, der in der Anerkennung der Freiheit des Freundes besteht. Ihren wesentlichen Ausdruck findet Freundschaft in der *benevolentia* und *beneficentia*. Im folgenden Kapitel wird nun deutlich, dass bei Buridan der Gesichtspunkt der Wechselseitigkeit (oder Gegenseitigkeit) für den *amicitia*-Begriff von besonderer Bedeutung ist. Freundschaft vollzieht sich stets in einer zweifachen Wechselseitigkeit, die ihrerseits auf den Gesichtspunkt der Gleichheit (oder Ähnlichkeit) verweist: Die Freunde sollen einander nicht bloß im Inneren gleich sein in ihrer Freiheit als Befähigung zum Guten, in ihrer Moralität, darüber hinaus sollen sie sich auch auf der äußeren Ebene, in der Betätigung der Freundschaft, gleich sein. In der Auseinandersetzung mit den *quaestiones* zu Buch VIII lässt sich diese zweifache Gleichheit bzw. Wechselseitigkeit als Anforderung der Freundschaft in prägnanter Weise ablesen. Aus dieser Anforderung der Gleichheit ergibt sich schließlich eine Herausforderung für die Gestaltung der Freundschaft, die, wie sich zeigen wird, stets unter der Bedingung einer mehr oder minder großen Ungleichheit steht.

III.3.1 *Amicitia perfecta*: Freundschaft als Norm

Die Freundschaft im eigentlichen Sinne, *amicitia propter honestum*, die um des Guten willen ent- und besteht, bezieht sich nach Buridan auf den Freund als *homo honestus* und damit auf seine Person um ihrer selbst willen.[123] Jeder Mensch kann sich kraft seiner Freiheit zum Guten bestimmen und ist insofern von Natur aus immer schon moralisch. Entscheidendes Merkmal des *homo honestus* ist die Realisierung dieser Freiheit: mit der freien Selbstbestimmung zum Wollen des Guten und zum guten Handeln nimmt er eine seiner Freiheit angemessene Haltung sich selbst und anderen Menschen gegenüber ein. In der Anerkennung der eigenen Freiheit und der Freiheit des Freundes erweist er sich als guter Mensch, diese Anerkennung

---

[123] Quaest. in libr. eth., Fol 173va: „[...] amicitia propter honestum est ad hominem honestum ipsius gratia, hoc oportet supponere ex significatione terminorum. Sed honestus homo nullus est nec honesti, quicquam habet, nisi virtuosus et vere bonus."

ist ein innerer Akt, durch die er unabhängig vom Ergebnis seiner Handlungen gut genannt wird. Aufgrund seines so bestimmten Gutseins kann er dann nur den guten Freund lieben und von diesem wiedergeliebt werden, weil nur unter Guten eine Übereinstimmung im Willen erzielt werden kann.[124] Die Gleichheit der Freunde beschränkt sich aber nicht auf ihre Güte im Sinne ihrer gegenseitigen Anerkennung der Freiheit, die *amicitia propter honestum* erfordert vielmehr eine Wechselseitigkeit der Freunde in jenen Hinsichten, die eine Freundschaft ausmachen: dass Freunde einander um ihrer selbst willen wohlwollen und wohltun, sich aneinander freuen, sich einander in ihrem Willen hingeben:

> „[...] amicorum proprium est sibi invicem benevelle et benefacere et invicem delectari et gaudere se, sibi invicem perfecte condonare voluntates, invicem transformare et unire ita, quod amicus fiat *alter ipse*, sicut dicit Aristoteles. Haec autem amicis propter utile vel delectabile dictis vulgariter non conveniunt nisi forte per accidens et secundum apparentem similitudinem, nam alteri benevelle proprie est sibi velle bonum virtutis; hoc autem tales amici non intendunt [...].“[125]

In der *amicitia perfecta* gleichen sich die Freunde in ihrer Gesinnung, sie sind ähnlich in Bezug auf ihre Sitten, sie streben stets nach der Auffindung des durch die *recta ratio* bestimmten Maßes, sie wollen immer das *honestum*, kurz: sie sind schlechthin gut und lieben die Güte aneinander,[126] und diese Übereinstimmung der Freunde führt schließlich dazu, dass der eine den anderen als sein *alter ipse* erkennt. Die so verstandene wechselseitige Tugend der Freunde im Sinne ihrer moralischen Einstellung ist nicht nur das eigentliche Ziel der Freundschaft, sie ist ebenso dasjenige Gut, das allein

---

[124] Ebd.: „Amicitia secundum propriam nominis significationem exigit readamationem, virtuosus autem numquam readamaret perfecte nisi eum, quem sciret esse virtuosum, propter hoc quod oportet uniri voluntates amicorum. Et confirmatur, quoniam pravus numquam posset perfecte amare virtuosum ipsius gratia, cum perfecte amantis sit se condonare amico sive transformari in ipsum, ut omnia velit, quae scit amicum velle, pravus autem non omnia vellet, quae sciret velle virtuosum, sed opposita.“

[125] Quaest. in libr. eth., Fol 173vb.

[126] Quaest. in libr. eth., Fol 174rb: „Dico breviter, quod veram amicitiam necesse est fundari super similitudinem, quod probatur, quia veram amicitiam impossibile est esse nisi inter vere bonos, ut dictum est in alia quaestione. Sed vere boni sunt similes, si non secundum corpus aut secundum exteriora bona, tamen secundum animam, quia sunt ambo prudentes et per consequens singulis virtutibus moralibus habituati et per consequens morum similium. Non enim unus deficit et alter excedit sicut est de vitiosis, sed omnes ad medium recta ratione inventum reducti sunt et omnes sunt consimilium voluntatum, quia omne quod est turpe, fugiunt et aspernantur et omne, quod est honestum, volunt et amplexantur. [...]. **Virtuosi, sicut dictum fuit, sunt simpliciter boni et ad invicem boni** et sunt simpliciter delectabiles et ad invicem delectabiles, ergo valde similes et virtuosi sunt perfecti.“

Grund für die Freundschaft ist und sein kann, wenn es ihr um den Freund um seiner selbst willen geht.

Freundschaft als *amicitia perfecta* steht also wesentlich unter der Voraussetzung der Gleichheit der Freunde: Beide Personen sind in einer *amicitia perfecta* gleichermaßen gut, sie lieben einander gegenseitig in ihrer Güte, sie leben zusammen und gewähren sich gegenseitig Gutes. Die Zuneigung, die die Freunde füreinander empfinden, wird stets von der Vernunft geleitet. Das hier skizzierte Freundschaftsverhältnis stellt eine Norm im Sinne eines Anspruchs dar, der sich in der Freundschaft immer schon stellt. Es ist daher die Frage, *wie* Freunde diesem Anspruch der Wechselseitigkeit im Sinne der Gleichheit in der tatsächlichen Praxis gerecht werden können, denn insofern die Freundschaft hier normativen Charakter gewinnt, richtet sich der Blick auf die Bedingungen, unter denen ein Freundschaftsverhältnis realisiert werden soll. Im Folgenden ist daher zu zeigen, wie die Voraussetzung der Gleichheit, die als solche nicht erst hergestellt werden kann, sondern immer schon erfüllt sein muss, unter sozialen und naturalen Bedingungen umgesetzt wird. Diese beiden Gesichtspunkte werden in der Frage nach der Möglichkeit zwischenmenschlicher Beziehungen relevant, weil sie die Grundstruktur jedes zwischenmenschlichen Verhältnisses bilden.

Es hat sich bereits gezeigt, dass der inneren Seite der Freundschaft als wechselseitiger willentlicher Hingabe und Anerkennung der Freiheit des anderen eine äußere Seite entspricht: Freundschaft vollzieht sich in der Praxis in Form des Zusammenlebens (*convictum*) und in der Gewährung von Gutem (*communicatio bonorum*).[127] Wenn Buridan nun in *l.* VIII, *q.* 3 die Frage nach der Eigenheit der *virtus ,amicitia'* stellt, spricht er die Möglichkeit der Freundschaft überhaupt an. Die herausragende Bedeutung der *virtus ,amicitia'* im Vergleich zu anderen *virtutes* besteht in ihrem Objekt, denn in der *amicitia* bezieht sich der Liebende auf seinen Freund *„ipsius gratia"*[128] und damit auf das Gute schlechthin. Dieser Bezug hat aber eine Einschränkung hinsichtlich der praktischen Seite der Wechselseitigkeit, also ihrer grundsätzlichen Realisierbarkeit, zur Folge. Es gibt offenbar eine Vielzahl ganz unterschiedlicher Beziehungen zwischen zwei Personen, die zugleich alle als *amicitiae* bezeichnet werden können. Der Begriff bezeichnet dann nicht nur die innige Beziehung zu einer Person, er kann auch eine

---

[127] Quaest. in libr. eth., Fol 175rb: „Ob hoc enim amicus dicitur alter ipse, connotat etiam ipsorum frequentem et uniformem convictum et integram bonorum suorum communicationem."

[128] Quaest. in libr. eth., Fol 170vb: „Sed si amor accipiatur specialiter pro affectione non ad pecunias, non ad honores, non ad delectationes, non ad alia quaecumque sub illa ratione, sub qua redundant in nos vel in nostros, sed pro affectione ad alium vel ad alios ipsius vel ipsorum gratia, tunc erit passio specialis, circa quam proprie est virtus amicitiae, de qua tractatur in isto octavo principaliter […]."

allgemeine Haltung des Wohlwollens gegenüber anderen Menschen ausdrücken, die sich auf eine Vielzahl von Personen bezieht und mit nur wenig
passio verbunden ist.[129] Zwar ist diesen Verhältnissen der Bezug auf eine
Person *ipsius gratia* gemeinsam, sie sind daher *secundum substantiam* gleich,
aber sie unterscheiden sich hinsichtlich des Grades der Affektion und hinsichtlich ihrer Praxis. Der Unterschied zwischen allgemeinem Wohlwollen
und inniger Freundschaft wird daher offenbar von kontingenten äußeren
Bedingungen beeinflusst.[130] Hier deutet sich bereits an, dass das Zustandekommen von Freundschaftsverhältnissen durch äußere Umstände mitbe-
dingt wird. Dass die äußeren Bedingungen, unter denen das Verhältnis
steht, kontingent sind, bedeutet indes keineswegs, dass die Wahl des Freundes zufällig wäre und sich nur durch diese äußeren Umstände begründen
würde. Warum eine Person zum Freund wird, lässt sich vielmehr allein aus
dem Prinzip der Freundschaft selbst erklären, doch die Normativität der
Freundschaft als Anerkennungsverhältnis macht eine Analyse jener äußeren Bedingungen, unter denen dieses Verhältnis steht, erforderlich.

Im Ergebnis zeigen die vorangegangenen Überlegungen zunächst,
dass Freundschaft unter der doppelten Voraussetzung der Wechselseitigkeit im Inneren (durch Anerkennung der Freiheit) und im Äußeren (durch
convictum und *communicatio bonorum*) steht; zweitens ist klar geworden,
dass beide Hinsichten Gleichheit erfordern; schließlich hat sich drittens gezeigt, dass die Freundschaft äußeren Bedingungen als einem Rahmen unterliegt. Einen Hinweis auf deren Bedeutung gibt Buridan auch mit der
Frage, ob oder wodurch das Bestehen einer Freundschaft bedroht werden

---

[129] Quaest. in libr. eth., Fol 170vb / 171ra: „talis autem affectio, prout est communiter
ad omnes, est multum levis et remissa, propter quod ipsa proprie non dicitur amor
vel amatio, ideo neque secundum eam, ut sic est habitus, qui proprie vocatur amicitia.
Sed illa affectio crementum potest accipere vel propter connutritionem, vel propter
consanguinitatem, vel propter expertam bonitatem et apparentem reamationem aut
aliquid huiusmodi, ut ipsa iam debeat vocari amor vel amatio et quod habitus circa
eam proprio nomine vocetur amicitia. His autem concessis haberemus intentum,
quoniam intensio vel remissio passionis et operationum, circa quas est virtus, ad quos
oportet et quando et quoniam non diversificat substantiam virtutis. […] virtus, quae
est circa affectionem levem, quam habemus ad omnes (de qua dictum est in quarto
libro) et virtus circa affectionem fortiorem, quam habemus ad parentes vel ad conu-
tritos aut illos, quos experti sumus esse bonos, quae ut sic vocatur amicitia, de qua
hic tractatur, non sunt diversae virtutes secundum substantiam."

[130] Quaest. in libr. eth., Fol 171ra: „Ex his autem manifestum est, quod illa levis affectio,
secundum quam inclinamur ad delectandum conviventes etiam extraneos vel igno-
tos, et illa magna et fortis affectio, quae iam vocari debet amor, secundum quam dicitur amicitia, non differunt secundum speciem, sed secundum intensius et remissius
et secundum accidentales et extrinsequas differentias, secundum quod illa affectio
magis aut minus intenditur aut remittitur quo concesso: redit idem propositum sicut
prius."

kann.[131] In einem ersten Schritt verweist Buridan auf die Stabilität des Verhältnisses aufgrund seiner Fundierung in der Tugend der Freundschaft als *habitus*, der selbst stabil ist. Allerdings erweist sich die Freundschaft nicht als schlechthin unerschütterlich, denn durch eine Veränderung der äußeren Umstände kann das Verhältnis ernsthaft bedroht werden, und hier nennt Buridan an erster Stelle die *sublimitas* einer der Freunde. Demnach stellt die Realisierung der *amicitia* vor dem Hintergrund der äußeren Bedingungen, unter denen Freunde stehen, potentiell eine Herausforderung dar. Im Folgenden wird die Frage nach der Gestaltbarkeit der Freundschaft im Hinblick auf die *Ungleichheit* erörtert, die zwischen den Freunden aufgrund dieser Bedingungen besteht.

III.3.2 Die Bedingtheit der Freundschaft: Freundschaft unter Ungleichen

Buridan nimmt gleich in mehreren *quaestiones* Beziehungen in den Blick, die sich durch eine Ungleichheit der aufeinander bezogenen Personen auszeichnen. Die ausführliche Diskussion über Freundschaft als ein Verhältnis zwischen Ungleichen ergibt sich aus der Bedeutung, die bei Buridan dem Gesichtspunkt der Gleichheit zukommt: der wechselseitigen inneren Anerkennung der Freiheit der Freunde entspricht eine äußere Freundschaftspraxis, beide Aspekte bilden gemeinsam den Kern dessen, was Freundschaft bedeutet und worin sie besteht. Die Freundschaft unter Ungleichen ist aber nicht ein Ausnahmefall, der sich vom Normalfall der Freundschaft unter Gleichen absetzen würde, es verhält sich genau umgekehrt: die Freunde sind sich letztlich immer *nur* in ihrer Freiheit (also im Inneren) gleich, während sie im komplexen Gefüge, das die äußeren Umstände bildet, stets voneinander unterschieden, also ungleich, sind. Die Frage ist dann, wie weit diese Ungleichheit als Grundbedingung, unter der Freundschaft steht, gehen darf und wie zwischen Ungleichen die Freundschaft, die doch nach Gleichheit verlangt, gestaltet werden kann.

Buridan spricht in den Texten von *dominus* und *servus* oder von *rex* und *populus*, seine Überlegungen lassen sich aber auf jede Beziehung unter Ungleichen übertragen. Mit der Diskussion um das Verhältnis zwischen Eltern und Kindern wird deutlich, dass Ungleichheit strukturell auf zwei Ebenen angesiedelt ist, auf der sozialen und auf der naturalen. Mit den Be-

---

[131] Quaest. in libr. eth., Fol 175vb: „Quarto dicendum est, quod amicitia multis modis cessare potest quantum ad frequentem et uniformem convictum et bonorum exteriorum integram communicationem. Primo quidem cessare potest per **status alterius amicorum sublimitatem** [...] Secundo amicitia cessare potest praedicto modo per impotentiam senectutis vel omnio aegritudinis [...]. Tertio amicitia dicto modo potest cessare per diuturnam amicorum absentiam; immo tunc nec convivunt nec sua bona perfecte communicare possunt [...].“

griffen *benefactor* und *beneficiatus* werden all die verschiedenen Ungleichheitspaare in ein allgemeines Begriffspaar übersetzt und der wesentliche Unterschied zwischen ihnen auf den Punkt gebracht: Ungleichheitsverhältnisse sind deshalb als solche für die Freundschaftsdiskussion interessant und eine Schwierigkeit, weil in ihnen stets einer in einer bestimmten Hinsicht mehr geben kann als der andere. Mit der Feststellung der Ungleichheit zwischen zwei Personen stellt sich die Frage nach der Gestaltbarkeit ihres Verhältnisses im Hinblick auf die Norm der Freundschaft, die in der Wechselseitigkeit und Gleichheit besteht.

Aus der Norm der Freundschaft ergeben sich zwei Voraussetzungen für eine gelingende Beziehung unter Ungleichen: zunächst müssen die Freunde sich in ihrer Freiheit gegenseitig anerkennen, also einander als moralische Personen begegnen – dieser Aspekt betrifft die innere Seite der Freundschaft. Darüber hinaus müssen die Freunde aber ihre äußere Ungleichheit anerkennen und aus dieser Bedingung ableiten, wie im Sinne einer dann verhältnismäßigen Gleichheit in der Freundschaftspraxis zu handeln ist. Wie diese zu realisieren ist, wird im Folgenden zunächst anhand der 11. Frage des VIII. Buches erörtert, ob die verschiedenen Freundschaftsverhältnisse eine je eigene *species* darstellen (*Utrum sit alia species amicitiae patris ad filium et econtra et viri ad uxorem et econtra et principantis ad subditum et econtra*).

Die Realisierung der Freundschaft nach Maßgabe ihrer Bedingtheit

Die Voraussetzung der Freundschaft zwischen Ungleichen bildet das Zugeständnis eines je individuellen Wollens und Handelns der Freunde, das eine Realisierung der Anforderungen der Freundschaft nach Maßgabe der im konkreten Verhältnis vorliegenden Bedingtheit ermöglicht. Es kann nur zwischen jenen Personen eine Freundschaft bestehen, die einander nicht nur um ihrer selbst willen lieben, sondern darüber hinaus dazu bereit sind, das an die jeweiligen Bedürfnisse und Fähigkeiten angepasste Handeln des Freundes im Sinne der geforderten *benevolentia* und *beneficentia* anzuerkennen:

> „[...] sed si capiantur specialiter, ut sunt **ad personam ipsius personae gratia**, cuiuscumque status aut conditionis persona fuerit (sive pater, sive filius, sive dominus, sive servus, sive notus, sive extraneus), tunc eadem erit virtus modificativa illarum passionum et **diversi mode operativa ad diversas personas secundum exigentiam diversorum statuum et conditionum personarum amatarum et amantium et aliarum circumstantiarum. Talis enim diversitas operationum non arguit diversitatem in substantia virtutis** [...]. Item credo nulli esse dubium, quin in convivendo et bona debita impendendo invicem oportet aliter se habere patrem ad filium et econtra, virum ad uxorem et econtra etc., et quin oporteat alia esse opera ipsorum et alia esse bona, quae invicem impendunt,

> ut dicit Aristoteles [...]. Puto gratia, quod sit eadem virtus secundum speciem et non alia, quae est moderativa amoris patris ad filium et econtra, viri ad uxorem, domini ad servum, vel subditum et econtra, et hoc **si amor capiatur, ut est ad personam** directe et principaliter natura, si esset principaliter ad pecuniam vel ad delectationem carnis aut aliquid aliud tale, dictum fuit, quod esset alia virtus."[132]

In all diesen Beziehungen werden kraft ein und derselben *virtus* die *passiones* gelenkt und die jeweils unterschiedlichen Handlungen vollzogen, die sich nach der Verschiedenheit der Personen sowie nach den ihrer Stellung und ihren Bedingungen entsprechenden unterschiedlichen Erfordernissen und Fähigkeiten ausdifferenzieren. Die Beziehungen unterscheiden sich hinsichtlich des Zusammenlebens und des Austauschs von Gütern, die für jeden jeweils andere sind. Diese Verschiedenheit im Handeln bedeutet jedoch nicht einen Unterschied in der *virtus* der Freundschaft, denn in all diesen Freundschaften lieben die Menschen einander kraft der (ihrer *substantia* nach) einen *virtus*, die sich jeweils auf die geliebte Person selbst richtet. Schließlich betont Buridan, dass alle Freundschaften, zwischen wem auch immer sie bestehen, sich, insofern sie tugendhaft sind, hinsichtlich der Sitten ähnlich sind; insofern sie aber jeweils verschiedene Handlungen erfordern, unterscheiden sie sich. Die für Freundschaften geforderte Gleichheit orientiert sich daher stets an der *proportio dignitatis* der beteiligten Personen: Freundschaft erfordert eine Gleichheit in Bezug auf die Würde der Freunde und verwirklicht sich nach Maßgabe der entsprechenden verhältnismäßigen Verpflichtungen:

> „[...] amicitia inter quoscumque fuerit, si sit virtuosa inquantum virtuosa, sit in eis ratione similitudinis in moribus. Sed amicitia in filio et in patre inquantum exigit diversas operationes et in quantum haec dicitur paterna et illa filialis, non fit ratione similitudinis formalis nec exigit aequalitatem secundum quantum, ut dicit Aristoteles, sed **exigit aequalitatem secundum proportionem dignita[ti]s** et fit inter eos **ratione debitae proportionis**, et hoc sufficit."[133]

Auch zwischen Ungleichen kann Freundschaft bestehen, wo immer zwischen ihnen gegenseitige *benevolentia* und *beneficentia* im Rahmen der je individuellen Möglichkeit und nach Maßgabe der *ratio* verwirklicht wird.[134]

---

[132] Quaest. in libr. eth., Fol 178va.
[133] Quaest. in libr. eth., Fol 178vb.
[134] Quaest. in libr. eth., Fol 179ra: „[...] si amicitia capiatur propriissime prout significat et connotat simul omnia, quae enumerata fuerunt in septima quaestione huius octavi, ipsa non reperitur nisi inter pares. Si tamen amicitia capiatur quantum ad manifestam amationem et readamationem benevolam et beneficam secundum posse, secundum quod ratio iubet et permittit, ista invenitur inter dominum et servuum, patrem et filium." (vgl. Quaest. in libr. eth., Fol 170ra).

Freundschaft zwischen Ungleichen realisiert sich also als eine wohlwollende und wohltuende Liebe und Gegenliebe mit einem dem eigenen Können und dem Gebot der Vernunft angemessenen Handeln (*secundum posse
[et] secundum quod ratio iubet et permittit*). Die Freundschaft erfordert hier
also eine nur verhältnismäßige Gleichheit, sie bestimmt sich nach den Möglichkeiten, soweit diese bestimmt sind nach dem, was die Vernunft fordert
und erlaubt.

Dass die Forderung der Wechselseitigkeit sich zwischen den Freunden
stets an ihren Möglichkeiten orientieren muss, zeigt Buridan anhand mehrerer Fragen zum Verhältnis zwischen dem Wohltäter und dem Empfänger
einer Wohltat. Er greift dazu in *l.* VIII, *quaestio* 14 das bei Thomas von
Aquin zentrale Begriffspaar *amor amicitiae* und *amor concupiscentiae*[135] auf.
In der Unterscheidung zwischen diesen zwei Typen von *amor* kommt jeweils das unterschiedliche Objekt der Liebe zum Ausdruck: mit dem *amor
amicitiae* (der Freundschaftsliebe) liebt der Mensch seinen Freund um dieses Freundes willen, mit dem *amor concupiscentiae* (der Begehrensliebe)
hingegen liebt der Mensch den Freund um seiner (des Liebenden) selbst
willen; die aristotelischen Typen der Freundschaft werden dann diesen zwei
Begriffen zugeordnet: der *amicitia virtuosa* entspricht der *amor amicitiae*,
während die Lust- und Nutzenfreundschaft im *amor concupiscentiae* zusammenfallen.[136] Die Liebe des *amor amicitiae* kommt nach Buridan dem
Wohltäter (*benefactor*) zu, dem Empfänger einer Wohltat (*beneficiatus*)
kommt hingegen der *amor concupiscentiae* zu – da aber der *amor amicitiae*
als Liebe im eigentlichen Sinne zu verstehen ist, ist es der *benefactor*, der
mehr liebt.[137] Der Untergebene hat im Sinne des *amor concupiscentiae* zu
lieben, d. h. nach Maßgabe dessen, was aus seiner Sicht das Nützliche und
Angenehme ist. Der *benefactor* ist durch seine Güte und Vorzüglichkeit
freiwillig (*libere*) dazu bereit und geneigt, den *beneficiatus* mehr zu lieben
als dieser ihn liebt, der *beneficiatus* aber ist in höherem Maße dazu verpflichtet, den *benefactor* zu lieben.[138] Allerdings ist der *beneficiatus* nicht dazu

---

[135] Vgl. Kapitel II.3.1.

[136] Quaest. in libr. eth., Fol 181rb.

[137] Quaest. in libr. eth., Fol 197va: „[...] probatum fuit, quod amare amore amicitiae
magis spectat ad meliorem et excellentiorem, cuiusmodi est benefactor ut sic, sed
amare amore concupiscentiae magis spectat ad inferiorem et defectionem, cuiusmodi
est beneficiatus ut sic. Et quia amare amore amicitiae est magis et verius amare quam
amare amore concupiscentiae, ideo concluditur simpliciter, quod benefactoris est
magis et verius amare beneficiatum quam econtra.“

[138] Quaest. in libr. eth., Fol 198ra: „Dicam ergo, sicut dixi in decimaquarta questionae
octavi, quod benefactor sua bonitate et excellentia **inclinatur libere ad magis amandum** beneficiatum quam beneficiatus amet ipsum. Sic enim Deus ipse magis diligit
nos quam nos possemus diligere ipsum. Sed beneficiatus **magis obligatur** ad diligendum benefactorem quam econtra propter receptum beneficium, sicut homines ob-
ligantur ad diligendum Deum et nullo modo econtra.“

verpflichtet, den *benefactor* mehr zu lieben, als dieser ihn liebt, da dies unmöglich ist und niemand zum Unmöglichen verpflichtet ist.[139] Der Überlegene ist also ob seiner sozialen Überlegenheit eher in der Lage, den Unterlegenen um seiner selbst willen zu lieben, als der sozial Unterlegene ihn
um seiner selbst willen zu lieben vermag. Das bedeutet aber, dass der Überlegene mehr tun muss, weil er mehr tun *kann*. Er vollzieht damit eine freiwillige Überschreitung jener Grenze, die die faktische Ungleichheit setzt.

Das Vater-Sohn-Verhältnis

Die Frage nach dem Verhältnis zwischen Vater und Sohn (*l.* VIII, *q.* 16,
Utrum pater magis amat filium quam econtra) ist für das Problem der
Freundschaft zwischen Ungleichen deshalb von Bedeutung, weil die El-
tern-Kind-Beziehung als naturales Verhältnis (im Gegensatz zu sozialen
Verhältnissen) nicht eigentlich gestaltet werden kann, es kann in einer
Freundschaft zwischen ihnen nur ihren naturalen Bedingungen entsprochen werden. Anhand dieses Beispiels wird deutlich, dass die Natur als eine
Grenze der Freiheit und damit der Gestaltbarkeit zu verstehen ist. Die
Freundschaft, die zwischen Vater und Sohn besteht, gründet, da es sich um
ein natural bestimmtes Verhältnis handelt, in einer natürlichen Liebe und
kann demnach der *„amicitia animalis"* zugeordnet werden: Als solche ist
sie zwar *„mediante cognitione sensus"* und daher nochmals von der reinen
amicitia naturalis[140] abzugrenzen, aber doch kein spezifisch menschliches
Verhältnis, da die *amicitia animalis* auch bei vielen Tieren zu beobachten
ist.[141] Das Verhältnis, das zwischen Vater und Sohn als Vater und Sohn besteht, ist zunächst kein frei gewähltes, es verdankt sich vielmehr den natürlichen Erfordernissen, die sich aus der biologischen Konstellation zwischen

---

[139] Ebd.: „Non est tamen concedendum, quod beneficiatus obligetur ad magis diligendum benefactorem quam benefactor diligat eum, sicut nec homo obligatur ad magis
diligendum Deum quam ipse diligit nos, quoniam hoc est impossibile, et nullus ad
impossibile obligatur." Aristoteles sieht dagegen den Unterlegenen durchaus in der
Pflicht, den Überlegenen tatsächlich mehr zu lieben (EN 1158 b23-28).

[140] Quaest. in libr. eth., Fol 182vb / 183ra: „[…] triplex est amicitia scilicet una naturalis
potentia, quae nihil aliud est quam debita consonantia proportio vel convenientia
entium adinvicem et ad unum principium primum in mundi constitutione, vel etiam
partium uniuscuiusque totius in ipsius totius constitutione absque cognitione mediante […]. Ille enim amor naturalis est indifferenter ad quodcumque consimile et
eiusdem speciei […]."

[141] Quaest. in libr. eth., Fol 183ra: „Secunda amicitia vocatur animalis, quae fundatur in
appetitu sensitivo mediante cognitione sensus, et ista communi nomine solet
aliquando vocari naturalis, inquantum ab appetitu sensitivo non libere elicitur, sed
necessario secundum exigentiam obiecti appetibilis et dispositionum corporalium
ipsius appetentis, et haec amicitia est patris inquantum pater ad filium inquantum
filius et econtra. Et non est propria hominibus, quia convenit multis animalium
[…]."

den beiden ergeben; und gemäß dieser Art von Freundschaft liebt der Vater den Sohn mehr als umgekehrt.[142] Die Beziehung zwischen Vater und Sohn kann aber auch im Sinne der eigentümlich menschlichen *amicitia humana* betrachtet werden. Diese Freundschaft hebt sich von den beiden zuvor genannten natural bestimmten Formen der Freundschaft durch ihren Grund ab, der in der *voluntas* liegt:

> „[...] tertia amicitia est humana, quae **fundatur in voluntate** mediante intellectuali ratione, et multi dicunt, quod tali amicitia filius magis amat patrem quam econtra, propter hoc quod recta ratio respicit ad obligationem. Filius autem magis obligatur patri quam econtra, quia plura bona ab eo recipit. Ideo secundum rectam rationem filius magis amat patrem. [...] Et hoc est mihi dubitabile, quia recta ratio ortum habet a natura, ideo nunquam contrariatur naturae [...]. Item multis rationibus rectis et veris probatum fuit, quod **pater magis diligit filium quam econtra**, recta autem ratio rectae rationi non est contraria, gratia nulla recta ratio docebit, quod filius magis diligat patrem quam econtra. Et hoc gratia credo esse verum, nec credo, quod filius obligetur ad magis diligendum patrem quam pater diligat eum, quia nullus recte obligatur ad illud, quod est innaturale vel contra naturam. [Nec] credo hominem obligatis ad magis diligendum Dominem quam deus diligat hominem, quia hoc credo esse impossibile et nullus obligatur ad impossibile. Credo tamen, quod homo vere obligatur ad amandum Deum et non econtra, et filius aeque vel multo magis obligatur ad amandum patrem quam econtra. [...] Est enim proprium et naturale meliori et perfectiori et magis amare et amore meliori sine obligatione. [...] recta ratio non respicit obligationem solum, immo etiam omnes alias circumstantias et magis ipsam rei naturam. Dicendum est etiam, quod ratio respiciens ad obligationem iudicat non, quod filius magis debet amare patrem quam pater filium, sed **quod filius magis debet, ideo magis obligatur ad amandum, sed non ad magis amandum,** ut dictum est.“[143]

Zunächst scheint der Sohn den Vater mehr zu lieben oder doch zumindest zur größeren Liebe verpflichtet zu sein, da er weiß, dass der Vater ihm mehr an Gutem und Gütern zuteil werden lässt, als er seinem Vater gibt. Nun kann aber die *recta ratio* niemals im Widerspruch zur Natur stehen. Es wäre allerdings widernatürlich, dass der Sohn den Vater mehr liebt, und so liebt der Vater seinen Sohn mehr im Sinne ihres biologischen Verhältnisses. Daher wird der Sohn vernünftigerweise nicht dazu verpflichtet sein, den Vater mehr zu lieben, als dieser ihn liebt, er wird lediglich in höherem Maße dazu verpflichtet sein, seinen Vater zu lieben. Es ist also natürlich und daher auch

---

[142] Ebd.: „Et de ista amicitia secundum in Aristoteles videtur mihi esse dicendum, quod patris est magis amare filium quam econtra, ad quod probandum sunt multae eius rationes.“

[143] Quaest. in libr. eth., Fol 183va.

der *recta ratio* gemäß, dass der Vater vermögender ist (in dem Sinne, dass er ‚mehr kann') als sein Sohn und ihn deswegen mehr liebt (weil er ihn mehr lieben kann). Der Sohn als in diesem Sinne weniger Vermögender, also Unterlegener, kann nun im Gegenzug als solcher nicht dazu verpflichtet werden, mehr zu lieben als der Vater, weil die *recta ratio* nichts Unnatürliches und Unmögliches von ihm verlangt; er muss sich aufgrund der Ungleichheit zwischen den beiden nur in stärkerem Maße dazu verpflichtet fühlen, seinen Vater zu lieben. Er ist also nicht verpflichtet, mehr zu leisten um des Vaters willen, als er tatsächlich kann, aber er muss sich gegenüber dem Vater doch mehr verpflichtet fühlen. Den Vater in seiner Freiheit anzuerkennen verlangt vom Sohn mehr an Bewusstsein des Verpflichtetseins, als er seinen tatsächlichen Handlungsmöglichkeiten nach tun kann. Was das äußere Verhältnis von Vater und Sohn betrifft, sind beide jeweils zu dem verpflichtet, was sie können und was ihren Bedürfnissen und Fähigkeiten entspricht.

Freundschaft kann also zwischen Ungleichen realisiert werden, wenn die Freunde einander um ihrer selbst willen lieben und darüber hinaus dazu bereit sind, das an den jeweiligen Bedürfnissen und Fähigkeiten angepasste Handeln des Freundes im Sinne der geforderten *benevolentia* und *beneficentia* anzuerkennen. Die für Freundschaften geforderte Gleichheit kann nur als eine verhältnismäßige Gleichheit nach den jeweiligen Möglichkeiten in Bezug auf das Handeln und die Gewährung von Gütern verstanden werden. Das bedeutet, dass der natural oder sozial höher oder besser Gestellte „mehr" zu leisten hat, während der Unterlegene der Gleichheit im proportionalen Sinne in dem Maße gerecht wird, in welchem er den sozialen Bedingungen, denen er unterstellt ist, im funktionalen Sinne entspricht. Mit Funktionalität ist dabei nichts anderes gemeint als das, was zum Erhalt des Verhältnisses gemäß seiner Bestimmung auf der Ebene der *communicatio bonorum* getan werden muss. In diesem Sinne stellt Buridan anhand der Erörterung der naturalen Beziehung zwischen Vater und Sohn fest, dass der Vater dem Sohn gegenüber zu „größerer Liebe" verpflichtet ist, während der Sohn lediglich in „höherem Maße" dazu verpflichtet ist, den Vater zu lieben („*magis obligatur ad amandum, sed non ad magis amandum*"). Der Vater ist als Überlegener in der Lage und deswegen verpflichtet, mehr zu tun, als im funktionalen Sinne von ihm verlangt werden kann. Das naturale Verhältnis ist also als solches nicht zu gestalten, ihm ist im Sinne der Freiheit lediglich Rechnung zu tragen oder zu entsprechen. Die Natur bildet damit eine Grenze oder „äußere" Bedingung der Freiheit.

Neben der ausgleichenden (äußerlichen) Praxis der Gütergewährung besteht die Voraussetzung einer Freundschaft zwischen Ungleichen insbesondere in der Voraussetzung der (inneren) wechselseitigen Anerkennung der Freiheit des Freundes. In der Diskussion des Verhältnisses zwischen

Herrscher und Sklave zeigt sich, dass das innere nicht vom äußeren Moment der Freundschaft trennbar ist: die innere Freiheit als Bedingung der sozialen Beziehung ist mit dem Institut der Sklaverei als solcher unvereinbar, diese ist deshalb abzulehnen. Anhand des Herrschaftsverhältnisses, das ja im Gegensatz zur naturalen Vater-Sohn-Beziehung ein *sozial* bedingtes Ungleichheitsverhältnis ist, verdeutlicht Buridan also, dass der Anspruch auf Gleichheit im Sinne der gegenseitigen Anerkennung der Freiheit genau jene Proportionalität nicht verträgt, die in Bezug auf das äußere Handeln (und die natural begründete *dilectio*) den Spielraum für einen Ausgleich verschafft; die geforderte Gleichheit hinsichtlich der Freiheit gilt unbedingt, denn sie erweist sich als das für die Freundschaft konstitutive Moment – auf diese Anerkennung ist die Freundschaft unbedingt angewiesen. Das folgende Beispiel von Herrscher und Sklave ist für die Freundschaftsdiskussion deshalb so bedeutend, weil hier in prägnanter Weise die Frage der (Anerkennung der) Freiheit unter sozialen Bedingungen der Ungleichheit und damit die Gestaltbarkeit von sozialen Beziehungen überhaupt zur Debatte steht.

III.3.3 Die Anerkennung der Freiheit zwischen Ungleichen

Das für die Frage nach der Möglichkeit der Freundschaft unter Ungleichen zentrale Textstück stellt die 15. *quaestio* aus Buch VIII (*Utrum amicitia locum habet inter principantem et servum*) dar; anhand der Erörterung der Frage, ob zwischen Herrscher und Sklave Freundschaft bestehen kann, zeigt Buridan, dass und wie das Handeln aus Freundschaft sozialen Bedingungen entspricht. Zudem wird erneut deutlich, dass die Wahl des Freundes nur in der Freiheit der Freunde gründen kann.

Im Beispiel wird der Sklave als guter Mensch in der Gewalt eines schlechten Herrschers, eines Tyrannen, beschrieben. Auch zwischen Herrscher und Sklave müsste eine gewisse Gleichheit erreicht werden, wenn es zwischen ihnen die Möglichkeit einer Freundschaft geben soll. Es gilt dabei weiterhin die Voraussetzung, dass nur Gute miteinander befreundet sein können. Da die Tugend der Freundschaft bei Buridan auf der Freiheit und ihrer Anerkennung in Gestalt des Freundes basiert, hängt die Antwort auf die Frage nach der Möglichkeit der Freundschaft zu einem Unfreien von der Form seiner Unfreiheit ab. Buridan unterscheidet hier sechs Formen entsprechend sechs verschiedener Ursachen.[144] Zwei Formen von Unfreiheit schließen jede Freundschaft aus. Erstens macht die innere Unfreiheit

---

[144] Quaest. in libr. eth., Fol 181vb: „Notandum, quod servi dicuntur sex modis: alii per naturam, alii per suam benevolentiam, alii propter indigentiam, alii propter malitiam, alii per solam dominationem aut per violentiam [...]."

desjenigen, der Sklave seiner *passiones* ist, die Freundschaft mit ihm unmöglich.[145] Diese innere Unfreiheit gründet in der Unterdrückung der *ratio* als desjenigen Teils, der den Menschen zum Menschen macht und das Beste in ihm ist, durch die *pars sensualis*; es ist klar, dass sich der derart Unfreie selbst aus seiner Knechtschaft befreien kann, wenn er sich dazu entscheidet, wieder Herr seiner Leidenschaften zu werden. Grundsätzlich und ursprünglich ist nämlich jeder Mensch frei, insofern ihm als Vernunftwesen die Befähigung zur Moralität zu eigen ist – genau und nur in dieser Hinsicht sind auch alle Menschen gleich und zur Freundschaft miteinander befähigt.

Die zweite Form von Unfreiheit, die eine Freundschaft ausschließt, ist jene Unfreiheit, wie sie in der Sklaverei besteht, bei der ein Mensch gegen seinen Willen in eines anderen Menschen Gewalt gebracht wird. Zwar bleibt der Sklave trotz seiner äußerlichen Unfreiheit innerlich frei, und aufgrund dieser Freiheit als Befähigung zum Guten könnte er sich aus freier Entscheidung trotz der Unterjochung durch die Gewaltherrschaft des Tyrannen zur Freundschaft mit diesem entschließen. Doch für Buridan ist dies unmöglich, denn die Gewalt des Tyrannen zeigt, dass dieser seinerseits kein freier, zur Freundschaft fähiger Mensch ist – für den Sklaven als guten Menschen ist mit dem Tyrannen keine *amicitia* möglich, denn das Gewalttätige ist als Widerspruch zur Freiheit für den guten Menschen niemals liebenswert; somit hat der Sklave mit dem gewalttätigen, also bösen Herrscher nichts mehr gemeinsam:

> „Servi autem per violentiam dicuntur viri boni, qui digni essent principari, aut aliquando per tirannos captivantur, aut eis servire coguntur, aut in corpore, aut in bonis, et statim certum est, quod inter tales dominos et servos, inquantum sunt tales, nulla est amicitia neque iustum, sicut dicit Aristoteles, quia **nihil violentum est amabile**, tales autem servi violentia coguntur dominis servire et ab eis sua bona capi et consumi permittere. Et maxime apparet, quod **inter tales non est vera amicitia, quae est propter honestum, quia dictum fuit, quod illa non est nisi inter bonos, tales autem dominatores non sunt boni**. Et forte quod istam conclusionem intendit

---

[145] Quaest. in libr. eth., Fol 182ra / rb: „Servi vero propter malitiam sunt omnes mali, quamvis sint reges vel praelati, cum enim homo sit compositus ex parte sensuali et intellectuali. Pars sensualis in veris bonis servit intellectuali nihil operans nisi secundum ordinem et iussum rationis. In malis autem sensualis pars absorbens rationem impetu passionum subiicit sibi partem intellectualem. Et quia intellectus est pars principalissima et nobilissima in homine, manifestum est, quod homo ab eius libertate vel servitute dicitur simpliciter servus aut liber. Homo enim maxime est pars intellectiva, ut dicitur nono huius, ergo solus homo virtuosus est vere liber, et malus est servus. Et illo modo dicit Aristoteles primo politicae, quod virtus et malitia determinant servum et liberum, nobiles et ignobiles. […] de isto modo dominorum et servorum respondet scilicet bonorum et malorum. Quaerere enim simpliciter, utrum inter dominum et servum sit amicitia, non est quaerere nisi utrum inter bonum et malum sit amicitia […]."

> Aristoteles probare tali ratione, quibus nihil est commune, inter illos non est amicitia, amici ei est amico communicare bona sua, sed domino et servo sic accepto **nihil est commune**. Servus enim nihil habet, quod sit suum, dico de bonis fortune subiectivis; ipsemet ei servus possessio domini sui est, ergo etc. Et benedixi de bonis fortune subiectivis, quia **nullius mens aut virtutes mentis sunt alteri subiective nisi voluntarie et libere**.« [146]

Die Freundschaft zum Tyrannen wäre ein Selbstwiderspruch der Vernunft, denn Handeln aus Freiheit kann nur Freiheit zum Ziel haben. Umgekehrt vermag der Herrschende zwar, den Körper des Sklaven in seine Gewalt zu bringen, es gelingt ihm jedoch nicht, das Innere des Beherrschten zur Liebe zu ihm zu zwingen, denn die Seele des Sklaven ist seiner Verfügung entzogen. Freundschaft besteht aber in der freien Gewährung der *benevolentia*, die in der Seele entsteht; nur aus eigenem freien Willen könnte der Sklave sich innerlich dem Herrscher mit *benevolentia* zuwenden, seinen Willen am Willen des Herrschers ausrichten und ihm ein Freund werden. Freundschaft hat aber nicht nur Freiheit zum Ziel, sie gründet auch in der freiwilligen Hingabe des Willens und damit in der *Entscheidung* der moralischen Person zur Freundschaft. In dieser Hinsicht ist Freiheit der Grund der Freundschaft: die Entstehung der Freundschaft verdankt sich der Anerkennung des Freundes als eines moralischen Subjektes; diese Anerkennung vollzieht sich aus Freiheit, sie ist daher im Blick auf den bestimmten Freund kontingent, also nicht ableitbar. Die so vollzogene Entscheidung im Sinne der Anerkennung findet ihren Ausdruck in *benevolentia* und *beneficentia*.

Gleichzeitig wird hier wiederum die zweite Voraussetzung der Freundschaft unter Ungleichen angesprochen, die ja im Ausgleich hinsichtlich der Gewährung von Gütern besteht. Zwischen Herrscher und Sklave gibt es keine solche proportionale Gleichheit, denn der Herrscher hat den Sklaven all seiner äußeren Güter beraubt, folglich kann es auch zwischen beiden keine gegenseitige Gewährung von Gütern mehr geben. Der Sklave kann sich also dem Herrscher nicht mit *benevolentia* und *beneficentia* zuwenden, seinen Willen am Willen des Herrschers ausrichten und ihm ein Freund werden, weil er über keinerlei Güter verfügt, die er im Sinne der *beneficentia* dem Herrn gewähren könnte. Er kann also dem Anspruch der Freundschaft im funktionalen Sinne nicht entsprechen. Seinem aus innerer Freiheit möglichem Entschluss zur Freundschaft mit dem Tyrannen kann kein äußeres Handeln entsprechen. Umgekehrt kann der Tyrann seinerseits keine Freundschaft zum Sklaven wollen, insofern er im Sinne der Forderung proportionaler Gleichheit den Sklaven aus der Sklaverei entlassen müsste. Am Beispiel der Freundschaft zwischen Herrscher und Sklave zeigt sich also, dass der Gleichheit als Norm der Freundschaft durch die wech-

---

[146] Buridan, Quaest. in libr. eth., Fol 182rb / va.

selseitige Anerkennung der Freiheit des anderen sowie die gegenseitige Gewährung von Gütern entsprochen wird; damit wird erneut deutlich, dass die Freundschaft sozialen Bedingungen unterliegt, die sie nur bedingt zu gestalten vermag. Hier tritt die Freiheit ihrerseits als Grenze der Praxis hervor: es widerspricht der Würde des Menschen als Subjekt der Freiheit, als Sklave unterdrückt zu werden. Buridan „definiert" hier die Sklaverei als irreale Möglichkeit („*Servi per violentiam dicuntur boni viri qui digni essent principari*") und kennzeichnet zugleich die tatsächliche Möglichkeit ihrer Einrichtung („*aut alii quando*"), von der er dann sagt, dass sofort sicher sei („*statim certum est*"), dass zwischen Herr und Sklaven als solchen („*dominos et servos inquantum sunt tales*"), im Rahmen also der Institution der Sklaverei eine Freundschaft in keiner Weise („*nulla est amicitia*"), also weder im eigentlichen noch im funktionalen Sinne, möglich ist. Er lehnt die Sklaverei also grundsätzlich ab, weil sie der Freiheit als der Grundlage des Gutseins des Menschen widerspricht. Gleichzeitig gelangt Buridan mit seiner Konzeption insoweit an die Grenze seiner Betrachtung, als er die Freundschaft in ihrem sozialen Charakter nicht zugleich in Hinsicht auf ihre gesellschaftlichen und politischen Implikationen und Konsequenzen ausdiskutiert.

In den übrigen Fällen von Unfreiheit, die Buridan anspricht, ist eine Freundschaft zum Herrscher möglich, da die innere Freiheit der Untergebenen stets gewahrt bleibt, so beispielsweise in den Fällen der Unfreiheit aufgrund eines natürlichen Unvermögens, selbst zu herrschen[147], der Unfreiheit derer, die sich selbst nicht erhalten können,[148] der Unfreiheit aufgrund der Herkunft[149] oder auch bei der frei gewählten Unfreiheit im Sinne des Dienstes am Wohl der Öffentlichkeit[150]. Buridan betont schließlich, dass auch in den Verhältnissen zwischen Unfreien und Freien zumindest die Anforderung der Wechselseitigkeit im Sinne gegenseitiger willentlicher Hingabe und wohlwollenden und gunsterweisenden Zusammenkünften erfüllt werden muss:

---

[147] Quaest. in libr. eth., Fol 181vb / 182ra: „Servi autem per naturam dicuntur, qui propter discretionis et industriae defectum non sunt sufficientes ad principandum […]. Et constat, quod inter tales servos et nobiles debet esse iustum et amicitia […]."

[148] Quaest. in libr. eth., Fol 182ra: „Servi autem propter indigentiam sunt indigentes, qui ad acquirendum sibi vite necessaria coguntur servire maioribus, et constat, quod inter tales et maiores debet esse iustum et amicitia […]."

[149] Quaest. in libr. eth., Fol 182rb: „Alii servi adhuc dicuntur aut nobiles per solam denominationem extrinsecam a per genitoribus […], et non est dubium, quod inter tales dominos et subditos sive servos debet esse amicitia […]."

[150] Quaest. in libr. eth., Fol 182ra: „Servi vero secundum benevolentiam sunt viri sufficientes in bonis exterioribus, qui propter bonum virtutis servire volunt politiae, quamvis etiam ex inde recipiant divitias et honores. […] Sic enim papa vocat seipsum servum servorum Dei. Et non est dubium, quin inter tales adinvicem et alios est iustum politicum et amicitia."

„[...] si [amicitia] capiatur, ut excedit benevolentiam, ipsa exigit communicationem bonorum aliqualium saltem interdum vel dicendum, quod sine dubio **necesse est omnes amicos, secundum quod sunt amici, communicare sibi adinvicem quaedam bona sua interiora, scilicet suas voluntates vel saltem benevolas et gratiosas collocutiones**, si fuerit eis possibile. Et si aliqui talia bona sibi invicem non communicent, ipsi non sunt amici, quamvis essent fratres."[151]

Auf die von Aristoteles angesprochene Möglichkeit des Herrschers, zu einem Sklaven in ein Freundschaftsverhältnis zu treten, insofern er ihm die Anerkennung seiner *humanitas* zugesteht als dasjenige, was jeder Mensch bei allen Ungleichheiten mit jedem anderen gemeinsam hat, geht auch Buridan ein; diese *humanitas* als Kriterium der Normativität der Freundschaft kann eine Beziehung zwischen Herrscher und Sklave begründen, die beim Herrscher über die Anerkennung der Freiheit des Sklaven hinaus das Gefühl der *compassio* und eine *affectio bona* für ihn hervorruft:

„[...] dicendum est, quod talis servus inquantum talis nunquam potest praestare domino tali beneficium, quia beneficium non potest esse sine benevolentia, quam talis servus inquantum talis non habet ad dominum. Aristoteles tamen concedit illud, quod rationes Senecae videntur posse concludere, scilicet quod inter tales servos et dominos potest **aliqualiter** esse iustum et amicitia inquantum sunt homines. Quamvis enim in aliquo casu esset iustum uti servis, tamen omnino esset iniustum et inhumanum uti servis, qui sunt homines, tanquam bestiis. Dominus ergo **aspiciens ad humanitatem potest compati** servo et indulgere sibi multa, ad quae cogeret eum et ad quae [non] cogeret eum, si non aspiceret ad humanitatem. Ergo in isto casu dominus habet **affectionem bonam** ad servum **inquantum homo**, cum ratione humanitatis indulgeat servituti. Et econtra servus potest scire domino multas grates de hoc, quod non utitur eo, quanto peius posset, et sic amicitia locum habet inter eos."[152]

Unter der Bedingung, dass der Herrscher in der Lage ist, die *humanitas* des Sklaven in Betracht zu ziehen und anzuerkennen, wird erstens jene Gleichheit erreicht, die Herrscher und Sklave einigermaßen („*aliqualiter*") in ein Rechts- und Freundschaftsverhältnis zueinander treten lässt; zweitens wird der Herrscher über diese innere Einstellung hinaus Mitleid empfinden für den Sklaven und die Bedingungen, die ihn zu einem Untergebenen machen, mithin wird sich sein Verhalten ihm gegenüber ändern, er wird ihn gut behandeln.[153]

---

[151] Quaest. in libr. eth., Fol 182va.
[152] Quaest. in libr. eth., Fol 182va / vb.
[153] Bénédicte Sère geht in ihrer historisch angelegten Untersuchung ebenfalls auf das Verhältnis von Herrscher und Sklave ein und setzt bei der zuletzt zitierten Passage an, den Kern ihrer Interpretation bildet jedoch die These einer buridanschen „morale

Im folgenden Abschnitt werden Buridans Überlegungen zum Selbstverhältnis des Freundes erörtert. Erstens zeigt sich, dass die schlechthinnige Selbstliebe als unbedingte Selbstbejahung die Basis der unbedingten Anerkennung des Freundes ist. Zweitens verdeutlicht Buridan, dass nur meine eigene Liebe zu meinem Freund, die Anerkennung also meines Freundes, in meiner Macht steht, wohingegen umgekehrt dessen Liebe zu mir sich allein seiner Freiheit verdankt und deshalb meinem Willen gänzlich entzogen bleibt; damit wird erneut klar, dass mir mein Freund als Person in seiner Freiheit niemals verfügbar ist.

III.3.4 Freundschaft und Selbstliebe

In der Diskussion um die Kennzeichnung des Freundes als *alter ipse*, die eine Parallele zwischen Selbst- und Fremdverhältnis zieht (*l. IX quaestio 4: Utrum homo debeat se habere ad amicum quemadmodum ad seipsum*), erläutert Buridan zwei Weisen der Selbstliebe: erstens die sinnliche Liebe, die durch die praktische Vernunft der *prudentia* und einzelne Tugenden (insbesondere die Kardinaltugenden der Mäßigung, der Tapferkeit und der Gerechtigkeit, zudem auch durch Freigebigkeit, Hochherzigkeit und Sanftmut) in die richtige Bahn gelenkt werden muss.[154] Die zweite Form der Selbstliebe wird von der *voluntas* durch die Gewohnheit hervorgebracht, dem Urteil der *recta ratio* zu folgen, und mit dieser Selbstliebe wollen wir für uns nicht dasjenige, was uns nützlich oder lustvoll erscheint, sondern das wahre Gut der Tugend.[155] Mit dieser Liebe wird die erstgenannte Selbst-

---

humaniste et anthropocentrique qui s'affranchit des références théologiques" (Sère 2007, S. 320). Für sie ist entscheidend, dass der Sklave aufgrund seiner „rationalité intrinsèque", die seiner „humanité" entspringt, ein „être-de-relation" ist. (S. 310). Sie stellt eine „dignité intrinsèque de la personne humaine" fest (S. 311), und hebt „volonté et liberté comme les spécificités de la dignité humaine" hervor (S. 319). Im Ergebnis kommt Sère zum Schluss, dass „la distance sociale ne supprime pas l'amitié, car ce qui est pris en considération, ce n'est pas le rang ou le statut social mais bien la dignité intrinsèque de la personne humaine."(S. 311). In Bezug auf die Versklavung durch einen Tyrannen (vgl. Anm. 146) stellt sie fest, „que la liberté intérieure ne peut jamais être asservie [...] Ce sont ses actes bons, librement et volontairement posé, qui engagent l'homme et le font grandir dans cette liberté intérieure." (S. 318f)

154 Quaest. in libr. eth., Fol 195rb / va: „Sciendum est ergo, quod homo duplicem potest habere amorem ad seipsum: unum sensualem, quo quis secundum impetum singularum passionum, si non ordinentur ratione, sibi assumit pro posse omne apparens, utile vel delectabile. Et iste amor inordinate excedens amorem Dei et proximi extinguit, ut ad nullum alium sit amicitia vel contractus nisi propter utile proprium aut proprium delectabile. Et iste amor corrigitur et ordinatur per prudentiam et singulas virtutes morales et principaliter per principaliores."

155 Quaest. in libr. eth., Fol 195va: „Alium amorem habet homo ad seipsum factum in voluntate per consuetudinem insequendi ordinem recte rationis. Isto amore volumus nobis non apparens utile vel delectabile, sed verum bonum virtutis. Isto amore

liebe geleitet, sie ist keine *virtus specialis* und auch nicht das *obiectum speciale* einer anderen *virtus*, sondern der *effectus communis* als Folge der *prudentia* und der *virtus moralis*, und der Mensch hat daher nicht jene Art von Freundschaft zu sich selbst, die eine *virtus specialis* ist.[156] Auch wenn Freundschaft so verstanden wird, wie Aristoteles sie in den Büchern VIII und IX versteht, hat der Mensch doch keine Freundschaft zu sich selbst, insofern diese die Gegenliebe als eine andere Liebe voraussetzt, aber es steht fest, dass die Liebe, mit der der Mensch sich selbst liebt, keine real andere ist als die Liebe, mit der er von sich selbst geliebt wird.[157] Nur im Sinne verschiedener Anteile eines Menschen könnte von Liebe und Gegenliebe des Selbst gesprochen werden, insofern der rationale Teil den sinnlichen Teil liebt und ihn führt und der sinnliche den rationalen zurückliebt als seinen Herrn.[158] Eine Liebe aber, die begrenzt bleibt auf die Liebe zu sich selbst (als Verhältnis der Sinnlichkeit zur Rationalität), kann ebenfalls keine wahre Liebe im Sinne eines wechselseitigen Verhältnisses sein. Es bleibt daher dabei, dass der Mensch als ganze Person sich selbst liebt, und diese Liebe vollzieht sich der Vernunft gemäß, sie ist aber keine Freundschaft, weil sie keine Gegenseitigkeit zweier Personen darstellt.

Die Freundschaft im eigentlichen Sinne bewirkt drei *effectus* im Liebenden in Bezug auf den Freund: *benevolentia*, *beneficentia* und *concordia*.[159] Diese drei Wirkungen sind im Menschen ebenso in Bezug auf

---

respuimus sensualia, laboramus pro vicinis, pro amicis, pro communi utilitate, ut nobis acquiramus bonum rationis."

[156] Ebd.: „Et credo, quod isto amore corrigitur et ordinatur amor prior virtute, quam voluntas habet super appetitum sensitivum, et iste amor nec est aliqua virtus specialis nec obiectum speciale alicuius virtutis, sed est effectus quidam communis consequens ad prudentiam et omnem virtutem moralem. Ex his apparet, quod homo non habet ad seipsum amicitiam illam, quae est virtus specialis, de qua tractabatur in secunda questionae octavi et in tertia."

[157] Ebd.: „Iterum si amicitia capiatur illo modo propriissime, quomodo de ea maxime intendit Aristoteles in isto nono et in octavo, constat, quod homo non habet ad seipsum amicitiam, quia amicitia sic accepta requirit readamationem. [...] Sed constat, quod non est alia et alia amatio, qua homo amat se et qua amatur a se, ergo non est ibi proprie amatio et redamatio."

[158] Ebd.: „[...] dixi autem secundum idem, quia in homine virtuoso concedi posset amatio et redamatio secundum diversas eius partes: pars enim rationalis amat sensualem, regit, colit et ordinat sicut bonus dominus subditum, et pars sensualis redamat rationalem, sicut subditus bene ordinatus dominum et obedit ei et ministrat."

[159] Ebd.: „Sed sciendum est, quod ad veram et proprie dictam amicitiam quidam effectus sequitur in ordine ad amicum, ex [quo etiam vel comsimilibus] virtus amicitiae generatur et saluatur et exterius innotescit, puta benevolentia, beneficentia et concordia."

sich selbst als Folge der Selbstliebe anzutreffen, wenn er tugendhaft ist.[160] Schließlich kann die Frage wie folgt beantwortet werden. Der gute Mensch verhält sich zu sich selbst wie der Freund zum Freund, und zwar in Bezug auf die drei genannten Wirkungen, und jeder soll sich gegenüber sich selbst und dem anderen wie ein guter Mensch verhalten, nämlich tugendhaft und eifrig.[161] In Bezug auf die drei Effekte gilt wiederum, dass der Mensch sich hier nicht exakt zu sich selbst wie zum Freund verhält, vielmehr sind hier graduelle Unterschiede gerade normal und richtig. Der tugendhafte Mensch wünscht sich selbst in höherem Maße das Gute als dem Freund, er erreicht für sich das *summum bonum*, das er dem Freund nicht erweisen kann (dies kann jeder nur für sich), er kann ihn nur dazu überreden, dies für sich zu tun, und daher ist es richtig zu sagen, dass die Liebe (im Sinne der thomasischen *caritas* als Liebe zum Menschen als solchem, d. h. als Geschöpf Gottes) in höherem Maße auf uns selbst gerichtet ist als auf den Nächsten.[162] Dieser Gedanke markiert die Grenze der Freundschaft, die in der Unverfügbarkeit des anderen besteht, also in der Anerkennung seiner Freiheit. Ihrem Sinn nach zielt Freundschaft zwar auf Wechselseitigkeit, jeder kann diesen Sinn aber nur bei sich selbst realisieren, da er in seiner inneren und äußeren Wirksamkeit begrenzt ist. Daher ist niemand dazu verpflichtet, seinen Freund mehr zu lieben als sich selbst.

In *quaestio 7* (*Utrum homo debeat maxime amare seipsum*) wird erneut die zweifache Unterscheidung der Selbstliebe angesprochen. Die eine Art gründet im nicht durch die *prudentia* geordneten *appetitus sensitivus*, die zweite Art der Selbstliebe gründet in der *voluntas*, in einer durch Gewöhnung erworbenen Orientierung an der *ratio*, durch die wir danach streben, die *bona virtutis* zu erreichen, die den vornehmeren Teil unseres Selbst (*anima*) vervollkommnen und erfreuen.[163] Der ersten Liebe gemäß soll der

---

[160]   Quaest. in libr. eth., Fol 195vb: „Dicam ergo primo secundum Aristoteles, quod illi iidem tres effectus sive consimiles in homine bono [in] ordine ad seipsum consequuntur amorem illum, quem ipse habet ad seipsum."

[161]   Quaest. in libr. eth., Fol 196rb: „Dicendum est enim, quod homo bonus se habet ad seipsum sicut amicus ad amicum, non quantum ad omnia, sed quantum ad tres praedictos effectus amicitiae; in aliis autem non ita se habet, sicut dictum est et quilibet se debet habere et ad seipsum et ad alium sicut bonus homo se habet, nam (sicut dicit Aristoteles) videtur enim mensurate unicuique virtu[osu]s et studiosus esse."

[162]   Ebd.: „Ideo simpliciter concedendum est, quod homo debeat se habere ad amicum quemadmodum ad seipsum et ad seipsum quemadmodum ad amicum. […] Vir enim virtuosus maiori affectu vult sibiipsi bonum quam amico. Bonus enim sibiipsi tribuit summum bonum, scilicet opus virtuosum, quod non potest amico tribuere nisi forte persuasione vel aliquo tali modo sicut minister. A nobis enim ipsis elicimus opus virtutis vel malitiae, et ob hoc bene dictum est, quod caritas est ordinata prius enim et magis est ad seipsum quam ad proximum vel amicum."

[163]   Quaest. in libr. eth., Fol 198rb / va: „In quarta questione huius noni distinctus fuit duplex amor hominis ad seipsum: unus fundatus in appetitu sensitivo sibi derelicto

Mensch sich selbst nicht lieben, weil sie nur Schlechtes in ihm bewirkt; durch sie strebt er übermäßig nach Nutzen, Ehre und sinnlicher Lust und vernachlässigt Arbeit und Dienst, was Prinzip aller Ungerechtigkeit ist. Mit dieser Liebe tun wir um der Lust willen Schlechtes, aber aus Traurigkeit wenden wir uns vom Guten ab, und so sündigen wir auf jede erdenkliche Weise, sowohl im Begehen als auch im Unterlassen.[164] Durch sie vermehren wir alles Leidenschaftliche und Unvernünftige und so leben wir das Leben von Kindern oder Tieren.[165] Auf die zweite Art der Liebe allerdings soll der Mensch sich selbst sehr wohl lieben, denn durch sie streben wir nach den Werken der Tugend, durch sie erreichen wir die eigentliche und pflichtgemäße Vervollkommnung des vornehmeren weil vernünftigen Geistes, und durch diese Liebe gelangen wir zur menschlichen Glückseligkeit, durch sie sind wir nützliche und gute Freunde und Nachbarn und besser zu uns selbst.[166]

Grundsätzlich soll der Mensch sich selbst sehr lieben, denn sich nach dieser zweiten Art der Liebe zu lieben heißt, schlechthin zu lieben.[167] Der gute Mensch soll sich selbst mehr lieben als irgendeinen Freund oder Nachbarn oder sonst ein Geschöpf, denn er soll denjenigen am meisten lieben, der ihm im höherem Maße die höchsten Güter und Wohltaten erwiesen hat, dies aber ist er selbst.[168] Kein anderer Mensch hat ihm ein anderes als ein körperliches oder äußeres (materielles) Gut erwiesen; das eigene Selbst ist es, das sich selbst zum guten Handeln bestimmen kann und soll, niemand hat ihn nach Gott so bestimmt wie er selbst.[169] Wenn er aber sich

---

seu prudentia et virtutibus non ordinate, quo laboramus ad attribuendum nobis ea, quae [sensum] delectare videntur; alius fundatus in voluntate per consuetudinem insequendi ordinem rationis, quo nitimur ad acquirendum nobis bona virtutum, quae principaliter animae partem superiorem perficiunt et delectant."

[164] Quaest. in libr. eth., Fol 198va: „Dicam ergo, quod primo amore non debet homo seipsum diligere, quia ille amor ducit ad singula genera vitiorum."

[165] Ebd.

[166] Ebd.: „Sed dic[o], quod amore secundo debet homo seipsum valde diligere, quia illo amore nitimur ad opera virtutum, ipso acquirimus animae superiori scilicet rationali propriam et debitam perfectionem, et per consequens illo amore pervenimus ad humanam felicitatem."

[167] Ebd.

[168] Ebd.: „[…] dicendum est, quod homo magis debet amare se, quam alium aliquem amicum vel vicinum, vel aliam quamcumque creaturam. Haec conclusio probatur, quia homo magis debet illum amare, qui magis dedit sibi maxima bona et beneficia, sed ipse est inter ceteros, qui magis dedit sibi maxima beneficia ergo etc."

[169] Quaest. in libr. eth., Fol 198va / vb: „[…] nulla creatura dedit homini bono principaliter nisi bona corporis vel exteriora bona. Si enim doctor dedit discipulo bona et hoc non fuit nisi ministraliter solum, scilicet ministrando verba et alia, quibus mediantibus, ipse poterat et debebat se ipsum ad bene agendum determinare, nullus tamen post Deum determinabat ipsum ad hoc aeque principaliter sicut ipsemet, poterat enim aliis singulis non obstantibus utrumque facere contrariorum."

selbst seine Tugend erworben hat, so verdankt er sich selbst das größte Gut, und wenn ihm auch andere durch Lehre und Überzeugung die Tugend beigebracht haben, so hat er sich diese gleichwohl ursprünglicher selbst verliehen, und deshalb soll er sich selbst mehr lieben als jeden anderen Menschen.[170] Buridan fügt dem zwei Anmerkungen hinzu, die die These vom Primat der Selbstliebe stützen: erstens ist der gute Mensch nicht nur pflichtgemäß, sondern auch freiwillig dazu geneigt, sich selbst am meisten zu lieben, weil er als *benefactor* das *beneficium* liebt, er ist aber sich selbst als sein eigener *benefactor* sein *beneficium*.[171] Zweitens liebt der tugendhafte Mensch *de facto* sich selbst am meisten, weil er stets dasjenige tut, was er tun soll, es so tut, wie er es tun soll, und auf dieselbe Weise tut er stets dasjenige, wozu seine Güte geneigt ist; dies aber bedeutet, sich selbst am meisten (unter allen Menschen) zu lieben.[172]

Die Bedeutung der vorangegangenen Überlegungen für den vorliegenden Kontext besteht darin, zu zeigen, dass die schlechthinnige Selbstliebe als unbedingte Selbstbejahung die Basis der unbedingten Anerkennung des Freundes ist.

Selbstliebe und Liebe zu Gott – zu den ontologischen Bedingungen der Freundschaft

Wie Thomas von Aquin stellt sich auch Johannes Buridan die Frage, wie sich die Tätigkeit der Freundschaft zur Abhängigkeit des Menschen von Gott verhält. Wie verträgt sich also der Gedanke einer unbedingten Freundschaftsliebe mit der Vortellung einer religiös-transzendenten Erfüllung?

---

[170] Quaest. in libr. eth., Fol 198vb: „Si ergo alii dederunt sibi bona corporis et exteriora et ipse dedit sibi ipsi bona virtutum, apparet, quod ipse maiora dedit sibi bona quam aliquis aliorum vel etiam quam alii universi, et si alii docendo et suadendo dederunt ei bona virtutum, tamen ipse dedit sibi ea principalius. Ergo manifestum est, quod ipse sibi ipsi magis dedit maxima bona quam aliquis alter, ergo ipse magis debet amare se quam alium vel alios quoscumque, tamen post ipsum Deum."

[171] Ebd.: „homo bonus libere magis inclinatur ad amandum se quam aliquem alium, quod probatur, quia de ratione perfecti benefactoris et quod sua bonitate inclinetur maxime ad amandum beneficiatum, ob hoc enim benefactor magis amat beneficiatum quam econtra [...], sed homo bonus magis est benefactor sibi ipsi quam alii, cum sibi ipsi dederit bona virtutum et nullum alteri nisi modo ministeriali praedicto."

[172] Ebd.: „Ulterius addo dicte conclusioni, quod de facto homo virtuosus magis amat seipsum quam alium, quia semper homo bonus hoc facit, quod facere debet, modo qui facere debet et tunc et ubi et sic de aliis circumstantiis, et eodem modo facit semper illud, ad quod sua bonitate inclinatur. Sed iam dictum est, quod ipse magis debet amare se quam alium et sua bonitate magis inclinatur ad amandum se quam alium, ergo etc. Item illum magis amat bonus homo, cui maiora bona facit et affectu maiori, sed hoc est sibi ipsi gratia etc."

Bei Buridan nimmt die Gottesliebe eine Sonderstellung ein. Am meisten und damit noch mehr als die eigene Person ist Gott zu lieben, und dies ist auch der menschlichen Vernunft gemäß. Für den Primat der Gottesliebe scheint die schlechthinnige Güte Gottes zu sprechen, die ihn zum Liebenswertesten macht und damit zu dem, der am meisten geliebt werden soll.[173] Jedoch erscheint Buridan die Argumentation nicht einleuchtend, denn dann müsste jeder Mensch denjenigen Menschen mehr lieben als sich selbst, der besser ist als er selbst, was aber zuvor abgelehnt wurde; auch müssten Eltern ein (fremdes) besseres Kind mehr lieben als ihr eigenes, was widernatürlich wäre.[174] Daher ist anzunehmen, dass die Liebe ihren Ursprung in einer natürlichen Verbindung oder Übereinstimmung (*„coniunctio vel convenientia connaturali“*) des Liebenden zum Geliebten nimmt.[175] Wenn also gesagt wird, dass etwas liebenswerter ist, weil es schlechthin besser ist, so ist dem zu entgegnen, dass eine natürliche Verbindung der Ursprung der Liebe ist, eine natürliche Disharmonie zum Objekt der Liebe führt aber weder dazu, dass das als entgegengesetzt Empfundene für den Liebenden liebenswert ist, noch ist dies dann für ihn am meisten liebenswert, und wenn die Verbindung zum besseren Objekt kleiner ist als die zum geringeren Gut, dann muss das schlechthin Bessere ihm nicht als liebenswerter gelten.[176]

---

[173] Quaest. in libr. eth., Fol 199rb: „Postea ponendum est, quod homo debet magis amare Deum quam seipsum etiam secundum dictamen rationis humanae. Ad hanc autem conclusionem diversi diversas rationes adducunt, quarum una prius tacta fuit talis: quod secundum seipsum et magis amabile hoc ab unoquoque debet magis amari, sed indubitanter Deus est magis amabilis omni alio, quia simpliciter et sine comparatione magis bonus, ergo ab unoquoque Deus magis debet amari quam aliquid aliud."

[174] Ebd.: „Sed videtur mihi, quod ista ratio non sit bona. Nam si maior esset vera, sequeretur, quod quilibet homo deberet magis amare quemlibet hominem meliorem se quam seipsum, quod prius negatum est. Sequeretur etiam, quod pater et mater deberent quaemcumque magis amare meliorem filio quam filium, quod esset omnino innaturale."

[175] Ebd.: „[…] videtur ergo mihi dicendum, quod amor ortum habet ex aliqua coniunctione vel convenientia connaturali amantis ad amatum. Ideo dicebatur in octavo, quod amicitia omnis fundatur in aliqua similitudine vel in proportione aliqua, velut activi ad passivum: activum autem et passivum coniunctionem quandam habent in eodem actu ipsorum, cum sit idem actus utriusque, ut apparet tertio physicorum."

[176] Quaest. in libr. eth., Fol 199va: „Quando ergo dicebatur, quod bonum amabile vel redditur amabilius, quia simpliciter magis bonum etc., dicendum est (ut mihi videtur), quod utroque modo supposita tamen coniunctione vel convenientia connaturali, quae est origo amoris. Sed supposita naturali disconvenientia vel defectu naturalitatis obiecti amabilis ad amatorem, nec oportet hoc illi esse amabile, nec hoc illi per consequens esse magis amabile, et si minor sit coniunctio obiecti melioris ad amantem quam obiecti minus boni, non oportet obiectum simpliciter melius esse illi amabilius."

Die Freundschaftsliebe kann also nur einen anderen Menschen betreffen, zu dem eine Ähnlichkeit in Bezug auf die Substanz besteht. Der Mensch kann daher kein Tier in dieser Weise lieben, und wenn er Gott liebt, dann unter der Voraussetzung der Vergleichbarkeit hinsichtlich der Grundlage der Liebe – diese ist aber die Freiheit, die bei Gott eine unbegrenzte, beim Menschen jedoch eine begrenzte Kausalität ist.

In einem zweiten Argumentationsstrang ist das absolute Gut liebenswerter als das teilweise, Gott ist aber das absolute Gut und birgt in sich alles andere Gute in vorzüglichster Weise, also ist er am liebenswertesten.[177] Nichts, das auf ein Ziel ausgerichtet ist, ist zu lieben außer um des Zielgrundes willen, weil nichts, das auf das Ziel ausgerichtet ist, gut ist außer um des Zielgrundes willen; deshalb ist auch niemand zu lieben außer um Gottes willen, weil dieser das Ziel allen Strebens ist.[178] Auch wenn die Liebe eine natürliche Verbindung erfordert, so ist hierin nicht jegliche *ratio amabilitatis* enthalten; daher kommt es vor, dass das weniger Verbundene liebenswerter ist aufgrund seiner größeren Güte.[179] Daher soll der Mensch denjenigen mehr lieben als sich selbst, der ihm *intimus* ist, der schlechthin besser ist als er, und der für ihn besser ist als er selbst – dies aber ist Gott.[180]

---

[177] Ebd.: „Alii autem praedictam conclusionem principalem intendunt sic probare: bonum totale ab unoquoque amabilius est bono partiali, sed Deus est bonum totale; claudit eum in se omne bonum multo melius et excellentius quam possit in aliquo alio inveniri. Ergo Deus est amabilior unicuique quam aliquid aliud […].“

[178] Quaest. in libr. eth., Fol 199vb / 200ra: „Nihil ordinatum in finem est amandum nisi propter causam finalem, quia nihil ordinatum in finem est bonum nisi propter causam finalem, ut dicit commentator secundo methaphysicae. Et hoc est verum, quia causalitas finis est in essendo alia bona propter bonitatem ipsius. Cum ergo nihil sit amandum nisi bonum et quia bonum, sequitur, quod nihil essentialiter ordinatum in finem sit amandum nisi propter illum finem; et ex hoc concludemus, quod nihil est amandum nisi propter Deum, cum Deus sit essentiali ordine finis omnium aliorum. Et confirmatur haec conclusio, quia Deus essentiali ordine est causa finalis omnium entium, omnium habituum et operationum convenientium. Ideo nihil est agendum vel patiendum nisi finaliter propter Deum, nec ergo amandum. Arguemus ergo sic: quicquid debemus amare, illud propter Deum debemus amare, sed propter unumquodque tale et illud magis, ergo magis debemus amare Deum quam aliquid aliud, et haec ratio videtur mihi bona.“

[179] Quaest. in libr. eth., Fol 200ra: „Iterum arguitur sic ad idem: licet ad amorem requiratur aliqua coniunctio vel convenientia connaturalis, tamen in ratione coniunctionis non clauditur tota ratio amabilitatis, contingit enim aliqua minus coniuncta esse magis amabilia propter maiorem bonitatem ipsorum.“

[180] Ebd.: „Arguamus ergo sic: illum magis debeo amare quam me ipsum, qui mihi est valde intimus, qui in infinitum est melior simpliciter me, et qui multo est mihi melior quam egomet. Sed Deus est huiusmodi; ergo etc. Maior est de se manifesta, minor probatur primo quidem Deus sic est mihi intimus, quia immediate mihi assistens, sine interruptione mihi continue influens esse et vivere, non sicut pater meus carnalis, qui solum dedit sperma, a quo sicut instrumentaliter generabar, sed sicut dans

Entscheidend ist bei diesen Überlegungen, dass der Vorrang der Gottesliebe nicht praktischer, sondern ontologischer Natur ist, weil Gott im we-
senhaften Sinne vorrangiges Gut ist, es liegt hier also eine Betrachtung „essentialiter"[181] vor. Das höchste praktische Gut ist die Freiheit des Menschen, die in Gott ihren Ursprung und ihre Grenze findet; zu diesem Gott
als Inbegriff der Freiheit selbst kann der Mensch nur in ein Verehrungsver-
hältnis treten, ablehnen kann er ihn genausowenig, wie er seine Freiheit ablehnen kann. Gott wird als tragende und prinzipielle Bedingung der eigenen
Existenz (d. h. des Seins im Unterschied zur bloßen Physis) geliebt.

III.4 Freiheit als Grund und Sinn der Freundschaft

Menschliches Handeln (*actio*) vollzieht sich in der *electio*, der vernünftigen
Willenswahl, und ist auf das Wollen selbst und damit auf die Freiheit gerichtet. Die im Handeln praktisch werdende Vernunft, der Wille, als jene
Instanz, die das *agere* in Gang setzt, ist frei.
Der Wille bestimmt sich selbst ursprünglich und ausschließlich durch Vernunft, d. h. reflexiv; sein Objekt ist er (der Wille) selbst (und nicht etwa
ein vorgefundenes Gutes als etwas von ihm selbst Verschiedenes). Der
Wille wird daher nicht schon durch ein (sei es auch als gut erkanntes) ihm
äußerliches Objekt zum Wollen gezwungen, er kann sich vielmehr selbst
frei zum Wollen (d. h. zum eigenen Vollzug) entschließen; keine Erkenntnis eines Guten zwingt ihn dazu, es tatsächlich zu wollen; er ist daher in
höherem Maße frei als die Vernunft. Die Grenze dieser Freiheit liegt in der
praktischen Notwendigkeit, dass das ‚nicht wollen' (*non velle*) als Ruhezustand nicht auf Dauer angelegt sein kann, weil eine solche dauerhafte Ruhe
des Willens den Menschen in die Handlungsunfähigkeit zwänge, was der
anthropologischen Funktion des Willens zuwiderliefe. Dementsprechend
ist der Wille letztlich notwendig auf ein Letztziel bezogen, das (unabhängig
von naturhaften Antrieben) die Vernunft selbst geltend macht: Der Wille
muss um der *libertas finalis ordinationis*, um der eigenen Freiheit willen
wollen.
  Freundschaft ist für Buridan wie auch für Aristoteles (der gleich zu
Beginn bemerkt, dass man in der Fremde sieht, „wie nah verwandt der
Mensch dem Menschen ist und wie befreundet"[182]) und für Thomas das
grundlegende zwischenmenschliche Verhältnis: dessen ureigener Sinn liegt
in der Anerkennung des Anderen in seiner Freiheit, in einem Akt, der sei-

continue et principaliter totum esse meum et saluans et conservans, sine cuius in-
fluentia in me statim ego nihil essem."
[181] Vgl. Anm. 178.
[182] EN 1155 a21f.

nerseits in nichts anderem als in der Realisierung der eigenen Freiheit besteht. Deshalb ist Freundschaft jener Ort, an dem moralisches Handeln (als Handeln um der Freiheit willen) sich in eigentümlicher Weise vollzieht. Für Buridan bezeichnet Freundschaft ein in der *ratio* wesentlich gründendes Verhältnis, bei dem es in erster Linie darum geht, sich nach Maßgabe der Vernunft dem Geliebten ganz hinzugeben und den eigenen Willen auf diesen Freund auszurichten. Wesentliches Merkmal dieser Freundschaft ist die im freien Willen gründende gegenseitige, offenbare *benevolentia* und *beneficentia*, die im *convictum* und in der *communicatio bonorum* ihren Vollzug findet. In dieser Weise können nur einander gleiche Personen miteinander befreundet sein, denn Freundschaft erfordert Wechselseitigkeit, Wechselseitigkeit aber beruht auf Gleichheit.

Freundschaft besteht in einem *actus voluntatis* und ist Ausdruck der Anerkennung des Freundes als eines moralischen Subjektes aus Freiheit heraus. Der Grund dieser Anerkennung ist in zweifacher Hinsicht Freiheit: Die Freiheit des Anerkennenden ermöglicht ebendiese Anerkennung, weil *er* es will, wird der Freund zum Freund; gleichzeitig ist es nichts anderes als die Freiheit des Freundes, die in dieser Anerkennung intendiert wird; der Freund wird um seiner selbst willen und damit um seiner Freiheit willen geliebt.

Die Voraussetzung jeder Freundschaft bildet die Annahme, dass die mir gegenübertretende Person ein guter Mensch ist; seine Freiheit als Befähigung zum Guten, Tugend also im Sinne der moralischen Einstellung, ist daher die Bedingung jeder Beziehung auf der inneren Ebene: nur, wer in dieser Weise frei ist, kann überhaupt zum Freund werden. Dieser Gleichheit im Inneren muss nun im Äußeren, und hier insbesondere in der *communicatio bonorum*, eine Gleichheit nach der individuellen Möglichkeit und den jeweiligen Bedürfnissen entsprechen. Nur wenn die Freunde beide Voraussetzungen erfüllen, wenn sie sich also erstens gegenseitig in ihrer Freiheit anerkennen und zweitens (als praktische Aufgabe im Sinne der Norm, die es zu befolgen gilt) die Möglichkeit haben, füreinander im Sinne der *communicatio bonorum* tätig zu werden, kann eine Freundschaft zwischen ihnen entstehen. Der *Grund* der Entstehung einer Freundschaft liegt dann im Factum der Entscheidung für den Freund durch einen *actus voluntatis* des Freundes. Eine Person liebt eine andere Person aus einem spontanen Akt des Willens heraus; sie entscheidet sich für den Freund, und dieser Vollzug ist ein unableitbarer Ausdruck ihrer Freiheit. Daher ist die Freundschaft die Realisierung der Freiheit um der Freiheit willen und insofern Übereinkunft der Freiheit selbst. Dass diese Freiheit wiederum unter äußeren Bedingungen steht, die sie selbst nur begrenzt gestalten kann, zeigt sich in prägnanter Weise in der Diskussion um das Herrscher-Sklave-Verhältnis.

Johannes Buridan löst das Problem der Begründung der Ausschließlichkeit von Freundschaftsverhältnissen auf der Grundlage seines Verständnisses von Willensfreiheit, demzufolge der Wille selbst das Gute erst begründet und aus sich heraus vollzieht. Während Thomas den Freund in seiner Liebenswürdigkeit als ganzer Mensch in den Fokus rückt und in dessen Einzigartigkeit den Grund der Freundschaft bestimmt, nimmt Buridan die Entscheidung der Person zur Anerkennung des Freundes aus Freiheit in den Blick. Grundsätzlich ist in allen zwischenmenschlichen Beziehungen, sofern sie noch im weitesten Sinne als *amicitiae* bezeichnet werden können, der andere um seiner selbst willen und damit in seiner Freiheit anzuerkennen, und dieses Anerkennungsverhältnis ist ein innerer Akt, der allein in der Macht des Anerkennenden liegt und keines weiteren Grundes bedarf als ebendieser Tatsache der Anerkennung aus Freiheit und um der Freiheit willen. Eine *amicitia* im engeren Sinne des Begriffs ist aber neben dieser inneren Anerkennung auf die Möglichkeit der wechselseitigen *communicatio bonorum* angewiesen; diese untersteht aber äußeren, näherin sozialen oder naturalen Bedingungen; die Herausforderung der Freunde besteht dann darin, diesen Bedingungen Rechnung zu tragen und sie auszugestalten, soweit es eben geht. Nur wenn diese gestaltete Wechselseitigkeit gelingt, kann eine Freundschaft ent- und bestehen.

Buridan hebt in der Freundschaftsdiskussion den grundlegenden Aspekt der Anerkennung der Freiheit des Anderen hervor; diese Anerkennung bezieht sich auf jeden Menschen, insofern er ein moralisches Wesen ist. In ebendieser Hinsicht stimmt Buridan aber mit Immanuel Kant ebenso überein wie in der Betonung der Freiheit des Willens. Aufgrund dieser Übereinstimmungen liegt es nun zum Schluss dieser Arbeit nahe, in vergleichender Weise auf die Freundschaftsdiskussion bei Kant einzugehen.

IV. Moralität und Achtung: Immanuel Kant

Immanuel Kant geht wie Johannes Buridan davon aus, dass der Mensch über einen freien Willen verfügt, durch den die Vernunft unmittelbar praktisch zu werden vermag; deshalb wird für beide Autoren Freiheit zum Prinzip der Moralität. Die leitende Hinsicht des folgenden Vergleichs der beiden Philosophen bildet deswegen der Subjektgedanke als grundlegendes moralisches Konzept. Gemäß der Themenstellung dieser Arbeit stellt sich die Frage, inwiefern der kantische Subjektbegriff in seinen Ausführungen zur Freundschaft seinen Ausdruck findet und wo zwischen Buridan und Kant auch in Bezug auf die Freundschaft Gemeinsamkeiten zu finden sind. Diese Übereinstimmung bedeutet dann im Ergebnis, dass Thomas seinerseits mit seinen Überlegungen eine Alternative im Verständnis der Freundschaft zur neuzeitlichen Auffassung Kants darstellt.

Das Postulat des freien Willens ist für die praktische Philosophie Kants von entscheidender Bedeutung und wurde dementsprechend in der Forschung breit diskutiert. Daher steht diese Arbeit vor der Herausforderung, das Thema so zu skizzieren, dass trotz der gebotenen Kürze und der damit einhergehenden Vereinfachung die grundlegenden Gedanken ausreichend nachvollziehbar werden und ein angemessener Hintergrund für die Beantwortung der Fragestellung gebildet wird. Deshalb bleiben sowohl jene ausdifferenzierenden Probleme, die Kant selbst bearbeitet, als auch die Diskussionen der Forschung, die sich aus der detaillierten Auseinandersetzung mit den Begriffen ergeben, weitgehend unberücksichtigt. Es geht also zunächst darum, die kantischen Überlegungen zu Willensfreiheit und Moralität in groben Zügen so zusammenzufassen, dass die wichtigsten Merkmale deutlich werden. In Bezug auf die Freiheitsthematik konzentriere ich mich auf die moralphilosophischen Hauptschriften (*Grundlegung zur Metaphysik der Sitten, Kritik der praktischen Vernunft, Metaphysik der Sitten*). Zur Analyse des Freundschaftsbegriffs ziehe ich die *Vorlesung über allgemeine praktische Philosophie und Ethik*[1] hinzu.

---

[1] Die Berücksichtigung der sog. *Vorlesung Kaehler* beschränkt sich auf eine Textstelle, die die Überlegungen in der *Metaphysik der Sitten* ergänzt und in ihrer Entwicklung rückverfolgen lässt. Der Text liegt in einer zuverlässigen Neuedition vor. Die erstmals von Paul Menzer im Jahr 1924 veröffentlichte Vorlesung wurde im Jahr 2004 von Werner Stark mit kritischem Textapparat unter dem Titel *Vorlesung zur Moralphilosophie* herausgegeben (Berlin, 2004); diese Ausgabe wird hier zitiert, aber in Anlehnung an den Originaltitel im Folgenden mit VE abgekürzt. Die Seitenzahlen beziehen sich dort, wo die Vorlesung zitiert wird, auf die Zählung der Handschrift, die bei Stark jeweils in Eckklammern angegeben ist.

IV.1 Moralität und Freiheit

IV.1.1 Wille, Pflicht und Gesetz

Immanuel Kant widmet sich in seiner 1785 erschienen *Grundlegung zur Metaphysik der Sitten* ausführlich der für seine Moralphilosophie grundlegenden Fragestellung nach dem menschlichen Willen und seinen Beweggründen.[2] Ausgehend von dem anthropologischen Grundbefund, dass der Mensch ein strebendes Wesen ist, versteht Kant den Willen als dasjenige Vermögen einer Person, durch das diese sich in ihrem Streben kraft ihrer Vernunft bestimmt. Der Wille ist also das Streben, soweit es vernunftbestimmt ist. Wie sich das Verhältnis von Vernunft und Wille gestaltet und in welcher Hinsicht der Wille sich als frei erweist, sind für Kant Fragen von entscheidender Bedeutung, denn es wird sich zeigen, dass nur ein freier Wille ein guter Wille ist, und ein guter Wille bildet für ihn die Voraussetzung der Moralität – daher enthält jene berühmte Feststellung Kants zu Beginn der *Grundlegung* einen Grundgedanken seines gesamten ethischen Systems:

> „Es ist überall nichts in der Welt, ja überhaupt auch außer derselben zu denken möglich, was ohne Einschränkung für gut könnte gehalten werden, als allein ein guter Wille."[3]

Die Identifikation des moralisch[4] Guten mit dem *guten Willen* wird hier absolut und universell formuliert. Diese Formulierung rückt den Blick weg vom tatsächlich verwirklichten Handeln, das als Ergebnis einer willentlichen Entscheidung gelten kann, hin zum inneren Ursprung dieses äußeren Handelns, der eben im Willen selbst liegt. Das Alltagsurteil, dass jemand ein gutes Werk getan hat, ist für Kant mindestens ungenau, denn das Gute dieser Tat besteht im guten Willen, der allein einen „innern un-

---

[2] Zur *Grundlegung zur Metaphysik der Sitten*, ihrem Aufbau und ihren Zielen siehe Schönecker, Dieter / Wood, Allen W.: Kants „Grundlegung zur Metaphysik der Sitten", Ein einführender Kommentar, S. 9-39, Paderborn ³2007.

[3] Kant, Immanuel: Werke (Akademie Textausgabe). Bd. IV: Grundlegung zur Metaphysik der Sitten, Berlin 1968, AA IV 393, 5-7; (im Folgenden GMS). Vgl. zu dieser Formulierung von Dieter Sturma: „Anders als häufig unterstellt wird, sagt Kant an dieser Stelle nicht, dass nur der gute Wille unbedingt gut sei. Sein Zugang ist indirekt: Allein der gute Wille könne ohne Einschränkungen für gut *gehalten* werden. Die Formulierung enthält eine Zuschreibung, nicht etwa eine Aussage über einen moralpsychologischen Sachverhalt." Sturma, Dieter, Kant's Ethik der Autonomie, S. 160-177, hier S. 169f, in: Ameriks, Karl / Sturma, Dieter (Hrsg.): Kant's Ethik, Paderborn 2004; zum Begriff des guten Willens vgl. Cicovacki, Predrag: Zwischen gutem Willen und Kategorischem Imperativ: Die Zweideutigkeit der menschlichen Natur in Kants Moralphilosophie, S. 330-354, in: Baumgarten, Hans-Ulrich / Held, Carsten (Hrsg.), Systematische Ethik mit Kant, Freiburg 2001.

[4] Vgl. dazu Schönecker / Wood 2007, S. 42f.

bedingten Werth"[5] hat. Nicht die Tatsache, dass der Wille etwas Gutes hervorbringt, etwas „bewirkt", macht ihn zum guten Willen, vielmehr soll er selbst „an sich" gut sein.[6] Der Bestimmungsgrund des Willens soll die Pflicht sein, und diese steht zunächst im Gegensatz zur Neigung; nach Kant soll der Pflichtbegriff den des Willens enthalten[7]. Dementsprechend scheint jede Handlung des guten Willens (jede moralisch gute Handlung) eine Handlung aus Pflicht zu sein.[8] Kant betont anhand von Beispielen,

---

[5] GMS, AA IV 394, 1.

[6] GMS, AA IV 394, 13-18: „Der gute Wille ist nicht durch das, was er bewirkt oder ausrichtet, nicht durch seine Tauglichkeit zu Erreichung irgend eines vorgesetzten Zweckes, sondern allein durch das Wollen, d. i. an sich, gut und, für sich selbst betrachtet, ohne Vergleich weit höher zu schätzen als alles, was durch ihn zu Gunsten irgendeiner Neigung, ja wenn man will, der Summe aller Neigungen nur immer zu Stande gebracht werden könnte."

[7] GMS, AA IV 397, 1-8: „Um aber den Begriff eines an sich selbst hochzuschätzenden und ohne weitere Absicht guten Willens […] zu entwickeln: wollen wir den Begriff der Pflicht vor uns nehmen, der den eines guten Willens, obzwar unter gewissen subjectiven Einschränkungen und Hindernissen, enthält […]." Vgl. zum Verhältnis zwischen Pflicht und Neigung Geismann, Georg: Über Pflicht und Neigung in Kants Moralphilosophie, S. 143-157, in: ders., Kant und kein Ende, Studien zur Moral-, Religions- und Geschichtsphilosophie Bd. 1, Würzburg 2009. Geismann betont, dass es Kant lediglich darum gehe, Neigungen als obersten Bestimmungsgrund moralisch relevanter Handlungen auszuschließen: „Der ‚Unterschied, ob der Mensch gut oder böse‘ ist, liegt somit nicht darin, ob der Mensch mit seinen Maximen Neigungen Rechnung trägt oder nicht, sondern darin, ob er bei der Befolgung seiner (moralischen) Maximen die Triebfedern der Sinnlichkeit der Triebfeder des moralischen Gesetzes *unterordnet* oder nicht, ob er also die Vernunft oder die Sinnlichkeit zur *obersten* Bedingung aller seiner Willensbestimmung macht." (S. 151).

[8] Vgl. dazu Schönecker / Wood 2007, S. 60: „Ein vollkommen vernünftiges Wesen (das einen guten Willen hat), handelt nicht aus Pflicht; denn Pflicht gibt es für ein solches Wesen nicht. Nur für ein Wesen, dessen Wille nicht vollkommen gut ist, kann es Pflicht überhaupt geben. Aufgrund dieses Unterschieds ist der Satz: ‚Jede Handlung aus Pflicht ist die Handlung eines guten Willens‘, richtig, während der Satz: ‚Jede Handlung eines guten Willens ist eine Handlung aus Pflicht‘ falsch ist, und zwar deswegen, weil die Handlung eines vollkommen guten Willens keine Handlung aus Pflicht ist. Richtig ist wiederum der Satz: ‚Jede moralisch uneingeschränkt gute Handlung eines unvollkommenen Wesens ist eine Handlung aus Pflicht‘ […]. Der Begriff der Pflicht ist die Antwort auf dieselbe Frage [was allein moralischen Wert haben kann], aber in Hinsicht darauf, daß das Wollen, das moralischen Wert hat, das Wollen eines unvollkommenen Wesens ist." Diese Überlegung bezieht sich auf Kant, GMS, AA IV 414, 1-5: „Ein vollkommen guter Wille würde also eben sowohl unter objectiven Gesetzen (des Guten) stehen, aber nicht dadurch als zu gesetzmäßigen Handlungen genöthigt vorgestellt werden können, weil er von selbst nach seiner subjectiven Beschaffenheit nur durch die Vorstellung des Guten bestimmt werden kann."
Dennoch gilt m. E., dass *nur* in Bezug auf den Menschen als unvollkommenes Wesen (und damit würden Wesen mit vollkommen gutem Willen außen vor gelassen)

dass Handlungen nur dann von moralischem Wert sind, wenn sie aus Pflicht, *nicht* aber aus Neigung, vollzogen werden.[9] Zuvor wurde gesagt, dass allein ein guter Wille von moralischem Wert ist. Von moralischem Wert sind also Handlungen des guten Willens und Handlungen aus Pflicht. Sind diese dann identisch? Über diese Frage hinaus deutet sich bereits hier an, dass der Wille nicht schon deshalb gut ist, weil er etwas Gutes will. Dieser Gedanke wird gleich noch näher ausgeführt, denn er enthält die ‚Pointe' des guten Willens. Zunächst soll die Frage nach dem Verhältnis von Pflicht und Wille geklärt werden, das in der Erörterung des Werts einer Handlung deutlicher wird:

> „[...] eine Handlung aus Pflicht hat ihren moralischen Werth nicht in der Absicht, welche dadurch erreicht werden soll, sondern in der Maxime, nach der sie beschlossen wird, hängt also nicht von der Wirklichkeit des Gegenstandes der Handlung ab, sondern blos von dem Princip des Wollens, nach welchem die Handlung unangesehen aller Gegenstände des Begehrungsvermögens geschehen ist. [...] Worin kann also dieser Werth liegen, wenn er nicht im Willen in Beziehung auf deren verhoffte Wirkung bestehen soll? Er kann nirgends anders liegen, als im Prinzip des Willens unangesehen der Zwecke, die durch solche Handlung bewirkt werden können; denn der Wille ist mitten inne zwischen seinem Princip a priori, welches formell ist, und zwischen seiner Triebfeder a posteriori, welche materiell ist, gleichsam auf einem Scheidewege, und da er doch irgend wodurch muß bestimmt werden, so wird er durch das formelle Princip des Wollens überhaupt bestimmt werden müssen, wenn eine Handlung aus Pflicht geschieht, da ihm alles materielle Princip entzogen worden."[10]

Handlungen aus Pflicht haben einen Wert, weil ihnen eine bestimmte Maxime, eine Handlungsregel, zugrundeliegt. Sie sind nicht aufgrund des Gegenstandes des Willens gut, also aufgrund dessen, *was* er will, sondern aufgrund dessen, *wie* er das will, was er will. Worin besteht nun dieses Prinzip des Wollens, das eine Handlung aus Pflicht leiten soll?

> „[...] Pflicht ist die Nothwendigkeit einer Handlung aus Achtung fürs Gesetz. Zum Objecte als Wirkung meiner vorhabenden Handlung kann ich zwar Neigung haben, aber niemals Achtung, eben darum weil sie bloß eine Wirkung und nicht Thätigkeit eines Willens ist. Eben so kann ich für Neigung überhaupt, sie mag nun meine oder eines andern seine sein, nicht Achtung haben [...]. Nur das, was bloß als Grund, niemals aber als Wirkung mit meinem Willen verknüpft ist, was nicht meiner Neigung dient, sondern sie über-

---

jede Handlung eines guten Willens eine Handlung aus Pflicht ist, denn jede moralisch gute Handlung ist ja (beim Menschen) eine Handlung des guten Willens.
[9] GMS, AA IV 397ff.
[10] GMS, AA IV 399, 35-400, 16.

wiegt, […] mithin das bloße Gesetz für sich kann ein Gegenstand der Achtung und hiemit ein Gebot sein. Nun soll eine Handlung aus Pflicht den Einfluß der Neigung und mit ihr jeden Gegenstand des Willens ganz absondern, also bleibt nichts für den Willen übrig, was ihn bestimmen könnte, als objectiv das Gesetz und subjectiv reine Achtung für dieses praktische Gesetz, mithin die Maxime, einem solchen Gesetze selbst mit Abbruch aller meiner Neigungen, Folge zu leisten."[11]

Das Motiv einer Handlung aus Pflicht ist die Achtung, also ein Gefühl der Verbindlichkeit, das nur auf ein Gesetz bezogen werden kann. Dieses Gesetz ist daher letztlich der Grund des Willens als das ihn bestimmende Prinzip. Wer aus Pflicht handelt, handelt aus Achtung für den Grund des Willens, also aus Achtung für dieses Gesetz. Welches Gesetz meint Kant?

„Was kann das aber wohl für ein Gesetz sein, dessen Vorstellung, auch ohne auf die daraus erwartete Wirkung Rücksicht zu nehmen, den Willen bestimmen muß, damit dieser schlechterdings und ohne Einschränkung gut heißen könne? Da ich den Willen aller Antriebe beraubet habe, die ihm aus der Befolgung irgend eines Gesetzes entspringen könnten, so bleibt nichts als die allgemeine Gesetzmäßigkeit der Handlungen überhaupt übrig, welche allein dem Willen zum Princip dienen soll, d. i. ich soll niemals anders verfahren als so, daß ich auch wollen könne, meine Maxime solle ein allgemeines Gesetz werden. Hier ist nun die bloße Gesetzmäßigkeit überhaupt […] das, was dem Willen zum Princip dient und ihm auch dazu dienen muß, wenn Pflicht nicht überall ein leerer Wahn und chimärischer Begriff sein soll; hiemit stimmt die gemeine Menschenvernunft in ihrer praktischen Beurtheilung auch vollkommen überein und hat das gedachte Princip jederzeit vor Augen."[12]

Dasjenige Gesetz, das Prinzip des Willens und damit Grund der Pflicht ist, besteht in nichts anderem als in der Gesetzmäßigkeit als solcher, es fordert, nur aufgrund eines Willens zu handeln, der auch als allgemeines Gesetz gewollt werden könnte. Moralisch wertvoll ist also diejenige Handlung, von der der Handelnde wollen könnte, dass so zu handeln allgemeines Gesetz werde. Ein guter Wille wird niemals anders als nach diesem Gesetz wollen. Da der Vernunft zwar ein Einfluss auf den menschlichen Willen möglich ist, dieser ihr aber nicht gänzlich unterliegt, weil er in Bezug auf seine Gegenstände (also gemäß seiner materiellen Triebfeder *a posteriori*) durch Neigungen bestimmt wird, ist es die Pflicht, die Achtung vor dem (vernünftigen) moralischen Gesetz, die ihn zu einem guten Willen macht. Kant ist der Überzeugung, dass es dem Menschen nicht nur möglich ist, der Pflicht den Vortritt vor der Neigung zu geben, sondern

---

[11] GMS, AA IV 400, 18-401, 2.
[12] GMS, AA IV 402, 1-15.

dass die Kraft der Achtung vor dem Gesetz ungleich stärker ist als die der Neigungen, weshalb es eine alltägliche, auch dem unbedarften Zeitgenossen zugängliche Instanz darstellt.[13]

In der von der materiellen Triebfeder unabhängigen Bestimmbarkeit durch Gesetzmäßigkeit liegt nun gerade der eigentümliche Charakter des menschlichen Willens begründet, durch den er sich dann als praktische Vernunft erweist:

> „Ein jedes Ding der Natur wirkt nach Gesetzen. Nur ein vernünf-
> tiges Wesen hat das Vermögen, nach der Vorstellung der Gesetze,
> d. i. nach Principien, zu handeln, oder einen Willen. Da zur Ablei-
> tung der Handlungen von Gesetzen Vernunft erfodert wird, so ist
> der Wille nichts anders als praktische Vernunft."[14]

Zwar betont Kant die grundsätzliche Allgegenwärtigkeit des praktischen Prinzips, doch da im Menschen sowohl Vernunft *als auch* (sinnliche) Neigung als bestimmende Kräfte einwirken, muss der Vorrang der Vernunft vor der Neigung durch „Nötigung" in Form eines „Imperativs" durchgesetzt werden.[15] Der Imperativ drückt das objektive, also für jedes Vernunftwesen geltende (gelten könnende) Gebot aus, dem der Wille sich unterwirft, wenn er sich durch die Vernunft bestimmen lässt. Die Maxime stellt hingegen ein nur subjektives Gebot eines individuellen Willens dar.[16]

---

[13] GMS, AA IV 410, 25-411, 3: „Denn die reine und mit keinem fremden Zusatze von empirischen Anreizen vermischte Vorstellung der Pflicht und überhaupt des sittlichen Gesetzes hat auf das menschliche Herz durch den Weg der Vernunft allein (die hiebei zuerst inne wird, daß sie für sich selbst auch praktisch sein kann) einen so viel mächtigern Einfluß, als alle andere Triebfedern, die man aus dem empirischen Felde aufbieten mag, daß sie im Bewußtsein ihrer Würde die letzteren verachtet und nach und nach ihr Meister werden kann;".

[14] GMS, AA IV 412, 26-30.

[15] GMS, AA IV 412, 30-413, 11: „Wenn die Vernunft den Willen unausbleiblich bestimmt, so sind die Handlungen eines solchen Wesens, die als objectiv nothwendig erkannt werden, auch subjectiv nothwendig, d. i. der Wille ist ein Vermögen, nur dasjenige zu wählen, was die Vernunft unabhängig von der Neigung als praktisch nothwendig, d. i. als gut, erkennt. Bestimmt aber die Vernunft für sich allein den Willen nicht hinlänglich, ist dieser noch subjectiven Bedingungen (gewissen Triebfedern) unterworfen, die nicht immer mit den objectiven übereinstimmen; mit einem Worte, ist der Wille nicht an sich völlig der Vernunft gemäß (wie es beim Menschen wirklich ist): so sind die Handlungen, die objectiv als nothwendig erkannt werden, subjectiv zufällig, und die Bestimmung eines solchen Willens objectiven Gesetzen gemäß ist Nöthigung; [...] Die Vorstellung eines objectiven Princips, sofern es für einen Willen nöthigend ist, heißt ein Gebot (der Vernunft), und die Formel des Gebots heißt Imperativ."

[16] GMS, AA IV 400, 34-37: „Maxime ist das subjective Princip des Wollens; das objective Princip (d. i. dasjenige, was allen vernünftigen Wesen auch subjektiv zum praktischen Prinzip dienen würde, wenn Vernunft volle Gewalt über das Begehrungsvermögen hätte) ist das praktische Gesetz."

Im guten Willen kommen subjektive Maxime und objektiver Imperativ zur Deckung. Kant unterscheidet zwei Grundformen von Imperativen, den hypothetischen und den kategorischen Imperativ.[17] Beiden Imperativen ist gemeinsam, dass die Vernunft durch sie eine bestimmte Handlung als gut und damit als zu vollziehen fordert. Der entscheidende Unterschied zwischen ihnen liegt in der Relation von Güte und Handlung: Eine Handlung, die nur gut (und notwendig zu tun) ist, insofern der Zweck, den man durch sie erreichen will, auch tatsächlich gewollt wird, ist hypothetisch geboten. Eine Handlung aber, die selbst (an sich) gut ist und als solche gewollt werden muss, ist kategorisch geboten. Der Zweck, auf den sich eine Handlung gemäß einem hypothetischen Imperativ bezieht, ist selbst nicht notwendig zu wollen geboten. Die Handlung, die ein kategorischer Imperativ vorschreibt, ist dagegen an sich gut und soll von einem guten Willen uneingeschränkt gewollt werden. Kant bezeichnet den kategorischen Imperativ daher auch als Imperativ „der Sittlichkeit"[18].

Auch für Kant bedarf *jede* Handlung – und somit auch eine Handlung, die einem kategorischen Imperativ gemäß ist – eines Zwecks. Es

---

[17] GMS, AA IV 414, 12-25: „Alle Imperativen nun gebieten entweder hypothetisch, oder kategorisch. Jene stellen die praktische Nothwendigkeit einer möglichen Handlung als Mittel zu etwas anderem, was man will (oder doch möglich ist, daß man es wolle), zu gelangen vor. Der kategorische Imperativ würde der sein, welcher eine Handlung als für sich selbst, ohne Beziehung auf einen andern Zweck, als objectiv-nothwendig vorstellte. Weil jedes praktische Gesetz eine mögliche Handlung als gut und darum für ein durch Vernunft praktisch bestimmbares Subject als nothwendig vorstellt, so sind alle Imperativen Formeln der Bestimmung der Handlung, die nach dem Princip eines in irgend einer Art guten Willens nothwendig ist. Wenn nun die Handlung bloß wozu anders als Mittel gut sein würde, so ist der Imperativ hypothetisch; wird sie als an sich gut vorgestellt, mithin als nothwendig in einem an sich der Vernunft gemäßen Willen, als Princip desselben, so ist er kategorisch."

[18] GMS, AA IV, 416, 9-14: „Dieser Imperativ ist kategorisch. Er betrifft nicht die Materie der Handlung und das, was aus ihr erfolgen soll, sondern die Form und das Princip, woraus sie selbst folgt, und das Wesentlich-Gute derselben besteht in der Gesinnung, der Erfolg mag sein, welcher er wolle. Dieser Imperativ mag der der Sittlichkeit heißen." Zur Diskussion um die Kritik am Kategorischen Imperativ vgl. Geismann, Georg: Der Kategorische Imperativ – eine Leerformel? in: ders., Kant und kein Ende, Studien zur Moral-, Religions- und Geschichtsphilosophie Bd. 1, S. 197-206, Würzburg 2009. Insbesondere macht Geismann darauf aufmerksam, dass der entscheidende Gedanke der „Gesetzestauglichkeit, verkürzt und eher irreführend Verallgemeinerbarkeit (,universalizability') genannt, keinesfalls auf eine empirische Allgemeinheit, am allerwenigsten auf die Allgemeinheit einer Handlung [zielt]." [...] Vielmehr geht es um die rein rationale Überlegung, was der Fall wäre, wenn eine bestimmte Verhaltensmaxime allgemeines Verhaltensgesetz wäre." (S. 205). Auch sei der kategorische Imperativ mitnichten „inhaltsleer" (S. 198).

stellt sich also die Frage, welche Zwecke mit diesen Handlungen verfolgt werden können oder gar müssen.[19]

IV.1.2 Autonomie

Neben dem sittlichen (kategorischen) Imperativ gibt es zwei Arten von hypothetischen Imperativen, die das menschliche Wollen bestimmen können: Regeln der Geschicklichkeit und Regeln der Klugheit.[20] Die hypothetischen Imperative der Geschicklichkeit beziehen sich auf alle möglichen Absichten, dass und wie sie möglich sind, ist nach Kant leicht einzusehen.[21] Bei den Imperativen der Klugheit sieht es schon schwieriger aus: zwar sind sie, wie die Imperative der Geschicklichkeit, auf ein Mittel zu einer Absicht ausgerichtet, jedoch zielt die Klugheit nicht auf irgendeinen möglichen Zweck, sondern auf die immer schon gewollte Absicht der Glückseligkeit. Doch es stellt sich folgendes Problem:

> „[...] [der Mensch] ist nicht vermögend, nach irgend einem Grundsatze mit völliger Gewißheit zu bestimmen, was ihn wahrhaftig glücklich machen werde, darum weil hiezu Allwissenheit erforderlich sein würde. Man kann also nicht nach bestimmten Principien handeln, um glücklich zu sein, sondern nur nach empirischen Rathschlägen [...] Hieraus folgt, daß die Imperativen der Klugheit [...] eher für Anrathungen (consilia) als Gebote (praecepta) der Vernunft zu halten sind [...]."[22]

Die Imperative der Klugheit üben hinsichtlich der Frage danach, was zu tun sei, eine nur bedingt hilfreiche Beratungsfunktion aus. Die Möglichkeit (und Wirklichkeit) des kategorischen Imperativs, der sich nicht auf einen möglichen Zweck bezieht, sondern ein praktisches Gesetz ausdrückt, das völlig unabhängig von Zwecken für den Willen gilt, ist Kant zufolge „empirisch" nicht beweisbar und daher „a priori zu untersuchen"[23]. Er besteht aus nur einem Gebot, in dem alle anderen Gebote der Pflicht gründen:

> „[...] handle nur nach derjenigen Maxime, durch die du zugleich wollen kannst, daß sie ein allgemeines Gesetz werde."[24]

Neben dieser Grundformel nennt Kant eine Reihe verschiedener anderer Formeln, die Varianten des einen Gesetzes sind und der „Anschauung"

---

[19]   Siehe dazu Kap. IV.2.
[20]   Kant, GMS, AA IV 415, 6-416, 6. Diese Regeln zeigen auf, was zu tun ist, um eine Absicht zu erreichen.
[21]   GMS, AA IV 417, 3-26.
[22]   GMS, AA IV 418, 21-32.
[23]   GMS, AA IV 419, 37.
[24]   GMS, AA IV 421, 7f.

dienen,[25] so die Naturgesetzformel[26], der zufolge die eigenen Maximen allgemeine Naturgesetze sein können sollen und die Selbstzweckformel[27], die gebietet, sowohl die eigene als auch andere Personen nie bloß als Mittel, sondern immer zugleich als Zweck anzusehen. Im vorliegenden Kontext ist vor allem der Gedanke der Autonomie interessant,[28] den Kant (unter Vorwegnahme des dritten Teils des *GMS*) als „das Princip der Autonomie des Willens"[29] formuliert; so ist es geboten,

> „[…] keine Handlung nach einer andern Maxime zu thun, als so, daß es auch mit ihr bestehen könne, daß sie ein allgemeines Gesetz sei, und also nur so, daß der Wille durch seine Maxime sich selbst als zugleich als allgemein gesetzgebend betrachten könne."[30]

Wenn der Wille bloß als einem Gesetz unterworfen vorgestellt wird, dann erscheint er als passiver Empfänger; der Wille steht unter einem Gesetz, dem er sich zu fügen hat. Doch Kant will den Willen als aktives Vermögen verstehen, das selbst Ursprung des Gesetzes ist und sich dieses folglich selbst gibt, daher ist er nur sich selbst unterworfen und von allen anderen möglichen bestimmenden Einflüssen frei, er kann sich dem Gesetz aber

---

[25] GMS, AA IV 436, 12. Vgl. zur folgenden Zusammenfassung und Bezeichnung der drei Formeln Schönecker / Wood 2007, Kap. 3.4, S. 125-171. Dort werden die einzelnen Formeln ausführlich dargestellt und hinsichtlich ihres Verhältnisses diskutiert.

[26] GMS, AA IV 421, 18-21: „handle so, als ob die Maxime deiner Handlung durch deinen Willen zum allgemeinen Naturgesetze werden sollte."

[27] GMS, AA IV 429, 10ff: „Handle so, daß du die Menschheit sowohl in deiner Person, als in der Person eines jeden andern jederzeit zugleich als Zweck, niemals bloß als Mittel brauchst." Vgl. zum Verhältnis von Selbstzweckformel und Achtung Sullivan, Roger J., Immanuel Kant's moral theory, Kap. 14: „The Formula of Respect for the Dignity of Persons, S. 193-211, Cambridge 1989.

[28] Vgl. Geismann, Georg, Die Formeln des kategorischen Imperativs nach H. J. Paton, N.N., Klaus Reich und Julius Ebbinghaus, S. 383: „Die Formel der Autonomie des Willens ist gar keine Formel des kategorischen Imperativs, sondern der Grundsatz für dessen Befolgung, der als solcher unabhängig davon ist, auf welche Weise der zu befolgende Imperativ objektiv bestimmt wird." In: Kant-Studien 93 (2002), S. 374-384; Vgl. GMS, AA IV 431, 14-24: „[…] hieraus folgt nun das dritte praktische Princip des Willens, als oberste Bedingung der Zusammenstimmung desselben mit der allgemeinen praktischen Vernunft, die Idee des Willens jedes vernünftigen Wesens als eines allgemein gesetzgebenden Willens. Alle Maximen werden nach diesem Princip verworfen, die mit der eigenen allgemeinen Gesetzgebung des Willens nicht zusammen bestehen können. Der Wille wird also nicht lediglich dem Gesetze unterworfen, sondern so unterworfen, daß er auch als selbstgesetzgebend und eben um deswillen allererst dem Gesetze (davon er selbst sich als Urheber betrachten kann) unterworfen angesehen werden muß." Die Autonomieformel ist ihrerseits eng verbunden mit dem Begriff des Reichs der Zwecke; vgl. hierzu GMS, AA IV 433, 16-33.

[29] GMS, AA IV 433, 10.

[30] GMS, AA IV 434, 10-14.

umgekehrt nicht entziehen, ohne sich selbst zu widersprechen. Der Wille soll also, wenn er dem moralischen Gesetz des kategorischen Imperativs unterworfen wird, sein eigener Gesetzgeber sein. In genau dieser Autonomie besteht nach Kant Freiheit, und mit dieser Identifikation beginnt der dritte Abschnitt der *GMS*, der die Möglichkeit des kategorischen Imperativs erklären soll.[31] Freiheit wird als Eigenschaft des Willens vorgestellt, insofern er Kausalität selbst hervorzubringen vermag, und diese Eigenschaft ist an Vernunft gebunden. Als Kausalität kann Freiheit nicht bedeuten, dass der Wille in dieser seiner Kausalität durch nichts begrenzt wäre. Im Gegenteil soll die Freiheit des Willens identisch mit seiner Autonomie sein: Der Wille ist frei, weil und insofern er von keiner ihm äußerlichen Instanz bestimmt wird, er ist unabhängig von allem, was er nicht selbst ist. Da Autonomie ihrerseits eine Variante des kategorischen Imperativs ist, also der Sittlichkeit, heißt frei zu sein, sittlich zu sein.[32]

---

[31] GMS, AA IV 446, 7-447, 7: „Der Wille ist eine Art von Causalität lebender Wesen, so fern sie vernünftig sind, und Freiheit würde diejenige Eigenschaft dieser Causalität sein, da sie unabhängig von fremden sie bestimmenden Ursachen wirkend sein kann: […] Da der Begriff einer Causalität den von Gesetzen bei sich führt, nach welchen durch etwas, was wir Ursache nennen, etwas anderes, nämlich die Folge, gesetzt werden muß: so ist die Freiheit, ob sie zwar nicht eine Eigenschaft des Willens nach Naturgesetzen ist, darum doch nicht gar gesetzlos, sondern muß vielmehr eine Causalität nach unwandelbaren Gesetzen, aber von besonderer Art sein; denn sonst wäre ein freier Wille ein Unding. Die Naturnothwendigkeit war eine Heteronomie der wirkenden Ursachen; […] was kann denn wohl die Freiheit des Willens sonst sein als Autonomie, d. i. die Eigenschaft des Willens, sich selbst ein Gesetz zu sein? Der Satz aber: der Wille ist in allen Handlungen sich selbst Gesetz, bezeichnet nur das Princip, nach keiner anderen Maxime zu handeln, als die sich selbst auch als ein allgemeines Gesetz zum Gegenstande haben kann. Dies ist aber gerade die Formel des kategorischen Imperativs und das Princip der Sittlichkeit: also ist ein freier Wille und ein Wille unter sittlichen Gesetzen einerlei." Vgl. zur kantischen Ethik als „Ethik der Autonomie": Sturma 2004, S. 160-177. Sturma geht ausführlich auf den Einfluss Rousseaus auf die kantische Ethik ein: „Ihr spezifisches Profil gewinnt [Kants Ethik] vielmehr durch den von Rousseau übernommenen Autonomiegedanken, der sich in seiner ausgeprägten Form bei keinem anderen ethischen Ansatz findet." (S. 160); der Aufsatz stellt die entscheidende Bedeutung des „Selbstbewusstseins" für beider Autonomie-Ethik heraus. Vgl. zu dieser Passage am Beginn des dritten Abschnitts Ameriks, Karl: Zu Kants Argumentation am Anfang des Dritten Abschnitts der Grundlegung, S. 24-54, in: Baumgarten / Held 2001 sowie Römpp, Georg: Kants Kritik der reinen Freiheit. Eine Erörterung der ‚Metaphysik der Sitten', S. 53f., Berlin 2006. Zur aktuellen Bedeutung des Autonomiebegriffs siehe Hill, Jr., Thomas E., Die Bedeutung der Autonomie, S. 179-189, in: Ameriks / Sturma 2004.

[32] GMS, AA IV 452, 35-453, 2: „Mit der Idee der Freiheit ist nun der Begriff der Autonomie unzertrennlich verbunden, mit diesem aber das allgemeine Prinzip der Sittlichkeit, welches in der Idee allen Handlungen vernünftiger Wesen eben so zum Grunde liegt, als Naturgesetz allen Erscheinungen." Zur Identifikation von Autonomie und Freiheit: Ameriks 2001, S. 44: Ameriks zufolge besteht Autonomie in

Weil wir sowohl Sinnen- als auch Vernunftwesen sind, unterliegen wir als Sinnenwesen der Heteronomie (also der Natur und ihren Gesetzen[33]), als Vernunftwesen aber sind wir zur Freiheit und damit zur erfahrungsunabhängigen Selbstbestimmung durch Vernunft, zur Autonomie, fähig, und nach Kant stellt sich die Vernunft sich selbst notwendig genauso so vor.[34] Wären wir reine Vernunftwesen, so wären wir *absolut* autonom, frei, und könnten gar nicht anders als moralisch handeln. Da wir aber auch Sinnenwesen sind, bedarf es der Pflicht, um uns unsere andere Seite, die Vernunft und die ihr entspringende Freiheit, ins Bewusstsein zu rufen.[35] Der kategorische Imperativ als Gebot der Vernunft ist *aufgrund* unserer Zugehörigkeit zur sinnlichen Welt nötig und *trotz* dieser möglich.[36] Unsere

---

„absoluter Freiheit“: „[...] die *letzte* Ursache der Handlung [ist] *allein* die eigene Vernunft: ‚Sich selbst ein Gesetz zu sein‘ *bedeutet* nun, ein *absolut* freier Wille zu sein, d.h. die nicht von außen verursachte vernünftige Ursache des eigenen Zustands zu sein [...].“

[33] Vgl. zur Differenzierung von Natur und Unfreiheit Ameriks 2001, S. 32f: „Diese Definitionen sollen die beiden Extreme der vernünftigen Freiheit und der natürlichen Notwendigkeit kontrastieren, indirekt jedoch suggerieren sie noch ein zweites Gegensatzpaar (ich benutze das Wort ‚suggerieren‘, weil Kant selbst hier diese Möglichkeiten gar nicht verfolgt): zum einen eine ‚psychologisch natürliche‘ Kausalität, d.h. eine, die nicht auf Basis eines besonderen ‚inneren‘ oder höheren Vernunftvermögens operiert, und zum anderen eine ‚nichtfreie‘ Kausalität, d.h. eine, die einfach nicht unabhängig von äußeren Ursachen operiert. Man beachte, daß diese beiden Möglichkeiten zwar zusammenfallen könnten, aber dennoch nicht von vornherein dasselbe bedeuten. ‚Natürlich‘ und ‚nicht-frei‘ unterscheiden sich in der Intension und könnten sich auch in der Extension unterscheiden. [...] Tatsächlich [...] impliziert der bloße Begriff eines Naturwesens [...] für Kant keineswegs, ein solches Wesen könne in keiner Weise frei sein. Selbst wenn dieses Wesen vollkommen vernunftlos und den Naturgesetzen *gemäß* handelt, folgt daraus nicht, daß es ‚in seiner Kausalität‘ oder ‚in sich selbst‘ nicht auch spontane Ursache seiner eigenen Zustände sein könnte.“

[34] Vgl. Ameriks 2001, S. 53: Für die Annahme, dass uns diese absolute Freiheit tatsächlich zukommt, spricht, „daß ein Wille sich selbst für absolut frei halten muß, weil die Evidenz dieser Behauptung sie zum angemessenen Gedanken für ein vernünftiges Wesen macht.“

[35] GMS, AA IV 453, 3-15: „Nun ist der Verdacht, den wir oben rege machten, gehoben, als wäre ein geheimer Zirkel in unserem Schlusse aus der Freiheit auf die Autonomie und aus dieser aufs sittliche Gesetz enthalten [...]. Denn jetzt sehen wir, daß, wenn wir uns als frei denken, so versetzen wir uns als Glieder in die Verstandeswelt und erkennen die Autonomie des Willens samt ihrer Folge, der Moralität; denken wir uns aber als verpflichtet, so betrachten wir uns als zur Sinnenwelt und doch zugleich zur Verstandeswelt gehörig.“ Vgl. auch die „Dritte Antinomie“ der *Kritik der reinen Vernunft* (AA 308-313), auf die ich an dieser Stelle nicht eingehe. Siehe aber dazu: Allison, Henry E.: Kant's theory of freedom, Cambridge 1990; Frierson,   Patrick: Freedom and anthropology in Kant's moral philosophy, Cambridge 2003.

[36] GMS, AA IV 453, 31-454, 11: „Weil aber die Verstandeswelt den Grund der Sinnenwelt, mithin auch der Gesetze derselben enthält, also in Ansehung meines Wil-

Zugehörigkeit zur Verstandeswelt und die dadurch ermöglichte Autonomie übersteigt unsere Zugehörigkeit zur Sinnenwelt, weil der Mensch sein
„eigentliches Selbst" der Vernunftwelt zuordnet, das Selbst, wie er es in
der Sinnenwelt erlebt, hingegen bloße „Erscheinung seiner selbst"[37] ist
und dem ständigen Wandel unterliegt; Kant unterstellt also einen Vorrang
des Vernunftwesens, aus dem er einen Vorrang des autonomen Willens
vor der heteronomen Sinnlichkeit, des Gesetzes der Vernunft vor der
Neigung, ableitet.[38]

IV.1.3 Freiheit des Willens

In der *GMS* wird die Autonomie des Willens mit seiner Freiheit identifiziert, in der *Kritik der praktischen Vernunft* schließt Kant an diesen in der
GMS entwickelten Freiheitsbegriff an und beschreibt Freiheit des Willens
als „wirklich"[39], nimmt sie also als gegeben an. Der Wille ist nach Kant

> „ein Vermögen [...], den Vorstellungen entsprechende Gegenstän-
> de entweder hervorzubringen, oder doch sich selbst zur Bewirkung
> derselben [...], d. i. seine Causalität, zu bestimmen."[40]

Diese Kausalität versteht Kant als „sich gänzlich von selbst bestimmende
Causalität"[41], als Freiheit im Sinne „eines Vermögens absoluter Spontanei-

---

lens (der ganz zur Verstandeswelt gehört) unmittelbar gesetzgebend ist und also
auch als solche gedacht werden muß, so werde ich mich als Intelligenz, obgleich
andererseits wie ein zur Sinnenwelt gehöriges Wesen, dennoch dem Gesetze der
ersteren, d. i. der Vernunft, die in der Idee der Freiheit das Gesetz derselben enthält, und also der Autonomie des Willens unterworfen erkennen, folglich die Gesetze der Verstandeswelt für mich als Imperativen und die diesem Princip gemäße
Handlungen als Pflichten ansehen müssen. Und so sind kategorische Imperativen
möglich, dadurch daß die Idee der Freiheit mich zu einem Gliede einer intelligibe-
len Welt macht, wodurch, wenn ich solches allein wäre, alle meine Handlungen der
Autonomie des Willens jederzeit gemäß sein würden, da ich mich aber zugleich als
Glied der Sinnenwelt anschaue, gemäß sein sollen, welches kategorische Sollen einen synthetischen Satz a priori vorstellt [...]."

[37]   GMS, AA IV 457, 35.

[38]   Vgl. auch Schönecker / Wood 2007, S. 197-208, wo der hier angesprochene Sachverhalt der „Superiorität des ontologischen Status der Verstandeswelt" (S. 201)
ausführlich diskutiert wird.

[39]   Kant, Immanuel: Werke (Akademie Textausgabe). Bd. V: Kritik der praktischen
Vernunft, Berlin 1968, AA V 4, 6. (im Folgenden KpV). Vgl. zum Verhältnis zwi-
schen der *KpV* und der *GMS* sowie einführend zu Aufgaben und Aufbau der *KpV*
Höffe, Otfried, Einführung in die *Kritik der praktischen Vernunft*, S. 1-20 sowie
Wood, Allen W.: Preface and Introduction (3-16) S. 21-35, beide in: Höffe, Ot-
fried, (Hrsg.), Immanuel Kant, Kritik der praktischen Vernunft, Berlin ²2011.

[40]   KpV, AA V 15, 10.

[41]   KpV, AA V 48, 20. Vgl. Held, Carsten: Kant über Willensfreiheit und Moralität, S.
130, Anm. 20, in: Baumgarten / Held 2001, S. 124-161.

tät"[42]. Die Frage, ob und wie reine Vernunft den Willen bestimmt, also praktisch wird, ist das Thema der *Kritik der praktischen Vernunft*.[43] Der erste Teil der *KpV* beginnt mit einer *Analytik der reinen praktischen Vernunft* in Lehrsätzen, die die Bestimmung des Willens durch das praktische Gesetz erläutern. Das praktische Gesetz ist ein objektiver praktischer Grundsatz, der den Willen bestimmt; es gilt im Unterschied zur Maxime, die ein nur subjektiver praktischer Grundsatz ist, für „jedes vernünftige[] Wesen[]".[44] Das praktische Gesetz ist die Bestimmung des Willens durch reine Vernunft; es ist dem Willen in der Form des Gesetzes gegenwärtig, weil dieser selbst nicht rein vernünftig ist und daher nicht von sich aus immer schon der reinen Vernunft gemäß will.[45] Der Wille ist ein Begehrungsvermögen, das zwar der Vernunft zugänglich ist, ihr aber nicht gänzlich unterliegt; weil der Mensch ein Wesen ist, das teils der sinnlichen Natur, teils der Vernunftwelt angehört, wird der Wille grundsätzlich *auch* von den Sinnen beeinflusst. Dennoch geht es bei ihm immer um eine (Selbst)bestimmung aus (vernünftigen) Gründen. Liegen diese Gründe nun im Objekt, der „Materie" des Willens und damit letztlich in der Glückseligkeit, sind sie empirisch, also subjektiv, und können daher niemals praktisches Gesetz sein (sondern bloß Maxime).[46] Liegt der Grund der Bestimmung des Willens hingegen nicht im Objekt, sondern in der Form (demjenigen, was vom praktischen Grundsatz übrig bleibt, wenn von seiner Materie abgesehen wird) und damit in der *reinen* Vernunft, so ist es das praktische Gesetz, das den Willen bestimmt (und dann wird eigentlich vom ‚Willen' in Abgrenzung zur ‚Willkür' gesprochen).[47] Ein

---

[42] KpV, AA V 48, 21.

[43] KpV, AA V 3, 5ff: „Sie [diese Kritik] soll blos darthun, daß es reine praktische Vernunft gebe, und kritisiert in dieser Absicht ihr ganzes praktisches Vermögen." Kant spricht von *reiner* Vernunft, die im Gegensatz zu einer „empirisch-bedingte[n]" (15, 18) Vernunft den Willen bestimmen können soll.

[44] KpV, AA V 19, 11f.

[45] KpV, AA V 20, 8-13.

[46] KpV, AA V 21, 17-22, 3.

[47] KpV, AA V 27, 7-19. Zum Verhältnis von ‚Wille' und ‚Willkür' vgl. Metaphysik der Sitten (MS), AA VI 213, 14-26: „Das Begehrungsvermögen nach Begriffen, sofern der Bestimmungsgrund desselben zur Handlung in ihm selbst, nicht in dem Objecte angetroffen wird, heißt ein Vermögen nach Belieben zu thun oder zu lassen. Sofern es mit Bewußtsein des Vermögens seiner Handlung zur Hervorbringung des Objects verbunden ist, heißt es Willkür; ist es aber damit nicht verbunden, so heißt der Actus desselben ein Wunsch. Das Begehrungsvermögen, dessen innerer Bestimmungsgrund, folglich selbst das Belieben in der Vernunft des Subjects angetroffen wird, heißt Wille. Der Wille ist also das Begehrungsvermögen, nicht sowohl (wie die Willkür) in Beziehung auf die Handlung, als vielmehr auf den Bestimmungsgrund der Willkür zur Handlung betrachtet, und hat selber vor sich eigentlich keinen Bestimmungsgrund, sondern ist, sofern sie die Willkür bestimmen kann, die praktische Vernunft selbst." Vgl. hierzu auch Allison 1990, S. 129-136.

Wille, der ohne Rücksicht auf seine Materie nur die Form, die in der Gesetzmäßigkeit als solcher liegt, zu seinem Bestimmungsgrund erhebt, ist
nach Kant ein *freier* Wille:

> „Wenn aber auch kein anderer Bestimmungsgrund des Willens für
> diesen zum Gesetz dienen kann, als blos jene allgemeine gesetzge-
> bende Form: so muß ein solcher Wille als gänzlich unabhängig von
> dem Naturgesetz der Erscheinungen, nämlich dem Gesetze der
> Causalität, beziehungsweise auf einander, gedacht werden. Eine
> solche Unabhängigkeit aber heißt Freiheit im strengsten, d. i.
> transzendentalen, Verstande. Also ist ein Wille, dem die bloße ge-
> setzgebende Form der Maxime allein zum Gesetze dienen kann, ein
> freier Wille."[48]

Die ausschließliche Bestimmbarkeit des Willens durch die Form des Gesetzes als solche, die nur durch Vernunft gegeben ist, bedeutet Unabhängigkeit von der sinnlichen Welt der Erscheinungen und damit von der Na-
turkausalität; diese Unabhängigkeit ist Freiheit. Kant beschreibt die Freiheit des Willens und die Bestimmung durch die bloße Form des Gesetzes
hier als wechselseitige Beziehung: Wenn nur die Form des Gesetzes Bestimmungsgrund sein kann, ist der Wille frei; wenn der Wille frei ist, kann
er nur auf die Form des Gesetzes als Bestimmungsgrund zurückgreifen.
Die Erkenntnis dieses Zusammenhangs setzt beim „unmittelbar[en]" Bewusstsein des praktischen Gesetzes an.[49] Kant formuliert das praktische
Gesetz schließlich als das „Grundgesetz der reinen praktischen Vernunft"[50], das die Aufforderung der Vernunft an jedes vernunftbegabte
Wesen enthält:

> „Handle so, daß die Maxime deines Willens jederzeit zugleich als
> Princip einer allgemeinen Gesetzgebung gelten könne."[51]

---

[48] KpV, AA V 29, 2-9. Umgekehrt kann ein Wille, der als frei gedacht wird, nur durch
die Form der Gesetzmäßigkeit bestimmt werden: „Da die Materie des praktischen
Gesetzes, d. i. ein Objekt der Maxime, niemals anders als empirisch gegeben werden kann, der freie Wille aber, als von empirischen (d. i. zur Sinnenwelt gehörigen)
Bedingungen unabhängig, dennoch bestimmbar sein muß: so muß ein freier Wille,
unabhängig von der Materie des Gesetzes, dennoch einen Bestimmungsgrund im
Gesetze antreffen. Es ist aber, außer der Materie des Gesetzes, nichts weiter in
demselben, als die gesetzgebende Form enthalten. Also ist die gesetzgebende
Form, so fern sie in der Maxime enthalten ist, das einzige, was einen Bestimmungsgrund des Willens ausmachen kann." (ebd.)

[49] KpV, AA V 29, 34-30, 3: „[…] dessen wir uns unmittelbar bewußt werden […],
welches sich uns zuerst darbietet und, indem die Vernunft jenes als einen durch
keine sinnlichen Bedingungen zu überwiegenden, ja davon gänzlich unabhängigen
Bestimmungsgrund darstellt, gerade auf den Begriff der Freiheit führt."

[50] KpV, AA V 30, 37.

[51] KpV, AA V 30, 38f.

Weil der Mensch vernunftbegabt ist, soll er nur nach Maximen wollen, die er auch zu allgemeinen Gesetzen machen wollen könnte. Wie schon in *GMS* identifiziert Kant Freiheit mit Autonomie.[52] Autonomie ist das „Prinzip" jedes moralischen Gesetzes und somit der Sittlichkeit, erst Autonomie ist Freiheit im positiven Sinn. Autonomie, Gesetz und Freiheit verweisen wechselseitig aufeinander. Der formale Charakter des Gesetzes, die Freiheit von Materie, bildet den Kern der kantischen Konzeption des freien Willens. Doch auch hier bezieht sich der Wille in seiner Kausalität stets auf ein zu erreichendes Objekt, er wird ja als das Vermögen, Gegenstände zu bewirken oder sich zur Bewirkung von Gegenständen zu bestimmen, beschrieben. Diese Gegenstände sollen aber nicht den Bestimmungsgrund des Willens bilden, sodass der Wille will, was gut ist, stattdessen gilt umgekehrt, dass gut ist, was der Wille als autonomer Wille will (und schlecht, was er nicht will). Um herauszufinden, was zu tun ist (nicht, ob etwas gut ist), fordert das praktische Gesetz die Vernunft (den Willen als praktische Vernunft) dazu auf, zu beurteilen, ob sie X wollen *kann*, d.h. ob das Wollen von X widerspruchsfrei verallgemeinerbar ist. Auch bei Kant braucht also jedes Wollen ein Objekt, nur setzt das Wollen dieses Objekt nicht voraus, sondern erschafft es umgekehrt allererst. Daher unterscheidet Kant im *Zweiten Hauptstück* zunächst zwischen Wohl und Übel als Gegenständen der Lust bzw. Unlust, auf die der Wille abzielt, wenn er sich von seiner Materie leiten lässt, und Gut und Böse als den eigentümlichen Gegenständen „der reinen praktischen Vernunft"[53]. Das Gute und das Böse bestehen in Bezug auf das Wollen, das unter dem

---

52 KpV, AA V 33, 8-21: „Die Autonomie des Willens ist das alleinige Princip aller moralischen Gesetze [...] In der Unabhängigkeit nämlich von aller Materie des Gesetzes (nämlich von einem begehrten Objekte) und zugleich doch Bestimmung der Willkür durch die bloße allgemeine gesetzgebende Form, deren eine Maxime fähig sein muß, besteht das alleinige Princip der Sittlichkeit. Jene Unabhängigkeit aber ist Freiheit im negativen, diese eigene Gesetzgebung aber der reinen und als solche praktischen Vernunft ist Freiheit im positiven Verstande. Also drückt das moralische Gesetz nichts anders aus, als die Autonomie der reinen praktischen Vernunft, d.i. der Freiheit, und diese selbst ist die formale Bedingung aller Maximen, unter der sie allein mit dem obersten praktischen Gesetze zusammenstimmen können."

53 KpV, AA V 58, 6f. Vgl. 60, 9: „Das Wohl oder Übel bedeutet immer nur eine Beziehung auf unseren Zustand der Annehmlichkeit oder Unannehmlichkeit, des Vergnügens und Schmerzens, und wenn wir darum ein Object begehren oder verabscheuen, so geschieht es nur, so fern es auf unsere Sinnlichkeit und das Gefühl der Lust und Unlust, das es bewirkt, bezogen wird. Das Gute oder Böse bedeutet aber jederzeit eine Beziehung auf den Willen, so fern dieser durchs Vernunftgesetz bestimmt wird, sich etwas zu seinem Objecte zu machen; wie er denn durch das Object und dessen Vorstellung niemals unmittelbar bestimmt wird, sondern ein Vermögen ist, sich eine Regel der Vernunft zur Bewegursache einer Handlung [...] zu machen. Das Gute oder Böse wird also eigentlich auf Handlungen, nicht auf den Empfindungszustand der Person bezogen [...]."

Gesetz steht und auf die aus diesem Wollen hervorgehende Handlung; das Wohl und das Übel bestimmen sich hingegen in einem innerlich empfundenen Zustand. Der Wille will, wenn er sich am praktischen Gesetz orientiert, das Gute unabhängig davon, ob es Lust erzeugt, das Gute bestimmt sich aber seinerseits durch seine Gesetzmäßigkeit.[54] Mit diesem Gedanken der Rückbindung des Guten an das moralische Gesetz soll nun das eigentliche Thema dieses Kapitels in den Blick genommen werden. Die Freundschaft ist nach Aristoteles eine Tugend oder doch mit Tugend verbunden. Kant versteht, wie Buridan, Freundschaft als eine Beziehungsform, in der sich Moralität realisiert. Wenn sich Moralität im Allgemeinen durch das moralische Gesetz bestimmt, so liegt es nahe, auch die in der Freundschaft realisierte Tugend als ursprünglich im moralischen Gesetz und damit in der Freiheit des Menschen begründet zu verstehen. Dann wäre Freundschaft bei Kant wie bei Buridan ein Akt der Freiheit; im Folgenden geht es daher zunächst um die Klärung des Freundschaftsbegriffs durch Kant.

IV.2   Freundschaft bei Kant

Schon für Aristoteles ist die praktische Vernunft von grundlegender Bedeutung für das Verständnis von Freundschaft: Obgleich sich gezeigt hat, dass er noch nicht über einen mit Kant vergleichbaren Willensbegriff verfügt, ist auch die Freundschaft des Aristoteles als Tugend schon vernunftgeleitet, das Wohlwollen ist mit Einschränkung als willentlich zu bezeichnen, insofern es auf einem Habitus beruht, der im Rahmen der aristotelischen Strebensethik willentlich zu nennen ist. Kant siedelt seinerseits die Freundschaft nicht bloß irgendwo im Bereich der Tugendlehre der *Metaphysik der Sitten* an, er stellt sie an das Ende der Diskussion um die Tugendpflichten. Um zu erklären, was eine Tugendpflicht ist und inwiefern Freundschaft eine Pflicht darstellt, ist ein kurzer Blick auf die Bestimmung des Zweckbegriffs hilfreich.[55]

Die Motivation für Handlungen, die sich als moralisch auszeichnen, lässt sich mit Blick auf Kant auf den Begriff der Pflicht zurückführen, der seinerseits auf das der Person innere Gesetz verweist. Die Pflicht steht (wie die Achtung als das Vernunft-Gefühl, das das Pflichtbewusstsein weckt), im Gegensatz zur Neigung als dem Inbegriff aller sinnlichen Antriebe, die letztlich in Selbstliebe gründen. Zwecke werden in diesem Zu-

---

54   KpV, AA V 62, 37-63, 4: „[…] daß nämlich der Begriff des Guten und Bösen nicht vor dem moralischen Gesetze (dem er dem Anschein nach sogar zum Grunde gelegt werden müßte), sondern nur (wie hier auch geschieht) nach demselben und durch dasselbe bestimmt werden müsse."

55   Vgl. zum folgenden Abschnitt Fasching, Maria: Zum Begriff der Freundschaft bei Aristoteles und Kant, S. 155-170, Würzburg 1990.

sammenhang als von „sinnlichen Antrieben seiner Natur"[56] verursacht gedacht und können als solche niemals Moralität begründen. Doch auch für Kant ist eine Handlung nie ohne einen Zweck denkbar; es geht ihm aber darum, in der Tugendlehre den Zweckbegriff mit dem Pflichtgedanken zu verknüpfen, indem er zeigt, dass es einen Zweck gibt, „der an sich selbst Pflicht ist"[57]. Allgemein ist ein Zweck „ein Gegenstand der freien Willkür, dessen Vorstellung diese zu einer Handlung bestimmt", und das Setzen von Zwecken ist ein „Akt der Freiheit" in Form eines Gebots, das als solches dem kategorischen Imperativ entspringt.[58] Wer die Freiheit der Handlung annimmt, muss notwendig auch die Freiheit der ihr korrespondierenden Zwecke annehmen; es muss aber – analog zum (allerdings natural gegebenen) aristotelischen Endziel aller Handlungen – einen letzten Zweck aller freien Handlungen geben, weil sonst jeder Zweck wieder nur Mittel zu einem anderen Zweck wäre, und dieser Letztzweck *muss* in Form einer Pflicht notwendig gewollt werden.[59] Dieser Zweck bzw. diese Zwecke, die zugleich Pflicht sind, sind die „[e]igene Vollkommenheit und fremde Glückseligkeit"[60].

Bisher stand die Begründung der Moralität von Handlungen durch deren Maximen im Mittelpunkt, die sich im Rückgriff auf den kategorischen Imperativ herleiten ließen – dessen Charakteristikum war, dass er ohne Rücksicht auf Zwecke bloß *formal* bestimmte, welche Maximen als allgemeines Gesetz gewollt werden *könnten*, „welches [aber] nur ein nega-

---

56 Kant, Immanuel: Werke (Akademie Textausgabe). Bd. VI: Die Metaphysik der Sitten, Berlin 1968, AA VI 385, 19f. (im Folgenden MS).

57 MS, AA VI 381, 4-15.

58 MS, AA VI 385, 1-9: „Zweck ist ein Gegenstand der freien Willkür, dessen Vorstellung diese zu einer Handlung bestimmt (wodurch jener hervorgebracht wird). Eine jede Handlung hat also ihren Zweck, und da niemand einen Zweck haben kann, ohne sich den Gegenstand seiner Willkür selbst zum Zweck zu machen, so ist es ein Act der Freiheit des handelnden Subjekts, nicht eine Wirkung der Natur irgend einen Zweck der Handlungen zu haben. Weil aber dieser Act, der einen Zweck bestimmt, ein praktisches Princip ist, welches nicht die Mittel (mithin nicht bedingt), sondern den Zweck selbst (folglich unbedingt) gebietet, so ist es ein kategorischer Imperativ der reinen praktischen Vernunft, mithin ein solcher, der einen Pflichtbegriff mit dem eines Zwecks überhaupt verbindet."

59 MS, AA VI 385, 10-21: „Es muß nun einen solchen Zweck und einen ihm correspondirenden kategorischen Imperativ geben. Denn da es freie Handlungen gibt, so muß es auch Zwecke geben, auf welche als Object jene gerichtet sind. Unter diesen Zwecken muß es aber auch einige geben, die zugleich [...] Pflichten sind. – Denn gäbe es keine dergleichen, so würden, weil doch keine Handlung zwecklos ein kann, alle Zwecke für die praktische Vernunft immer nur als Mittel zu andern Zwecken gelten, und ein kategorischer Imperativ wäre unmöglich; welches alle Sittenlehre aufhebt. Hier ist also nicht von Zwecken, die der Mensch sich nach sinnlichen Antrieben seiner Natur macht, sondern von Gegenständen der freien Willkür unter ihren Gesetzen die Rede, welche er sich zum Zweck machen soll."

60 MS, AA VI 385, 32.

tives Princip (einem Gesetz überhaupt nicht zu widerstreiten) ist."[61] Zur Herleitung eines positiven Prinzips muss sich die Vernunft daher auf die Materie, also den Zweck einer Handlung, beziehen:

> „Der Imperativ: „Du sollst dir Dieses oder Jenes (z. B. die Glück-seligkeit anderer) zum Zweck machen" geht auf die Materie der Willkür (ein Object). Da nun keine freie Handlung möglich ist, ohne daß der Handelnde hiebei zugleich einen Zweck (als Materie der Willkür) beabsichtigte, so muß, wenn es einen Zweck giebt, der zugleich Pflicht ist, die Maxime der Handlungen als Mittel zu Zwe-cken nur die Bedingung der Qualification zu einer möglichen all-gemeinen Gesetzgebung enthalten; wogegen der Zweck, der zu-gleich Pflicht ist, es zu einem Gesetz machen kann eine solche Ma-xime zu haben, indessen daß für die Maxime selbst die bloße Mög-lichkeit zu einer allgemeinen Gesetzgebung zusammen zu stimmen schon genug ist."[62]

Die eigene Vollkommenheit sowie die fremde Glückseligkeit zu beför-dern sind also jene zwei Zwecke, die zugleich Pflichten sind. Sie drücken die Selbstzweckformel in Bezug auf zwei Perspektiven aus, einmal auf die eigene, zum anderen auf die andere Person:

> „Das oberste Princip der Tugendlehre ist: handle nach einer Maxi-me der Zwecke, die zu haben für jedermann ein allgemeines Gesetz sein kann. – Nach diesem Princip ist der Mensch sowohl sich selbst als Andern Zweck, und es ist nicht genug, daß er weder sich selbst noch andere blos als Mittel zu brauchen befugt ist [...], sondern den Menschen überhaupt sich zum Zwecke zu machen ist an sich selbst des Menschen Pflicht."[63]

Mit der Pflicht, sich „den Menschen überhaupt" zum Zweck zu machen, liegt es nahe, den Blick auf zwischenmenschliche Beziehungen zu richten, die der spezifische Ort sind, an dem dieser Zweck realisiert werden kann. Dort wo Menschen einander nicht primär in technischen oder funktiona-len Kontexten begegnen, sondern über ebendiese hinaustreten und die Begegnung selbst das Ziel der Kommunikation ist, scheint der Zweck, der

---

[61] MS, AA VI 389, 8f.

[62] MS, AA VI 389, 16-26.

[63] MS, AA VI 395, 15-21.; Vgl. Fasching 1990, S. 160: „Hat Kant die Pflicht als ‚Nothwendigkeit einer Handlung aus Achtung fürs Gesetz' definiert, so könnte man die Tugendpflicht dadurch bestimmen, daß sie die Notwendigkeit der Maxime der Handlungen aus Achtung vor dem Zweck an sich selbst ist. Da ‚Achtung vor dem Gesetz überhaupt noch nicht einen Zweck als Pflicht' konstituiert, besteht der Unterschied zwischen Pflicht und Tugendpflicht bzw. der förmlichen und der zu-gleich materialen Verbindlichkeit darin, daß die Pflichtlehre im Begriff der Tu-gendpflicht über das Gesetzmäßige der Maximen hinaus das Zweckmäßige mitein-schließt."

zugleich Pflicht ist, also die Anerkennung der Freiheit des Anderen, sich in vorzüglicher Weise zu realisieren.[64]

IV.2.1 Liebe und Achtung

Aristoteles bestimmt die Freundschaft vom Begriff der Liebe her: Freundschaft als besondere Form der Liebesbeziehung gründet in einem Gefühl der Zuneigung, die der Grund für das Wohlwollen ist. Es ist die wechselseitige Zuneigung der Freunde, die die Freundschaft von funktionalen Beziehungen abgrenzt, deren Zweck in einem Ergebnis jenseits der Begegnung selbst besteht. Wo keine Zuneigung besteht, kann es sich genauso wenig um Freundschaft handeln wie bei Verhältnissen, die nicht von Wohlwollen begleitet werden. Insofern gehen Gefühl und Vernunft in der Freundschaft Hand in Hand. Im folgenden Abschnitt wird zunächst mit Blick auf die *Grundlegung* deutlich, dass auch Kant das Gefühl der Liebe als wichtiges konstituierendes Moment der Freundschaft versteht.

Kant setzt sich in *GMS* mit dem Aspekt der Neigung auseinander und bestimmt mit der „Achtung" einen Gegenbegriff zu ihr. In der moralischen Perspektive und den ihr zugrundeliegenden Willensentscheidungen soll die Achtung die Neigung „überwiegen" oder gar „ausschließen".[65] Der gute Wille soll frei sein, also gerade nicht in der Neigung, sondern in der reinen Vernunft und damit in der Achtung seine ihn bestimmende Ursache finden.[66] Liebe und Wille (der ja seinerseits der Achtung verpflichtet ist) scheinen sich damit bei Kant gegenseitig auszuschließen, doch wie sich zeigen wird, bilden Liebe und Achtung *gemeinsam* die Schlüsselbegriffe der kantischen Definition der Freundschaft, die als Idee zur Pflicht wird. Was genau Kant unter Liebe und Achtung versteht, welchen Begriff von Freundschaft er im Sinn hat, und welche Bedeutung er dem angesprochenen Wesenskern der Zuneigung einräumt, soll im Folgenden geklärt werden.

---

[64] Mit technischen oder funktionalen Kontexten sind Begegnungen gemeint, die losgelöst von den agierenden Personen eine Funktion bezwecken: beim Einkauf ist es bis zu einem gewissen Punkt gleichgültig, wer mich an der Kasse bedient, das Ziel besteht in der Abwicklung der Bezahlung. Die Einschränkung stellt dabei in Rechnung, dass auch in diesen funktionalen Zusammenhängen eine grundsätzliche Anerkennung der Freiheit meines Gegenübers vorausgesetzt wird: es verbietet sich, die Kassiererin mit ihrer Funktion derart zu identifizieren, dass sie auf diese reduziert und damit zur Sache wird.

[65] Vgl. GMS, AA IV 400, 27f.

[66] GMS, AA IV 400, 31-401, 2: „[...] also bleibt nichts für den Willen übrig, was ihn bestimmen könne, als, objectiv das Gesetz und subjectiv reine Achtung für dieses praktische Gesetz, mithin die Maxime, einem solchen Gesetze selbst mit Abbruch aller meiner Neigungen Folge zu leisten."

Einen ersten bemerkenswerten Aspekt stellt die kantische Bezeichnung der Achtung als einer besonderen Art von „Gefühl"[67] dar. Achtung ist ein Gefühl, das die Vernunft selbsttätig hervorbringt im Gegensatz zu Empfindungen, die ohne eigenes Zutun der Vernunft von außen auftreten und von ihr nur verarbeitet werden können. Gegenstand dieses rein vernünftigen Gefühls kann im strengen Sinne nur „das bloße Gesetz für sich"[68] sein. Im *Dritten Hauptstück* der *KpV* erklärt Kant (in Opposition zur Neigung bzw. ihren Gegenständen) ausschließlich Personen zum Gegenstand der Achtung:

> „Achtung geht jederzeit nur auf Personen, niemals auf Sachen. Die letztere können Neigung und, wenn es Thiere sind (z. B. Pferde, Hunde rc.), sogar Liebe, oder auch Furcht, wie das Meer, ein Vulcan, ein Raubthier, niemals aber Achtung in uns erwecken. [...] Ein Mensch kann mir auch ein Gegenstand der Liebe, der Furcht, oder der Bewunderung, sogar bis zum Erstaunen, und doch darum kein Gegenstand der Achtung sein."[69]

Die beiden Aussagen widersprechen sich durchaus nicht, in der Bestimmung des Gegenstandes als „Gesetz" (in *GMS*) wird lediglich präzisiert, *was* an einer Person eigentlich geachtet wird, denn Kant unterscheidet das Menschsein vom Personsein. Achtung geht nicht auf Menschen, sondern auf Personen, auf Menschen also nur, *insofern* sie Personen sind. Wird ein Mensch geachtet, betrifft diese Achtung sein Personsein. Person zu sein heißt für Kant, ein vernunftbegabtes und damit ein moralisches Wesen zu sein.[70]

---

[67] GMS, AA IV 401, 19-22: „Allein wenn Achtung gleich ein Gefühl ist, so ist es doch kein durch Einfluß empfangenes, sondern durch einen Vernunftbegriff selbstgewirktes Gefühl und daher von allen Gefühlen der ersteren Art, die sich auf Neigung oder Furcht bringen lassen, specifisch unterschieden." Nach Sturma beschreibt Kant Achtung als Gefühl, durch das das moralische Gesetz „korrektive Wirkungen entfalten" soll: „Veränderungen des Bewusstseins können aber nur in dem Bereich erfolgen, dem auch Neigungen, Motive und Triebfedern von Personen zuzurechnen sind. Wird die Achtung vor dem Gesetz aus dem Blickwinkel ihrer moralpsychologischen Konsequenzen betrachtet, ist es nicht abwegig, sie als Gefühl zu bezeichnen. Im Unterschied zu anderen Gefühlszuständen fehlt ihr aber die sinnliche Vermittlung." (Sturma 2004, S. 172). Vgl. insgesamt zum folgenden Abschnitt und der Problematik von Achtung als Gefühl sowie in Abgrenzung zur Liebe (bzw. zum Versuch Kant's, Pflicht und Neigung zusammenzudenken) Fasching 1990, S. 174-178; nach Fasching scheitert dieser Versuch letztlich: „Es bleibt im Rahmen der Tugendpflichten bei einer einseitigen Beziehung zum anderen; die Liebespflichten können von sich her keine liebende Gemeinschaft konstituieren [...]." (S. 178).

[68] GMS, AA IV 400, 28.

[69] KpV, AA V 76, 24-33.

[70] GMS, AA IV 428, 18-25: „Die Wesen, deren Dasein zwar nicht auf unserm Willen, sondern der Natur beruht, haben dennoch, wenn sie vernunftlose Wesen sind, nur

Aus seiner Fähigkeit zur Moralität leitet sich also der Status eines Menschen als Person und sein „absoluter"[71] Wert ab. Die Rückbindung des Gebotes der Achtung an die Vernunftbegabung bedeutet dann, dass „[a]lle Achtung für eine Person eigentlich nur Achtung fürs Gesetz (der Rechtschaffenheit rc.) [ist], wovon jene uns das Beispiel giebt."[72] Insofern sind *nur* Personen und an diesen *eigentlich* ihre Moralität Gegenstand der Achtung. Sieht man von dieser ab, können jene Personen, die Menschen sind (die also der sinnlichen Erfahrung zugänglich sind), selbstverständlich auch das Objekt einer Neigung wie der Liebe sein. Die Differenz zwischen Mensch und Person und damit zwischen Liebe und Achtung ist praktisch höchst relevant: Liebe wird einem zuteil oder nicht, Achtung dagegen kann jeder Mensch als Person einfordern und muss er seinerseits auch jeder anderen Person entgegenbringen.[73]

Der Begriff der „Pflicht" ist in diesem Zusammenhang von zentraler Bedeutung, denn erstens ist Achtung eine Pflicht (auf diesen Punkt wird gleich näher eingegangen), zweitens bildet Pflicht ihrerseits einen Gegenpol zur Neigung: Eine Handlung, „die nach diesem Gesetze mit Ausschließung aller Bestimmungsgründe aus Neigung objektiv praktisch ist, heißt Pflicht"[74]. Die Pflicht zu einer Handlung gemäß dem moralischen Gesetz ergibt sich als Konsequenz zur Achtung vor diesem Gesetz. Keine Neigung kann nach Kant über diese uneingeschränkte Verbindlichkeit verfügen. Achtung ist ein Gefühl, das der Vernunft entspringt und daher keine Neigung darstellt, nur deshalb kann Achtung als die Gesinnung eines moralisch guten Willens eine Pflicht sein. In *KpV* diskutiert Kant die

---

einen relativen Werth, als Mittel, und heißen daher Sachen, dagegen vernünftige Wesen Personen genannt werden, weil ihre Natur sie schon als Zwecke an sich selbst, d. i. als etwas, das nicht bloß als Mittel gebraucht werden darf, auszeichnet, mithin so fern alle Willkür einschränkt (und ein Gegenstand der Achtung ist)."

[71] Vgl. Anm. 107.
[72] GMS, AA IV 401, 35f.
[73] MS AA VI 434, 22-435, 5: „Der Mensch im System der Natur (homo phaenomenon, animal rationale) ist ein Wesen von geringer Bedeutung und hat mit den übrigen Thieren, als Erzeugnissen des Bodens, einen gemeinen Werth (pretium vulgare). Selbst, daß er vor diesen den Verstand voraus hat und sich selbst Zwecke setzen kann, das giebt ihm doch nur einen äußeren Werth seiner Brauchbarkeit (pretium usus), nämlich eines Menschen vor dem anderen, d.i. ein Preis [...]. Allein der Mensch, als Person betrachtet, d. i. als Subject einer moralisch-praktischen Vernunft, ist über allen Preis erhaben; denn als ein solcher (homo noumenon) ist er nicht blos als Mittel zu anderer ihren, ja selbst seinen eigenen Zwecken, sondern als Zweck an sich selbst zu schätzen, d.i. er besitzt eine Würde (einen absoluten innern Werth), wodurch er allen andern vernünftigen Weltwesen Achtung für ihn abnöthigt, sich mit jedem anderen dieser Art messen und auf den Fuß der Gleichheit schätzen kann."
[74] KpV, AA V 80, 25-28.

Frage nach der Pflicht im Hinblick auf das christliche Gebot der Gottes-
und Nächstenliebe:

> „Hiermit stimmt aber die Möglichkeit eines solchen Gebots als:
> Liebe Gott über alles und deinen Nächsten als dich selbst ganz
> wohl zusammen. Denn es fordert doch als Gebot Achtung für ein
> Gesetz, das Liebe befiehlt [...]. Aber Liebe zu Gott als Neigung
> (pathologische Liebe) ist unmöglich; denn er ist kein Gegenstand
> der Sinne. Eben dieselbe gegen Menschen ist zwar möglich, kann
> aber nicht geboten werden; denn es steht in keines Menschen Ver-
> mögen, jemanden blos auf Befehl zu lieben. Also ist es blos die
> praktische Liebe, die in jenem Kern aller Gesetze verstanden wird.
> Gott lieben, heißt in dieser Bedeutung, seine Gebote gerne thun;
> den Nächsten lieben, heißt, alle Pflicht gegen ihn gerne ausüben.
> Das Gebot aber, daß dieses zur Regel macht, kann auch nicht diese
> Gesinnung in pflichtmäßigen Handlungen zu haben, sondern blos
> darnach zu streben gebieten."[75]

Kant unterscheidet zwei Arten von Liebe: einerseits Liebe als Neigung, als
„pathologische Liebe" und andererseits „praktische Liebe".[76] Es wird zunächst deutlich, dass Liebe als Neigung die sinnliche Erfahrung voraussetzt; diese Erfahrung aber vorausgesetzt, können Menschen, Tiere, ja sogar Dinge oder Sachverhalte geliebt werden.[77] Das Gebot der Gottesliebe
birgt daher zwei Probleme: Erstens kommt Gott als unmittelbarer Gegenstand dieser Liebe nicht infrage, weil die unmittelbare sinnliche Erfahrung
fehlt. Zweitens kann Liebe, ganz gleich zu wem, kein Gebot sein. Das
Gebot der Gottesliebe wird daher von Kant im nächsten Schritt als Gebot
zu „praktischer Liebe" interpretiert. Wenn Gott im pathologischen Sinn
gar nicht geliebt werden kann und ein Liebesgebot (auch in Bezug auf die
sinnlich erfahrbaren Nächsten) grundsätzlich sinnlos ist, so bleibt dem
Menschen nur noch die Möglichkeit und die Pflicht, die Gebote Gottes
bezüglich des Umgangs miteinander zu befolgen und in Bezug auf seine
Mitmenschen seine Pflicht diesen gegenüber zu erfüllen. In *MS* wird die
Liebespflicht weiter erläutert:

> „Liebe ist eine Sache der Empfindung, nicht des Wollens, und ich
> kann nicht lieben, weil ich will, noch weniger aber weil ich soll (zur
> Liebe genöthigt werden); mithin ist eine Pflicht zu lieben ein Un-
> ding. Wohlwollen (amor benevolentiae) aber kann als ein Thun ei-
> nem Pflichtgesetz unterworfen sein. Man nennt aber oftmals ein
> uneigennütziges Wohlwollen gegen Menschen auch (obzwar sehr
> uneigentlich) Liebe; ja, wo es nicht um des Andern Glückseligkeit,

---

[75] KpV, AA V 83, 3-16.

[76] Vgl. zu dieser Unterscheidung Horn, Christoph: The Concept of Love in Kant's
Virtue Ethics. S. 147-173, S. 151f, in: Betzler, Monika (Hrsg.): Kant's Ethics of
Virtue, Berlin / New York, 2008 sowie Fasching 1990, S. 171-173.

[77] Vgl. KpV, AA V 76, 24-33.

sondern die gänzliche und freie Ergebung aller seiner Zwecke in die Zwecke eines anderen (selbst eines übermenschlichen) Wesens zu thun ist, spricht man von Liebe, die zugleich für uns Pflicht sei. Aber alle Pflicht ist Nöthigung, ein Zwang, wenn er auch ein Selbstzwang nach einem Gesetz sein sollte. Was man aber aus Zwang thut, das geschieht nicht aus Liebe. […] Wohltun ist Pflicht. Wer diese oft ausübt, und es gelingt ihm mit seiner wohlthätigen Absicht, kommt endlich wohl sogar dahin, den, welchen er wohlgethan hat, wirklich zu lieben. Wenn es also heißt: du sollst deinen Nächsten lieben als dich selbst, so heißt das nicht: du sollst unmittelbar (zuerst) lieben und vermittelst dieser Liebe (nachher) wohlthun, sondern; thue deinem Nebenmenschen wohl, und dieses Wohlthun wird Menschenliebe (als Fertigkeit zum Wohlthun überhaupt) in dir bewirken!"[78]

Die Pflicht zur Nächstenliebe wird auf die praktische Liebe begrenzt, diese soll der Einzelne allerdings *gerne* erfüllen, was bedeutet, dass auch die praktische Liebe wieder Neigung impliziert, die nicht geboten werden kann.[79] Hier wird erneut deutlich, dass die pathologische Liebe als eine Zuneigung ganz unwillkürlich besteht oder eben nicht. Gerne zu tun, was man tut, kann daher seinerseits bloß noch erstrebt werden. Im Sinne praktischer Liebe tut man, was man soll und bemüht sich darum, es liebevoll zu tun – nur die Bemühung ist also geboten, in der Hoffnung, dass aus der Gewohnheit der Pflicht auch Neigung wird, die dann, eben weil sie ein Ergebnis der Pflicht ist, moralisch ist.[80] Die praktische Liebe kann daher

---

[78] MS, AA VI 401, 24-402, 21. Dazu Horn 2008, S. 153 und S. 173. Vgl. Fasching 1990, S. 172: „Diese Formulierung versucht eine Einheit zwischen der pathologischen Liebe (Empfindung) und der praktischen Liebe (Wohltun aus Pflicht) zu vollziehen, die aber nicht nur in der direkten Intention auf die pathologische Liebe fehlschlagen muß, auch die praktische Liebe selbst kann keine Versöhnung mit dem moralischen Gesetz erwirken. Die angestrebte Einheit von Pflicht und Neigung im ‚wirklichen Leben' muß von Kant wieder auf einen Imperativ hin korrigiert werden […]. Der Versuch Kants, die selbstgezogene Grenze seines Ansatzes zu durchbrechen, die prinzipielle Differenz zwischen Pflicht und Neigung, und das daraus notwendig werdende unendliche Streben, sie zu schließen, aufzuheben, kann ihm daher auch nicht gelingen […]."

[79] Vgl. Horn 2008, S. 154: „[i] All types of love are emotional, *amor benevolentiae* as well as *amor complacentiae*. Therefore [ii], no kind of love can be an object of coercion. Morality, however, must be based on coercion. Hence [V], strictly speaking, love is, in each of its forms, morally inappropriate, since it is an emotion. What is demanded by morality is not love as an emotion, but instead a practice of beneficence. But since love, understood as benevolence, can arise from practice of beneficence, we are entitled to say that it can be morally appropriate, if only in an indirect manner of *ex post*-habituation."

[80] Vgl. Horn 2008, S. 153: „If I practice beneficence, I will obtain, as a result, love as a feature of my character. So emotional love can only be a phenomenon of secondary, but not of primary importance for morality" und (mit Bezug auf KpV AA V

nur im Sinne einer Handlungsmaxime des Wohlwollens, der auch ein entsprechendes Handeln folgt (!), die also Wohltun ist[81], als geboten beschrieben werden:

> „Die Liebe wird hier aber nicht als Gefühl (ästhetisch), d. i. als Lust
> an der Vollkommenheit anderer Menschen, nicht als Liebe des
> Wohlgefallens, verstanden (denn Gefühle zu haben, dazu kann es
> keine Verpflichtung durch andere geben), sondern muß als Maxime
> des Wohlwollens (als praktisch) gedacht werden, welche das
> Wohlthun zur Folge hat. Eben dasselbe muß von der gegen andere
> zu beweisenden Achtung gesagt werden: daß nämlich nicht blos
> das Gefühl […], sondern nur eine Maxime der Einschränkung un-
> serer Selbstschätzung durch die Würde der Menschheit in eines an-
> deren Person, mithin die Achtung im praktischen Sinne (observan-
> tia aliis praestanda) verstanden wird.“[82]

Es gibt daher erstens eine grundsätzliche Pflicht gegenüber allen Menschen „blos als Menschen“[83], die in der praktischen Liebe besteht:

> „Die Maxime des Wohlwollens (die praktische Menschenliebe) ist
> aller Menschen Pflicht gegen einander, man mag diese nun lie-
> benswürdig finden oder nicht, nach dem ethischen Gesetz der
> Vollkommenheit: Liebe deinen Nebenmenschen als dich selbst.“[84]

Die praktische Liebe erweist sich damit als subjektiver Handlungsgrundsatz, der Wohltun nach sich zieht, und gerade nicht als Gefühl.[85] Neben

---

82-86) S. 173: „Kant regards this process of habituation – and not its result – as
moral virtue.“

[81] MS AA VI, 451, 35-452, 5 in Bezug auf das Gebot „Liebe deinen Nächsten wie dich
selbst!“: „Man sieht bald: daß hier nicht blos das Wohlwollen des Wunsches […]
sondern ein thätiges, praktisches Wohlwollen, sich das Wohl und Heil des anderen
zum Zweck zu machen, (das Wohlthun) gemeint sei.“ Vgl. ebd. 452, 26-30:
„Wohlwollen ist das Vergnügen an der Glückseligkeit (dem Wohlsein) anderer;
Wohlthun aber die Maxime, sich dasselbe zum Zweck zu machen, und Pflicht dazu
ist die Nöthigung des Subjects durch die Vernunft, diese Maxime als allgemeines
Gesetz anzunehmen.“

[82] MS AA VI 449, 16-30. Vgl. hierzu Horn 2008, S. 156-166.

[83] MS AA VI, 448, 5.

[84] MS AA VI, 450, 31-34.

[85] Vgl. Fasching 1990, S. 174, die meint, praktische Liebe sei ein moralisches Gefühl:
„Wenn praktische Liebe als Wohltun aus Pflicht dementsprechend nicht pathologische oder ästhetische Liebe sein kann, so muß sie als moralische Liebe gedacht, und
das Gefühl, das sie Bestimmungsgrund der Handlung sein läßt, als moralisches Gefühl gefaßt werden. Damit erhebt sich die Frage, wie es möglich sein soll, den Begriff der Liebe von demjenigen der Achtung, die ebenso als moralisches Gefühl bestimmt worden ist, zu unterscheiden.“ Kant selbst spricht aber hier von einer Maxime, die nicht mit dem moralischen Gefühl identisch ist, Achtung ist ja ihrerseits
gerade nicht bloß ein subjektiver Handlungsgrundsatz. Vgl. MS AA VI 399f.

der Pflicht zur praktischen Menschliebe gibt es zweitens eine Pflicht gegenüber allen Menschen zur Achtung; diese leitet sich aus ihrer Würde ab:

> „Achtung, die ich für andere trage, oder die ein anderer von mir
> fordern kann (observantia aliis praestanda), ist also die Anerken-
> nung einer Würde (dignitas) an anderen Menschen, d. i. eines
> Werths, der keinen Preis hat [...].

> Ein jeder Mensch hat rechtmäßigen Anspruch auf Achtung von
> seinen Nebenmenschen, und wechselseitig ist er dazu auch gegen
> jeden anderen verbunden."[86]

Um beide Pflichten gegenüber einem Menschen zu erfüllen, sich ihm gegenüber tugendhaft zu verhalten, ist es nicht notwendig, ihn (patholo-
gisch) zu lieben. Es verlangt bloß Achtung und *praktische* Liebe; Achtung
aber ist eine Haltung des guten Willens und praktische Liebe ein Wohltun, das auf der Maxime des Wohlwollens gründet.

IV.2.2 Freundschaft zwischen Idee und Moral

Freundschaft als Idee

Gegen Ende der *Tugendlehre* der *MS* widmet Kant schließlich ein kurzes
Kapitel explizit der Freundschaft, das mit zwei Paragraphen *Von der in-
nigsten Vereinigung der Liebe mit der Achtung in der Freundschaft*[87]
schließt. Der Textabschnitt beginnt mit einer Definition:

> „Freundschaft (in ihrer Vollkommenheit betrachtet) ist die Verei-
> nigung zweier Personen durch gleiche wechselseitige Liebe und
> Achtung."[88]

Die Begriffe Liebe und Achtung bilden gemeinsam den Bedeutungskern
der Freundschaft, sie begründen eine Vereinigung der Freunde. Hinzu
kommt die Beschreibung der Art und Weise, wie Liebe und Achtung sich
gestalten: Die Attribute „gleich" und „wechselseitig" verweisen auf die
traditionellen Bedingungen der Gleichheit und Gegenseitigkeit zwischen
den Freunden. Freundschaft wie sie hier definiert wird, versteht sich nach
Kant weniger als eine real verwirklichte oder zu verwirklichende Beziehungsform denn als eine „bloße [...] Idee, in der Ausübung zwar uner-
reichbar, aber doch darnach [...] zu streben von der Vernunft aufgegebe-

---

[86] MS AA VI 462, 10-20. Vgl. dazu auch Baron, Marcia W., Love and Respect in the
Doctrine of Virtue, S. 399f. In: Timmons, Mark (ed.), Kant's Metaphysics of morals: interpretative essays, Oxford / New York 2002, S. 391-407.

[87] MS, AA VI, 469, 14f. Vgl. dazu McEvoy, James, Friendship and the transcendental
Ego: Kantian *Freundschaft* and Medieval *Amicitia* (bes. S. 423-435). In: Brown, Stephen F. (Hrsg.): Meeting of the minds. The relations between medieval and classical modern european philosophy, Turnhout 1999.

[88] MS, AA VI 469, 17f.

ne [...] ehrenvolle Pflicht"[89]. Freunde sind „durch den moralisch guten Willen Vereinigte[]"[90], die einander mit „einem Maximum der guten Gesinnung"[91] begegnen – in der Anstrengung zu diesem Maximum besteht eben der Pflichtcharakter der Freundschaft, und insofern gehört auch für Kant die Behandlung der Freundschaft in den Bereich der Moralphilosophie. Warum aber ist sie eine Idee?

Die Charakterisierung der Freundschaft als Idee gründet im Streben nach *Gleichheit*, die auf verschiedenen Ebenen das Leitmotiv von Freundschaft bildet: im Ausgleich der Pflichten zwischen zwei Personen und, schwerwiegender noch, im Ausgleich der verschiedenen Pflichten innerhalb einer Beziehung:

> „Denn wie ist es für den Menschen in Verhältniß zu seinem Nächsten möglich, die Gleichheit eines der dazu erforderlichen Stücke eben derselben Pflicht (z. B. des wechselseitigen Wohlwollens) in dem Einen mit eben derselben Gesinnung im anderen auszumitteln, noch mehr aber, welches Verhältnis das Gefühl aus der einen Pflicht zu dem aus der andern (z. B. das aus dem Wohlwollen zu dem aus der Achtung) in derselben Person habe, und ob, wenn die eine in der Liebe inbrünstiger ist, sie nicht eben dadurch in der Achtung des anderen etwas einbüße, so daß beiderseitig Liebe und Hochschätzung subjectiv schwerlich in das Ebenmaß des Gleichgewichts gebracht werden wird; welches doch zur Freundschaft erforderlich ist? – Denn man kann jene als Anziehung, diese als Abstoßung betrachten [...]."[92]

Die maßgebliche Anforderung der Freundschaft besteht in einem herzustellenden Gleichgewicht der Pflichten untereinander – also insbesondere zwischen Liebe und Achtung[93] – sowie in Bezug auf deren gegenseitige Verwirklichung zwischen den Freunden. Diese Forderung stellt beide nach der Ansicht Kants vor kaum zu lösende Probleme, denn sie ist in sich widersprüchlich. Es scheint schier unmöglich, dass ein Freund allen

---

[89] MS, AA VI 469, 24-28.

[90] MS, AA VI 469, 20f.

[91] MS, AA VI 469, 26.

[92] MS AA VI 469, 28-470, 5. Zum Ende des § 47 geht Kant kurz auf die Beziehung zwischen dem Wohltäter und dem Empfänger einer Wohltat ein, die auch Aristoteles und Buridan beschäftigt;vgl. MS, AA VI 473, 4-1: das Verhältnis der beiden „ist zwar ein Verhältniß der Wechselliebe, aber nicht der Freundschaft: weil die schuldige Achtung beider gegen einander nicht gleich ist." Kant zufolge ist also eine Freundschaft zwischen diesen beiden nicht möglich.

[93] Vgl. zur Frage nach dem tatsächlichen Gegensatz von Liebe und Achtung MS, AA VI 449 sowie Baron 2002, S. 391-407; Baron zufolge überbewertet Kant den Gegensatz (396); Baron hebt hervor, dass Liebe Achtung voraussetzt, aber nicht umgekehrt (397). Zum Problem der Gleichheit Fasching 1990. S. 179-181. Fasching konstatiert, dass „eine nur von der Moralität her gedachte Freundschaft nicht wirklich als Liebesgemeinschaft begreifbar ist." (S. 180).

Freunden und allen Pflichten in einer Freundschaft gleichermaßen gerecht zu werden vermag. Kant nennt einige Beispiele, an denen der Konflikt der Pflichten deutlich wird.[94] Die Liebe, von der Kant hier in Bezug auf die Freundschaft spricht, ist ein „innere[s] herzlich gemeinte[s] Wohlwollen[]"[95], und doch soll sie keine wesentlich emotionale Bindung sein, denn über Beziehungen, die in Gefühlen gründen, schwebt ständig das Risiko des Verlustes:

> „Freundschaft ist bei der Süßigkeit der Empfindung des bis zum Zusammenschmelzen in eine Person sich annähernden wechselseitigen Besitzes doch zugleich etwas so Zartes (teneritas amicitiae), daß, wenn man sie auf Gefühle beruhen läßt und dieser wechselseitigen Mitteilung und Ergebung nicht Grundsätze oder das Gemeinmachen verhütende und die Wechselliebe durch Forderungen der Achtung einschränkende Regeln unterlegt, sie keinen Augenblick vor Unterbrechungen sicher ist; [...] Auf alle Fälle aber kann die Liebe in der Freundschaft nicht Affect sein: weil dieser in der Wahl blind und in der Fortsetzung verrauchend ist."[96]

Das Problem der Beziehungen, die auf Affekt gründen, ist zunächst die defizitäre Begründung der Freundeswahl: wer zum Freund wird, ist in der auf Affekt beruhenden Beziehung Zufall, Ergebnis einer blinden Wahl. Diese Wahl ist insofern blind, als sie ein unkontrollierbares Kriterium anlegt (Affekt), das nicht der Vernunft entspringt und daher nicht willentlich und frei ist. Weil der Affekt unberechenbar ist, sind die auf Affekt gründenden Beziehungen auch leicht verderblich, weil Affekte kommen und gehen. Im Umkehrschluss bedeutet dies, dass nach Kant die Freundschaft in der Vernunft und damit in einer freien Willensentscheidung gründen soll. An der Textpassage wird aber zugleich deutlich, dass die Liebe, die gemeinsam mit der Achtung die Idee der Freundschaft bildet, als herzliches Wohlwollen nicht bloß praktische Liebe aus Achtung vor der Würde des Menschen (als Vertreter der Menschheit überhaupt) ist. Die Achtung soll die Liebe in ihre Schranken weisen, sie durch Regeln begrenzen, denn sie ist „süße Empfindung", „Zusammenschmelzen", die Freunde sind einander „ergeben". Das Problem des Ausgleichs, das die Freundschaft zu einer Idee macht, dürfte vor allem darin seine Ursache finden, dass pathologische Liebe ‚mit im Spiel' ist. Um die Idee der Freundschaft zu leben, muss schon alles stimmen: die Empfindung wie auch die vernünftige Wohlgesinnung. Es handelt sich bei dieser Freundschaft, die „in Kants Augen wirklich die *Tugend*freundschaft, eine morali-

---

[94] MS, AA VI 470f.
[95] MS, AA VI 471, 1.
[96] MS, AA VI 471, 10-24.

sche Beziehung in vervollkommneter Form"[97] ist, um eine „Gefühls-
freundschaft"[98] in Liebe und Achtung.

Moralische Freundschaft

Mit der „moralischen Freundschaft" beschreibt Kant einen zweiten Typus
von Beziehung:

> „Moralische Freundschaft (zum Unterschiede von der ästhe-
> tischen) ist das völlige Vertrauen zweier Personen in wechselseitiger
> Eröffnung ihrer geheimen Urtheile und Empfindungen, so weit sie
> mit beiderseitiger Achtung gegen einander bestehen kann."[99]

Der Aspekt der Liebe kommt in dieser Beschreibung nicht vor und stellt
demnach keine relevante Dimension der Beziehung dar,[100] hingegen wird
die Bedeutung der Achtung als einschränkende Instanz sofort deutlich:
zwar bildet das Vertrauen die Grundlage einer gegenseitigen Offenbarung
des Innersten, diese findet aber ihre Grenzen durch ebendiese Achtung,
die in der Freundschaft unter besonderem Schutz steht und unter keinen
Umständen beschädigt werden darf. Der Ursprung dieser Beziehung, deren Kern die gegenseitige Offenheit der Freunde bildet, liegt nach Kant in
einem dem Menschen eigenen Bedürfnis von innerer Freiheit:

> „Der Mensch ist ein für die Gesellschaft bestimmtes [...] Wesen,
> und in der Cultur des gesellschaftlichen Zustandes fühlt er mächtig
> das Bedürfniß sich anderen zu eröffnen [...]; Andererseits aber
> auch die Furcht vor dem Mißbrauch, den andere von dieser Aufde-
> ckung seiner Gedanken machen dürften, beengt und gewarnt, sieht
> er sich genöthigt, einen guten Theil seiner Urtheile [...] in sich
> selbst zu verschließen. [...] Findet er also einen, der Verstand hat,
> bei dem er in Ansehung jener Gefahr gar nicht besorgt sein darf,
> sondern dem er sich mit völligem Vertrauen eröffnen kann, der
> überdem auch eine mir der seinigen übereinstimmende Art die
> Dinge zu beurtheilen an sich hat, so kann er seinen Gedanken Luft
> machen; er ist mit seinen Gedanken nicht völlig allein, wie im Ge-
> fängniß, und genießt eine Freiheit, der er in dem großen Haufen
> entbehrt, wo er sich in sich selbst verschließen muß."[101]

Der Mensch strebt nach der „Befreiung" seiner Gedanken; diese vollzieht
sich in der Mitteilung und ist ein exklusiver Vorgang, der sich nur mit je-

---

[97] Korsgaard, Christine: Die Konstruktion des Reichs der Zwecke.Gegenseitigkeit
und Verantwortung in persönlichen Beziehungen, S. 217, in: Ameriks, Karl / Sturma, Dieter (Hrsg.): Kant's Ethik, S. 213-244, Paderborn 2004.

[98] Ebd.; vgl. dazu auch Paton, Herbert James, Kant on Friendship, S. 48-52, in: Proceedings of the British Academy London N.62, Oxford 1956, S. 46-66.

[99] MS, AA VI 471, 26-29.

[100] Vgl. Paton 1956, S. 54.

[101] MS, AA VI 471, 30-472, 14.

mandem leben lässt, der über die Diskretion und die Vertrauenswürdig-
keit verfügt, die Offenheit des Freundes nicht zu missbrauchen.[102] Hinzu
kommt die Bedingung der Übereinstimmung in der Sicht der Dinge, um
sich verstanden zu wissen, es geht ja nicht bloß darum, irgendetwas los-
zuwerden, die Freundschaft erschöpft sich nicht in der therapeutischen
Funktion der Entlastung des Gewissens. Mit der Öffnung gegenüber dem
Freund geht die Hoffnung einher, dieser möge das, was er hört, auch verstehen und die darin zutage tretenden Ansichten teilen. Was diese
Freundschaft zur moralischen Freundschaft macht, ist insbesondere ihr
Gegenstand: mit den Gedanken, Urteilen und Ansichten spricht Kant hier
nichts anderes als Ausdrucksformen der Moralität an: Was ich denke und
wie ich urteile ist Prozess und Ergebnis meiner Gesinnung, meiner Sittlichkeit. Insofern muss der Freund sich als moralisch gleich oder ähnlich
erweisen, ein Anspruch, der die moralische Freundschaft zu einem schwer
zu verwirklichenden Ideal macht. Und doch meint Kant, dass dieser Typus eher in der Wirklichkeit anzutreffen ist:

> „Diese (blos moralische Freundschaft) ist kein Ideal, sondern (der
> schwarze Schwan) existiert wirklich hin und wieder in seiner Voll-
> kommenheit;"[103]

Die moralische Freundschaft erweist sich als tatsächlich realisierbare Beziehungsform, deren Ziel positiv in der Offenbarung der eigenen Gesinnung, in der Freiheit der Gedanken der Freunde besteht, deren Rahmen
aber die Achtung als das höchste Gut des Umgangs der Menschen miteinander bildet: Achtung ist die Bedingung der Freundschaft und markiert
ihre Grenze, sie ist zudem eigentlicher Zweck der moralischen Freundschaft, deren Gegenstand die Moralität selbst ist, dementsprechend besteht ihr höchstes Ziel in der Wahrung der Würde des Freundes. Deshalb
bezeichnet der Begriff der ‚moralischen Freundschaft‘ nicht nur, um wes-
sentwillen diese besteht, sondern auch, in welcher Weise sie sich vollzieht:
unter der Voraussetzung der eigenen Moralität und der Achtung der Moralität des Gegenübers. Die Entscheidung zur moralischen Freundschaft
gründet in der Vernunft (dem Urteil, das mein Gegenüber meine Moralität teilt) und auch im Vertrauen (dass mein Gegenüber meiner Vertraulichkeit würdig sei), bedarf aber keiner *pathologischen* Liebe.

---

[102] MS, AA VI 472, 14-24.
[103] MS, AA VI 472, 25f.

IV.2.3 Liebe und Freundschaft in der *Vorlesung über allgemeine praktische Philosophie und Ethik*

Kants *Vorlesung über allgemeine praktische Philosophie und Ethik*[104] ist um 1773-1775 und damit etwa ein Jahrzehnt vor der *Grundlegung* entstanden. Im Mittelpunkt ihres Interesses liegt „das Verhältnis von Sinnlichkeit oder Gefühl und Vernunft auf der einen Seite und dem kategorischen Imperativ auf der anderen."[105] Die Überlegungen dieser Vorlesung zur Freundschaft werden hier entgegen der chronologischen Reihenfolge nach der *MS* behandelt, um sie auf das bisher Gesagte zu beziehen – sie werden also im Lichte der kritischen Schriften gelesen und interpretiert.

Liebe

Unter dem Kapitel „Von den Pflichten gegen andere Menschen" (c. III, *Officia erga alia*) thematisiert Kant auch die Freundschaft (*Von der Freundschafft*). Sie wird im Rahmen der Erörterung der Liebe behandelt, die im unmittelbar vorangehenden Kapitel (*c. II, Officia erga te ipsum*) wie später in der *MS* gemeinsam mit der Achtung angesprochen wird, da diese beiden einander je nach Perspektive ergänzen oder entgegenstehen:

> „Wir haben von der Natur zween Triebe, nach denen wir vom andern verlangen geachtet und geliebt zu werden; [...] Welche Neigung ist von diesen die stärkste? Die Neigung der Achtung. Die Ursache ist zwiefach: Die Achtung zielt auf unsern innern Werth, die Liebe aber nur auf den relativen Werth anderer Menschen; man wird geachtet, weil man einen innern Werth hat, man wird aber von andern geliebt, weil man in Ansehung ihrer vortheilhafft ist und ihr Vergnügen auf allerhand Art befördert; wir lieben das, was uns einen Vortheil zuwege bringt und achten das, was an sich einen Werth hat."[106]

Kant geht von zwei ursprünglichen Neigungen aus, die der Mensch in Bezug auf seine Mitmenschen hat: er strebt nach Liebe und nach Achtung der Mitmenschen, also nach genau jenen zwei Weisen der Anerkennung, die den Bedeutungskern der Freundschaft als Ideal in der *MS* bilden. Der Grund für einen Menschen, einen anderen zu lieben, ist dessen relativer Wert für den Liebenden, nämlich der Nutzen oder die Lust, die sich dieser von ihm verspricht; der Grund der Achtung eines Menschen hingegen ist

---

[104] Vgl. zur Entstehung der Vorlesung, des Manuskripts, Fragen der Einordnung in das moralphilosophische Gesamtwerk sowie zur Edition die Einleitung von Manfred Kühn, S. VII-XXXV sowie das Nachwort S. 371-407. Einige Aufsätze setzen sich mit der *VE* auseinander, z. B. Paton 1956, S. 46-66; McEvoy 1999, S. 403-435 (bes. S. 408-422). Horn 2008.

[105] *VE*, S. X (Einleitung von Manfred Kühn).

[106] *VE*, 339.

der innere – absolute – Wert des Geachteten als Mensch. Hier wird bereits die Unterscheidung zwischen relativem und absolutem Wert aus der *GMS*[107] und die Rückbindung der Achtung an letzteres (wie auch die Begründung der Würde der Person) vorgenommen. Ebenso fällt sogleich die Parallele zur aristotelischen Dreiteilung der Freundschaft auf, die Kant im folgenden Kapitel auch explizit macht.[108] Der relative Wert des Geliebten leitet sich allein aus der Perspektive des Liebenden ab, von seinen Bedürfnissen und der Einschätzung, dass der Geliebte (der zum Liebesobjekt wird) diese Bedürfnisse wird erfüllen können. Der absolute, innere Wert des Geachteten ist diesem unabhängig von den Neigungen des Achtenden inne – deshalb ist dieser zur Achtung verpflichtet, selbst dann, wenn er den Wert als Ursache der Achtung nicht schon *einsieht*.[109] Dagegen kann Liebe als Wohlwollen aus Neigung, genau wie in *MS*, niemals Pflicht sein.[110] Es gibt aber auch ein Wohlwollen, das *nicht* der Neigung entspringt:

> „Es kann aber auch Gütigkeit statt finden aus Grundsätzen. Demnach ist unser Vergnügen und Wohlgefallen am Wohltun anderer entweder ein unmittelbares Vergnügen, oder ein mittelbares Vergnügen. Das unmittelbare Vergnügen am Wohltun anderer ist die Liebe, das unmittelbare Vergnügen des Wohltuns, wo wir uns zugleich bewußt sind unsere Pflicht erfüllt zu haben, ist das Wohltun nach Verbindlichkeit. Das Wohltun aus Liebe entspringt dem Hertzen; das Wohltun aus Verbindlichkeit entspringt aber mehr aus Grundsätzen des Verstandes.“[111]

---

[107] GMS, AA IV 434, 31-435, 4: „Im Reich der Zwecke hat alles entweder einen Preis, oder eine Würde. Was einen Preis hat, an dessen Stelle kann auch etwas anderes als Äquivalent gesetzt werden; was dagegen über allen Preis erhaben ist, mithin kein Äquivalent verstattet, das hat eine Würde. Was sich auf die allgemeinen menschlichen Neigungen und Bedürfnisse bezieht, hat einen Marktpreis; das, was, […] einem gewissen Geschmacke, d. i. einem Wohlgefallen am bloßen zwecklosen Spiel unserer Gemüthskräfte, gemäß ist, einen Affectionspreis; das aber, was die Bedingung ausmacht, unter der allein etwas Zweck an sich selbst sein kann, hat nicht bloß einen relativen Werth, d. i. einen Preis, sondern einen innern Werth, d. i. Würde.“

[108] VE, 370 (vgl. S. 236).

[109] VE, 339f: „[…] die Liebe beruht auf dem Belieben anderer Menschen, es kommt auf andere an, ob sie mich lieben oder verstossen und hassen wollen. Wenn ich aber einen innern Werth habe, so werde ich von Iedermann geachtet, es kommt hier nicht auf jemandes Belieben an, sondern wer meinen Werth einsieht, der wird mich auch achten.“

[110] Explizit auch in Kant, VE, 350: „Liebe ist ein Wohlwollen aus Neigung, nun kann mir nichts zur Pflicht auferlegt werden, was nicht auf meinem Willen beruht, sondern auf meiner Neigung, denn ich kann ja nicht lieben wenn ich will, sondern wenn ich einen Trieb dazu habe.“

[111] Ebd.

Wenn wir anderen aus Verbindlichkeit (aufgrund von Grundsätzen des Verstandes und damit aus Pflicht)[112] mit Wohlwollen begegnen und ihnen wohltun und dies auch noch genießen, so, wie wir auch das Wohlwollen und Wohltun aus Neigung genießen, liegt ein Wohltun aus Verbindlichkeit vor, das doch von seiner Wirkung her mit der Freude der Liebe vergleichbar ist. Hinsichtlich des Gebots der Nächstenliebe wird weiterhin zwischen „Liebe des Wohlwollens" und „Liebe des Wohlgefallens" unterschieden; man ist jedem Menschen gegenüber zu „moralischem Wohlwollen", aber letztlich auch zur Liebe des Wohlgefallens verpflichtet, insofern jeder Mensch an der Menschheit partizipiert und dadurch über einen guten Willen verfügt, weswegen er unabhängig von seiner moralischen Auszeichnung als Individuum zu lieben ist.[113]

Freundschaft

Das Pendant zur moralischen Freundschaft in *MS* bildet in der *Vorlesung* die Freundschaft der Gesinnung, zu deren Erörterung sich Kant mit einer

---

[112] VE, 356: „Das Wohlwollen aus Liebe kann nicht gebothen werden, wohl aber das Wohlwollen aus Verbindlichkeit. Wenn wir aber einem wohlthun aus Pflicht, so gewöhnen wir uns daran, so daß wir es auch hernach aus Liebe oder aus Neigung thun." Auch der zweite Aspekt der Einübung wird in *MS* im Zusammenhang mit der Diskussion um die Nächstenliebe angesprochen (vgl. Zitat zu Anm. 75, S. 202) (dazu auch VE 360: „Es ist also das Geboth der Liebe gegen andere sowohl auf die Liebe aus Verbindlichkeit als auch aus Neigung eingeschrenkt; [...] durch die Uebung wird die Liebe der Verbindlichkeit zur Neigung.")

[113] VE, 357f.: „Alle Liebe ist entweder Liebe des Wohlwollens oder des Wohlgefallens. Die Liebe des Wohlwollens besteht im Wunsch und in der Neigung das Glük anderer zu befördern. Die Liebe des Wohlgefallens ist das Vermögen welches wir haben, an den Vollkommenheiten des Andern Beyfall zu beweisen. Dieses Wohlgefallen kann sinnlich und intellectual seyn. Alles Wohlgefallen wenn es Liebe ist muß doch vorhero Neigung seyn. Die Liebe des sinnlichen Wohlgefallens ist ein Gefallen an der sinnlichen Anschauung [...]. Die Liebe des intellectualen Wohlgefallens ist [...] gute Gesinnungen der Gütigkeit. Wenn es nun heißt, du sollst deinen Nächsten lieben, wie ist das zu verstehn? Nicht mit der Liebe des Wohlgefallens soll ich ihn lieben, mit solcher kann ich auch den grösten Bösewicht lieben, sondern mit der Liebe des Wohlwollens, das moralische Wohlwollen besteht aber nicht darin, daß man ihm wohl will, sondern daß man wünsche er möchte doch dessen würdig werden, und eben solche Liebe des Wohlwollens können wir auch gegen unsre Feinde haben [...] Allein an dem Menschen ist ein Unterschied zu machen zwischen dem Menschen selbst und seiner Menschheit, demnach kann ich ein Wohlgefallen an der Menschheit haben, ob ich gleich an dem Menschen kein Wohlgefallen habe. Ich kann ein solches Wohlgefallen auch am Bösewicht haben, wenn ich den Bösewicht und die Menschheit von einander unterscheide, denn auch in dem grösten Bösewicht ist noch ein Keim des guten Willens [...] Demnach kann mit Recht gesagt werden, wir sollen unsern Nächsten lieben, ich bin verbunden nicht allein zum Wohltun sondern auch zur Liebe gegen andere mit Wohlwollen und Wohlgefallen."

nahezu identischen Unterscheidung explizit auf die aristotelische Freundschaftseinteilung bezieht:

> „Die Freundschafft wird eingetheilt in die Freundschafft der Be-
> dürfniß, in die Freundschaft des Geschmaks, und in die Freund-
> schafft der Gesinnung."[114]

Die Nutzenfreundschaft, hier Freundschaft der „Bedürfniß", ist nach
Kant nicht nur die historisch älteste Form der Freundschaft, sondern
auch eine Komponente aller Freundschaften.[115] Interessant ist die Betonung der Zurückhaltung gegenüber dem Freund:

> „Die Freundschafft die sich so weit erstreckt daß man dem andern
> mit seinem Schaden hilft ist sehr selten, und ist sehr delicat und
> fein, die Ursache ist diese: weil man solches dem andern nicht an-
> muthen kann; das süsseste und delicate der Freundschafft sind die
> wohlwollende Gesinnungen, diese muß aber der andere nicht zu
> verringern suchen, weil das delicate der Freundschaft nicht darin
> besteht, daß ich sehe, in des Fremden seinem Geldkasten liegt auch
> ein Schilling für mich. Die andre Ursache aber ist: weil das Ver-
> hältniß geändert wird. Das Verhältniß der Freundschafft ist das
> Verhältniß der Gleichheit, wenn nun aber ein Freund dem andern
> mit seinem Schaden hilft, so ist er ein Wohltäter geworden und ich
> bin in seiner Schuld, ist dieses aber so bin ich dadurch blöd ge-
> macht und kann ihm nicht so dreist mehr unter die Augen sehen,
> also ist da schon das wahre Verhältniß aufgehoben und dann ist es
> keine Freundschafft mehr."[116]

Den Freund nicht unnötig mit seinen Bedürfnissen zu belasten gebietet
einmal die Rücksichtnahme und Höflichkeit: Er soll nicht bekümmert
werden durch meine Sorgen, auch soll ihm nicht das Gefühl gegeben werden, dass er ausgenutzt wird. Ein zweiter, wohl gewichtigerer Grund ist
aber die unbedingte Forderung nach der Gleichheit der Freunde, deren
Erschütterung mit einem Gesichtsverlust und dem Ende des Verhältnisses
einhergeht. Hier wird die in *MS* angesprochene Bedeutung der Distanz
deutlich, die dort als Distanz aus *Achtung* erklärt wird.

---

[114] Ebd.
[115] VE, 370ff: „Die Freundschafft der Bedürfniß ist, nach welcher die Personen in Ansehung ihrer Bedürfnisse des Lebens sich einander eine wechselseitige Vorsorge
vertrauen können. Dieses ist der erste Anfang der Freundschafft unter den Menschen gewesen. Sie findet aber nur in dem rohesten Zustande am meisten statt. [...]
Gleichwohl aber müssen wir doch in jeder Freundschafft diese Freundschafft der
Bedürfniß voraussetzen, [...] ich muß von jedem meinem wahren Freunde das Vertrauen haben, daß er mir meine Angelegenheiten zu besorgen im Stande wäre und
meine Bedürfniß befördern könnte [...]. Also das Vertrauen auf die Wohlwollende
Gesinnung des andern und auf die beystehende Freundschafft bey unsern Bedürfnissen wir vorausgesetzt; [...]."
[116] VE, 373.

Die Freundschaft des Geschmacks ist ebenfalls nur unter Gleichen möglich, doch tritt bei ihr als konstitutives Moment eine besondere Art von Differenz hinzu:

> „Die Freundschaft des Geschmaks ist ein Analogon der Freundschafft und besteht im Wohlgefallen am Umgange und wechselseitiger Gesellschafft und nicht an der Glükseligkeit des einen und des andern. Zwischen Personen von einerley Stande oder Gewerbe findet die Freundschafft des Geschmaks nicht so statt als zwischen Personen von verschiedenem Metier, so wird ein Gelehrter mit einem Andern Gelehrten in keiner Freundschafft des Geschmaks stehen, denn der eine kann dasselbe, was der andere kann [...]." [117]

Die Beziehung dieses Typs nimmt den anderen nicht in der Ganzheit seiner Person in den Blick, insofern es hier nicht um das Glück der Freunde geht; das gegenseitige Interesse ist mit dem angenehmen Umgang ein bloß partielles. Dieser Umgang gründet nun gerade *nicht* auf Gleichheit, er gewinnt seinen Sinn erst aus der Differenz der „Metiers", wie sich Kant ausdrückt. Eine gewisse Verschiedenheit der Temperamente, Charaktere und Talente bereichert dieses Verhältnis ohne Zweifel, nur verträgt es auch wieder nicht zu viel des Unterschieds. [118] Gleichheit besteht zwischen diesen Freunden hinsichtlich bestimmter Eigenschaften und hinsichtlich dessen, was sie in diesem Verhältnis suchen und finden; doch der Genuss bezieht sich durchaus auf je anderes: Der Unternehmer wird von der Intellektualität des Akademikers angezogen, der Akademiker ist fasziniert vom Geschick des Unternehmers.

Das Pendant zur aristotelischen Tugendfreundschaft, die Freundschaft „der Gesinnung", „des Sentiments", oder auch „der Empfindung" [119] ist schließlich allein „auf die aufrichtige reine Gesinnung gerichtet" [120]. Wie in *MS* gewinnt diese Art von Freundschaft ihre zentrale Bedeutung aus dem Aspekt des Vertrauens und der Offenbarung der persönlichen Gedanken und Urteile:

> „Es ist besonders daß wir wenn wir auch im Umgange und in der Gesellschafft stehn, doch nicht gäntzlich in der Gesellschafft stehn; in jeder Gesellschafft ist man zurückhaltend mit dem grösten Theil seiner Gesinnung, man schüttet nicht sogleich alle seine Empfindung seine Gesinnung und seine Urtheile aus. [...] jeder hegt ein Mißtrauen gegen andre worauf denn eine Zurückhaltung folgt [...] Wenn wir uns aber von diesem Zwange entledigen können, wenn

---

[117] VE, 373f.

[118] VE, 374: „[...] aber ein Gelehrter mit dem Kaufmann oder Soldaten kann wohl in der Freundschaft des Geschmaks stehen, wenn der Gelehrte nur kein Pedant und der Kaufmann kein dummer Kerl ist."

[119] Ebd.

[120] Ebd.

wir das was wir empfinden dem andern zukommen lassen, dann
sind wir gäntzlich in Gesellschafft. Damit also ein jeder von diesem
Zwange los werden könnte, so verlangt jeder einen Freund, dem er
sich eröfnen kann [...] Hierauf beruht also die Freundschafft der
Gesinnungen und der Geselligkeit. Hierzu haben wir einen grossen
Trieb [...]."[121]

Diese Art von Freundschaft ist letztlich „der gantze Zwek des Menschen,
was ihn seines Daseyns genüssen läßt"[122]. Die Spaltung einer Person in eine soziale und in eine private wird in der Freundschaft überwunden. Die
Offenheit gegenüber dem Freund findet ihre Grenze im „Anstand"[123] und
einer letzten Vorsicht (in Ansehung der Tatsache, dass ein Freund zum
Feind werden könnte[124]), dem Freund „alle seine Geheimnisse [anzuver-
trauen]"[125]. Die Bedingung einer solchen Freundschaft ist wiederum die
Gemeinsamkeit der Freunde in Bezug auf ihre Moralität:

> „Worauf beruht es denn bey der Zusammenpassung und Verbin-
> dung der Freundschafft? Hiezu wird nicht die Identitaet des Den-
> kens erfordert, im Gegentheil errichtet vielmehr die Verschieden-
> heit die Freundschafft, denn da ersetzt der eine das was dem an-
> dern fehlt. Aber in einem Stük müssen sie überein kommen. Sie
> müssen gleiche principia des Verstandes und gleiche principia der
> Moralitaet haben, dann können sie sich complett verstehen; sind sie
> darin nicht gleich, so können sie gar nicht mit einander einig wer-
> den, weil sie im Urtheil weit auseinander sind."[126]

Moralität bildet hier, wie in der moralischen Freundschaft der *MS*, den
Grund der Freundschaft und zugleich ihren eigentümlichen Zweck. Ihr
Wert macht sie wiederum zum Gegenstand der „Achtung"[127]. Ihr Sinn
liegt zunächst im persönlichen Glück, einen Freund zu haben, mit dem
der Austausch der innersten Gedanken und Urteile möglich und frucht-
bar ist, aber auch im vorliegenden Text deutet sich schon die Bedeutung
für die Menschheit als ganze an.[128] Die moralische Freundschaft der *MS*

---

[121] VE, 374f.
[122] VE, 375.
[123] VE, 376: „Die Vertraulichkeit betrifft nur die Gesinnung und die Sentiments, aber
nicht den Anstand, den muß man doch beobachten und seine Schwäche hierin zurück halten, damit nicht die Menschheit dadurch verletzt würde."
[124] VE, 380.
[125] Ebd.
[126] VE, 378.
[127] VE, 379.
[128] VE, 380f: „Allein man könnte doch von einigen sagen, daß sie Freunde von jedermann sind, wenn sie fähig sind mit jedermann Freundschafft zu machen. Solcher
Weltbürger giebts nur wenige, sie sind von guter Gesinnung [...] Diese Guthert-
zigkeit mit Verstand und Geschmak verbunden macht einen allgemeinen Freund
aus, dieses ist schon ein grosser Grad der Vollkommenheit. Aber die Menschen

erweist sich ebenso als ehrenvolle Pflicht, weil sie im Kleinen das „Reich der Zwecke" verwirklicht.[129]

IV.3 Moralität als Grund und Sinn der Freundschaft

Die kantische Willensfreiheit besteht in der Fähigkeit der Vernunft, aus sich heraus, unabhängig von sinnlichen Einflüssen, praktisch wirksam zu werden. Der Wille ist bei Kant durch sein formales Prinzip auf sich selbst bezogen.[130] Die Autonomie als praktische Freiheit ist die Bedingung der transzendentalen Freiheit, also der Willensfreiheit im Sinne der Fähigkeit zur spontanen Selbstverursachung.[131]

Zwischen den Überlegungen zur Freundschaft in der vorkritischen *VE* und jenen Paragraphen, die in *MS* die Tugendlehre beschließen, gibt es wichtige Gemeinsamkeiten: Freundschaft ist in ihrer Vollkommenheit eine unerreichbare Idee; der Grund der Freundschaft ist ein Bedürfnis des sittlichen Menschen; das Ziel der Freundschaft ist die Befriedigung dieses Bedürfnisses, die Offenbarung der Gesinnung, die sich in Gedanken und Urteilen ausdrückt. Es gibt aber auch entscheidende Unterschiede: In der *MS*-Diskussion taucht die klassische Dreiteilung der Freundschaft nicht mehr auf, hier konzentriert Kant sich auf die Freundschaft im eigentlichen Sinne, die in *VE* die des „Sentiments" heißt. In den Paragraphen der *MS* wird die philosophiehistorische Komponente der *Vorlesung* nicht mehr thematisiert.[132] Der vorkritischen Vorlesung fehlt hingegen die philosophische Basis der Erörterung der Freundschaft in *MS*. Zwar wird schon in der *Vorlesung* der Dualismus von individueller Zuneigung und allgemeiner Menschenliebe thematisiert, doch erst in *MS* wird dieser weiterentwickelt als Paarung von Liebe und Achtung in einer Beziehung, die, mehr als in Gefühlen, in Grundsätzen der Vernunft gründet.[133] Hier steht die Freundschaft am Schluss-

---

sind doch sehr geneigt besondere Verbindungen zu machen, die Ursache ist, weil der Mensch vom besondern anfängt und zum allgemeinen fortgehet und denn ist es auch ein Trieb der Natur. Ohne Freund ist der Mensch gantz isolirt. Durch die Freundschafft wird die Tugend im kleinen cultivirt."

[129] Korsgaard 2004, S. 220.

[130] Cicovacki 2001, S. 335.

[131] Guyer 2005, S. 135: „[...] the condition of autonomy is precisely that in which a free action of the will preserves and promotes free activity itself. In the sense of preserving the possibility of further free acts on the part of both the agent of the particular act concerned, as well as other agents who might be affected by his actions."

[132] Vgl. McEvoy 1999, insb. S. 417f und S. 429-432.

[133] Vgl. McEvoy 1999, S. 426f: „In the Lectures, self-love and the love of humanity are opposed as principles of action, yet are thought of as mixing in empirical friend-

punkt des Systems der Tugendpflichten und wird zu ihrem Höhepunkt – der geringe Umfang der Abhandlung lässt ihre Bedeutung nicht gleich vermuten.

Wie Aristoteles stellt auch Kant die Exklusivität echter freundschaftlicher Beziehungen fest. Versucht man, die Frage nach dem Grund der Ausschließlichkeit der Freundschaft mit Kant zu klären, erweist sich die Gesinnung des Freundes als ebenso entscheidend wie das Vertrauen, sich dem anderen zu offenbaren. Dieser willentliche Vollzug erfordert einen gewissen Mut und ist nur begrenzt zu realisieren. Dass X und nicht Y zum Freund wird, liegt dann zum einen an kontingenten Bedingungen[134], darüber hinaus aber an der Überzeugung, dass die mir gegenübertretende Person mir in meiner Sittlichkeit gleicht und sich als meiner Freundschaft würdig erweist. Weil ich als sittliches Subjekt dieser Person unterstelle, zur Moralität nicht nur fähig zu sein, sondern diese tatsächlich schon zu realisieren, ist sie mir ein Gegenstand der Achtung, die Entscheidung für diese Person folgt dem Urteil der Vernunft und dem Willen, eine Beziehung mit ihr einzugehen, ihr Vertrauen zu schenken und Achtung entgegenzubringen.[135] Mit der Forderung, von jenen Aspekten abzusehen, die auf Neigung beruhen, bleibt allerdings der

---

ships, whereas in the Metaphysical Principles of Virtue it is love (essentially a „physiological" inclination or feeling), and respect (coming from a maxim of reason), which are frequently regarded as being in tension. [...] We will not go far wrong if we conclude that in Kant's eyes friendship represented the highest human moral achievement, and was a way the highest expression of the moral duty to love others."

[134] Zu diesen kontingenten Bedingungen gehört zunächst die tatsächliche Begegnung, dann aber auch, dass, wie man im Deutschen sagt, „die Chemie stimmt" – ein Aspekt, den auch Wood (1999) anspricht: „If I am Paul's friend rather than Peter's, that is not because Paul seems more virtuous to me than Peter, nor is it because Paul and I are more alike in virtue. It is rather because I have somehow succeeded in developing a special relation of intimacy and mutual trust with Paul and not with Peter." (S. 276f.). Vgl. dazu auch Kapitel I.4.

[135] Vgl. Wood, Allen, Kant's Ethical Thought, Cambridge 1999, S. 277: „Moral virtue first enters into Kant's account of friendship *not* (as with Aristotle) through the fact that *you must be virtuous* for me to have a reason to wish you well. It enters instead through the perception that *I must seek to be virtuous and to act virtuously in relation to you* in order to be worthy of the trust and benevolence I hope you will show me as a friend." Wood betont, dass die tatsächliche Tugend des Freundes weniger entscheidend sei: das Wohlwollen der Freundschaft gründe eher in einer „'general love of humanity' (or rational philanthropy)" (S. 276). Dennoch bilde die Pflicht nicht den Grund des Wohlwollens (S. 277) – diese Einschätzung bezieht sich allerdings auf die *Vorlesung*. Wood verschränkt in seiner Interpretation die Aussagen von VE und MS ohne weitere Differenzierung.

Mensch in seiner Ganzheit außen vor, da sich die Achtung auf die Sittlichkeit des Freundes beschränkt.[136]

---

[136] Vgl. die Kritik von Fasching 1990: „Daß Kant alle mit der Praxis des Menschen zusammenhängenden Sinnansprüche [...] ausschließlich von der Ebene der Moralität her betrachtet, [...] erweist sich schon für die Erfassung des Sinns von Freundschaft als nicht genügend." (S. 156); vgl. auch S. 179: „Für die Fassung des kantischen Freundschaftsbegriffs ergibt sich damit die durchgängige Unausgewogenheit, einerseits systematisch die nicht zu vermittelnden Extreme von pathologischer und praktischer Liebe übersprungen zu haben und gerade darin dem „Wesen" der Freundschaft nahe gekommen zu sein, Andererseits aber durch „Reminiszenzen" an die nicht vollzogene Einheit zwischen Liebe und Achtung Aporien offen zu lassen, die in ihr immer schon gelöst sind."

V. SCHLUSS

Mit den Begriffen der Liebe und der Moral lassen sich zwei grundlegende Hinsichten der Freundschaft beschreiben, die bezeichnen, *worin* sie besteht und was sie *voraussetzt*: Freundschaft besteht wesentlich in gegenseitiger Liebe und einer wohlwollenden Haltung gegenüber dem Freund. Sie gründet in der Erkenntnis, dass der Freund ein guter (moralischer) Mensch ist; die Moralität der Freunde ist also die Voraussetzung der Liebe und zugleich das Prinzip ihrer Praxis. Der Freundschaft ist dabei eine gewisse Exklusivität eigentümlich: wir bezeichnen nicht jeden Menschen, den wir mögen, als Freund: Unter den vielen Kollegen, Bekannten und Begegnungen des Lebens sind es nur wenige, mit denen wir Freundschaft schließen, denn diese schließt einen regelmäßigen intensiven Kontakt genauso ein wie den wechselseitigen Austausch von freundschaftlichen Handlungen und Gütern. Das Thema dieser Arbeit war die Frage, wie die Wahl des Freundes zu erklären ist, warum ein Mensch eines anderen Menschen Freund wird. Ziel war es, mit Thomas von Aquin und Johannes Buridan die Antworten zweier mittelalterlicher Autoren auf diese Frage nach dem Grund der Freundschaft herauszuarbeiten.

Aristoteles: Das Problem der fehlenden Begründung der Freundschaft

Zunächst wurden wesentliche Aspekte der Freundschaftsdiskussion des Aristoteles in der *Nikomachischen Ethik* erörtert; dies war zum einen deshalb sinnvoll, weil Thomas' und Buridans eigene Konzeption sich in der Kommentierung ebendieses Textes entwickelten; darüber hinaus aber wird bei Aristoteles das Problem der fehlenden Letztbegründung der Freundschaft erstmals deutlich. Aristoteles nennt notwendige Bedingungen für Freundschaftsbeziehungen, deren wichtigste die Tugend des Freundes darstellt, er stellt aber nicht die Frage und vermag daher auch nicht zu erklären, warum unter mehreren Tugendhaften gerade der eine und nicht vielmehr der andere zum Freund wird. Dieser Fokussierung des Blickwinkels auf das Objekt der Freundschaft und seine Tugend, die es gerade nicht von anderen möglichen Objekten unterscheidbar macht, entspricht ein Willensbegriff, der sich im Wesentlichen auf die Wahl der Mittel beschränkt. Nach Aristoteles soll das menschliche Handeln durch die vernünftige Willenswahl zu einem freiwilligen Akt der Selbstbestimmung werden, allerdings erweisen sich die möglichen Objekte des Handelns als immer schon eingebettet in den Horizont eines vorgegebenen Ziels, das nicht mehr zur Disposition steht. Die aristotelische Willenswahl als überlegte Freiwilligkeit versteht sich noch nicht als spontanes, reflexives Wollen. Die Willenswahl entscheidet erstens nicht darüber, ob überhaupt gehandelt werden soll: Die Bejahung des eigenen Willens als solcher steht nicht infrage; zweitens ist sie in allen partikularen Zielen stets auf die

Glückseligkeit als letztes Ziel bezogen, über das sie nicht selbst entscheidet; das Ziel ist Gegenstand des naturalen Strebens. Die Aufgabe der Willenswahl besteht also darin, das richtige Mittel zum vorgegebenen Ziel zu wählen. Eine gelingende Freundschaft ist eines dieser mittleren Ziele, die dem Endziel der Glückseligkeit untergeordnet sind. Gleichzeitig wird ihr eine enorme Bedeutung für ein gelingendes Leben beigemessen: „[o]hne Freundschaft möchte niemand leben."[1]

Nach Aristoteles lieben die Freunde einander in der Tugendfreundschaft um ihrer selbst willen, sie lieben einer den anderen an sich, als den, der er ist und sie (an)erkennen diesen Freund als gut. Für Aristoteles besteht der Grund der Liebe zu einem anderen Menschen in seinem tugendhaften Charakter, der durch die Vernunft erkannt wird. Die Forderung, dass der Freund tugendhaft sein soll, ergibt sich aus der Tatsache, dass nur der Tugendhafte wahrhaft liebenswert sei und wahre Freundschaft nur unter Tugendhaften möglich wird. Damit erfordert Freundschaft eine Ähnlichkeit zwischen den Liebenden. Zwar kann auch zwischen Ungleichen eine Freundschaft enstehen, doch ein solches Verhältnis erweist sich als eine eher eingeschränkte Möglichkeit, da sie dem Unterlegenen ein hohes Maß an Leistung abverlangt, um das Würdigkeitsgefälle stetig auszugleichen – ein Ziel, das kaum erreicht werden kann, weshalb denn auch die Grenze dieser Freundschaft in einer (nicht näher definierten) *zu* großen Ungleichheit liegt.

Aus zwei Gründen sind echte Freundschaften nach Aristoteles selten: Erstens sind nur wenige Menschen wirklich tugendhaft, zweitens müssen die äußeren Umstände das Zustandekommen und die Pflege der Beziehung begünstigen. Letztere Bedingung ist unproblematisch, doch in der ersten Bedingung liegt das Problem, dass das Kriterium der Tugend auf mehrere tugendhafte Menschen zutrifft und die Wahl des Freundes nicht hinreichend begründet.

Nathalie von Siemens legt in ihrer Arbeit eine auf Aristoteles rekurrierende Begründung der Exklusivität von Tugendfreundschaften vor, die sich auf ebendiesen Sachverhalt bezieht und dabei auch auf den Aspekt der Ähnlichkeit der Freunde eingeht: Die Ähnlichkeit der Persönlichkeiten der Freunde wird bei ihr ebenso wie bei Aristoteles zur Bedingung der Entstehung von Freundschaften erklärt, entscheidend für die Wahl des Freundes ist aber nicht bloß eine Ähnlichkeit der Tugend, sondern eine Übereinstimmung der „Persönlichkeit"[2] der Freunde. Zur Tugend kommen „individuelle Komponenten"[3] hinzu, die diese einzigartig machen. Dass unter mehreren Tugendhaften der eine ganz bestimmte geliebt wird, liegt nach von Siemens an dieser Persönlichkeit. Damit zwischen zwei

---

[1] EN 1155 a5.
[2] Kap. I.4., Anm. 185.
[3] Vgl. Kap. I.4, Anm. 184.

Menschen eine Freundschaft zustande kommt, müssen sie nicht nur in ihren objektiven Eigenschaften, sondern auch in ihren individuellen Persönlichkeiten übereinstimmen. Von Siemens bestimmt mit dieser Lösung den Grund der Liebe wie Aristoteles im Geliebten und geht gleichzeitig über Aristoteles hinaus, indem sie zur Bestimmung des Freundes mehr sagen kann, als nur, dass er tugendhaft ist.

Thomas von Aquin: Der ganze Mensch als Sinn der Freundschaft

Die Überlegungen des Thomas von Aquin zur praktischen Vernunft wie auch zur Freundschaft nehmen ihren Ausgangspunkt bei der aristotelischen Ethik und gewinnen von ihr ihre wesentlichen Impulse. Thomas bestimmt den Willen als das Vermögen zu rational bestimmtem Streben. Der Wille erfährt seine Grundorientierung durch eine ihm innere, natürliche Ausrichtung auf ein Ziel. Das Gute im Allgemeinen (bonum in communi) bildet mit natürlicher Notwendigkeit die Zielursache jeder willentlichen Bewegung, das letzte Ziel besteht im uneingeschränkt Guten, das zunächst (mit Aristoteles) als Glückseligkeit bestimmt werden kann, die ihrerseits aber von Thomas in christlicher Perspektive auf Gott als den Inbegriff der beatitudo bezogen ist. Nicht notwendig ist die Wahl der Mittel, die zu diesem Ziel führen: Die Vernunft ermöglicht dem Menschen die Überlegung über das, was gut und daher zu tun ist, daher gründet die Wahl der Mittel für Thomas in einem freien Urteil.

Doch diese bedingte Freiheit des Menschen beschränkt sich nicht auf die Objektebene der Wahl der Mittel. Gemäß der aristotelischen Überlegung, nach der frei zu sein bedeutet, Ursache seiner selbst zu sein, realisiert sich für Thomas die Freiheit des Menschen nicht nur in der freien Wahl des Objekts; der Wille ist nach Thomas zudem seine eigene Bewegursache, weil sein Handeln aus einem principium intrinsecum hervorgeht und mit dem Wissen um das eigene Ziel verbunden ist. Allerdings wird das principium intrinsecum seinerseits nicht vom Willen selbst, sondern von Gott verursacht: der menschliche Wille steht in einem theologisch-spekulativ verstandenem Verhältnis zu Gott als erstem oder letztem Ursprung. Zwar kann sich das Wollen selbst zum Gegenstand machen, aber es muss sich selbst wollen, weil es sich als etwas an sich Gutes erkennt. Der Wille will sein Wollen damit ebenso mit Notwendigkeit, wie er das letzte Ziel immer schon will. Die einzige Möglichkeit einer Distanz zum letzten Ziel besteht in einer Abwendung des Willens vom Gewollten, in der bewussten Unterbindung des Gedankens an das Objekt; diese Möglichkeit aber bleibt abstrakt und nur auf den Moment bezogen, sie bedeutet nicht, dass der Wille das Objekt seines Wollens willentlich aufzugeben vermag.

Thomas stellt die Frage nach dem Ursprung der menschlichen Willensdynamik und geht schon mit dieser Frage über Aristoteles hinaus. Das erste Wollen, das jegliches Wollen als solches in Gang setzt, besteht in einem Impuls, der von Gott eingegeben wird. Gott ist dabei in dreifacher Hinsicht Ursache des menschlichen Willens: erstens hinsichtlich des Willensvermögens an sich (als *potentia animae rationalis*), mit dem Gott den Menschen ausgestattet hat; zweitens als Prinzip der Selbstbewegung dieses Willens; drittens hinsichtlich des ersten Ziels, das als *obiectum* des Willens die besagte Grundausstattung bildet; es ist das *bonum universale*, auf das Gott den menschlichen Willen ausgerichtet hat. Das *bonum universale* bildet die Voraussetzung dafür, dass der Wille überhaupt etwas anderes zu seinem *obiectum* machen kann.

Freundschaft ist eine durch die Vernunft bestimmte und insofern willentliche Liebe. In der Freundschaft kommt nach Aristoteles zum Streben nach dem Geliebten das Wohlwollen als das Wollen des Guten für den anderen um seiner selbst willen hinzu. Thomas spezifiziert diese Differenzierung; die aristotelische Dreiteilung der Freundschaft in Nutzen, Lust und Tugend wird bei Thomas zu einer Zweiteilung der Liebe. Die Unterscheidung zwischen verschiedenen Formen der Liebe ergibt sich zunächst aus dem Verhältnis von Liebe und Zweck: Das Gut, das man für sich oder einen anderen will, liebt man im Sinne des *amor concupiscentiae*, als Mittel. Denjenigen, *für den* man das Gut will, liebt man im Sinne des *amor amicitiae*. Eine zweite Differenzierung ergibt sich aus dem Selbstverhältnis, das im *amor amicitiae* problematisch wird. Jegliches Wollen, dessen Ziel nicht *ausschließlich* im geliebten Freund selbst liegt, sondern in einem anderen Gut oder *auch* in einem Gut für den Liebenden selbst, büßt seinen Status als *amor amicitiae* ein. Thomas fordert das strikte Absehen vom eigenen Gut und damit die Liebe zum Freund ausschließlich um seiner selbst willen. Damit spricht er der Freundschaft ein Eigenrecht jenseits aller Orientierung an einer religiösen Heilsdimension zu. Sozialität, wie sie sich in der Freundschaft vollzieht, ist Selbstzweck und das Ziel menschlicher Praxis überhaupt. In der Freundschaft findet der Mensch einen Sinn, zu dem ihn seine Natur befähigt und der seinerseits nicht nochmal auf eine weitere Erfüllungsperspektive verweist. Die Beziehung zum Freund wird nicht um des Heils willen gesucht, sondern weil sie dem menschlichen Leben hier und jetzt Sinn verleiht. Bei Thomas kann daher die Frage nach dem Grund der Liebe zum Freund im Kontext seiner Überlegungen zum *amor amicitiae* mit dem Begriff der Individualität beantwortet werden. X liebt Y um seiner selbst willen und als ganze Person, in seiner einmaligen Individualität, eben als ganzer Mensch. Die thomasische Vorstellung des menschlichen Willens schließt indes eine Begründung der Freundschaft in der Willensfreiheit aus; dieser Ausschluss versteht sich im Sinne einer Alternative zum Subjektgedanken als Prinzip des philosophischen Selbstverständnisses.

Unter dem Begriff der *caritas* beschreibt Thomas die theologische Perspektive der Liebe. Die *caritas* stiftet über das unmittelbare Verhältnis zwischen Gott und Individuum ein *universelles* Liebesverhältnis der Menschen zu sich selbst und zueinander, das jedoch stets an Gott rückgebunden bleibt. Zur *caritas* wird der Mensch vom Heiligen Geist bewegt, dennoch soll sie ein Akt des Willens sein, denn Liebe kann nach Thomas nur freiwillig sein. Die *caritas* erweist sich letztlich als ein ungeschuldetes Gnadengeschenk Gottes und auf Seiten des Menschen als naturale Ausstattung. Ebenso versucht Thomas, die *caritas* als zwischenmenschliches Verhältnis im menschlichen Willen zu begründen. Doch in der *caritas* wird die naturhafte Ausrichtung des Willes auf Gott im Zusammenwirken mit göttlicher Gnade entscheidend. Jegliche Liebe orientiert sich dann auf diese höchste Liebe hin. Das bedeutet, dass Gott als Ziel um seiner selbst willen geliebt wird, die Liebe zu jedem anderen aber auf diese Gottesliebe bezogen ist. Zwischen beiden Begriffen – *amor amicitiae* und *caritas* – besteht eine Differenz, die sich aus den verschiedenen Perspektiven erklärt, die Thomas einnimmt. Als *amor amicitiae* lässt die Liebe zum Freund den Sinn der *caritas* hinter sich, da in ihr jegliche Hinsicht auf ein zu erreichendes Heil ausßen vor bleibt; es gibt hier keinen Verweis und kein Motiv der Liebe außerhalb der Individualität des Freundes selbst, der Freund *ist* selbst das Gut, das hier geliebt wird.

Johannes Buridan: Freundschaft als Verhältnis aus Freiheit

Buridan geht von der Annahme eines freien Willens des Menschen aus und unternimmt es in seinem Kommentar zur *Nikomachischen Ethik*, diese Annahme mit einer philosophischen Argumentation zu belegen. Dabei erbringt er weniger einen Beweis dafür, *dass* der Wille frei ist, als eine Erklärung der Weise, *wie* der Wille frei ist, in welcher Weise sich einzelne Entscheidungen und auch das Wollen als solches konstituieren. Der Wille ist bei Buridan frei, weil ihm die Fähigkeit zur spontanen Selbstverursachung zu Eigen ist. Er kann sich selbst ohne weiteren Impuls von außen, einfach aus sich heraus, zu seinen Akten bewegen und bejaht mit jedem seiner Akte sein eigenes Wollen, das sich auch als das Endziel aller Praxis überhaupt erweist. Kennzeichen der Freiheit ist bei Buridan damit das Vermögen zur eigenen Kausalität. Im Willen wird Vernunft damit unmittelbar um ihrer selbst willen praktisch.

Die Gegenannahme eines determinierten Willens läuft nach Buridan sowohl den Glaubensgrundsätzen als auch der Selbsterfahrung zuwider; darüber hinaus verweist er auf die philosophische Tradition. Er führt daher Argumente ins Feld, die diese These widerlegen sollen: Ein Argument bezieht sich zunächst auf den christlichen Glauben an einen Gott, der den Menschen mit einem freien Willen und einem Gewissen ausgestattet hat. Mittelbar betrifft dieses Argument aber auch die politische Ebene, da ein

Zweifel an der Willensfreiheit auch das gesellschaftliche Wertesystem, das diese voraussetzt, mithin den moralischen Konsens gefährden könnte. Ein zweites Argument verweist auf die Tatsache der Selbstwahrnehmung: Die große Mehrheit der Menschen unterstellt sich selbst (und anderen) einen freien Willen, und eine Theorie, die dieser ureigenen Erfahrung jedes Einzelnen widerspricht, scheint wenig Überzeugungskraft und ethische Relevanz zu besitzen. Schließlich beruhen der moralische Konsens und die juristische Praxis bis heute maßgeblich auf der Annahme, dass wir grundsätzlich für unser Handeln die Verantwortung tragen. Buridan hat ein religiöses, mehr noch aber ein philosophisches Interesse an einer Plausibilität der Willensfreiheit: Er möchte einem radikalen Skeptizismus entgegentreten, der eine moralisch gerechtfertigte Praxis letztlich *ad absurdum* führt.

Zur Erörterung seines Freundschaftsbegriffes nimmt Buridan eine Ausdifferenzierung des *amicitia*-Begriffs vor. Freundschaft kann zunächst als *virtus modificativa* bestimmt werden, die die *passiones* reguliert; im engeren Sinne bezeichnet *amicitia* aber ein in der *ratio* wesentlich gründendes Verhältnis, das darin besteht, sich nach Maßgabe der Vernunft dem Geliebten ganz hinzugeben und den eigenen Willen auf diesen Freund auszurichten. Ziel und Grund der so verstandenen Freundschaft, die Buridan als *amicitia simpliciter* bezeichnet, ist der Freund um seiner selbst willen, die Anerkennung seiner Freiheit als seiner Befähigung zum Guten. Als Verhältnis, das sich durch seinen Bezug auf die Person des Freundes *ipsius gratia* auszeichnet, wird Freundschaft zum Inbegriff der Tugend, jegliche Tugend bestimmt sich dann dadurch, ob durch sie Freiheit realisiert wird. Das Verhältnis zum Freund ist als *amicitia* stets ein wesentlich in der Vernunft begründetes oder doch zumindest durch sie reguliertes; dies schließt keineswegs aus, dass die Freunde einander in gegenseitiger Zuneigung oder Liebe verbunden sind, jedoch ist entscheidend, dass diese Zuneigung, wenn das Verhältnis nicht eigentlich begründet (dann wäre es nur noch *amatio*).

Wesentliches Merkmal jeder Freundschaft ist die gegenseitige, offenbare *benevolentia* sowie *beneficentia*, die nach Maßgabe der *recta ratio* geleistet wird. Freundschaft besteht damit in dem um der Freiheit (als der Befähigung zum Guten) willen, d.h. in dem um des Guten willen sich vollziehenden Akt, weshalb nur gute, einander gleiche Menschen auf diese Weise miteinander befreundet sein können. Die Tugend (verstanden als moralische Einstellung) ist nicht nur eine notwendige Voraussetzung, sondern auch zugleich Grund und Ziel der Freundschaft. Tugendhaft zu sein heißt, das um seiner selbst willen Gute zu wollen; daher ist die Freundschaft, in der die Freunde einander um ihrer selbst willen als gute Menschen lieben, Realisierung von Tugend schlechthin. Neben dieser inneren Ebene der gegenseitigen Hingabe gemäß dem Wollen besteht

Freundschaft wesentlich in einer entsprechenden Praxis, im Zusammenleben (*convictum*) und in der Gewährung von Gutem (*communicatio bonorum*). Beide Aspekte (die Innen- sowie die Außenseite der Freundschaft) machen die Beziehung unter Freunden zu einem von Wechselseitigkeit geprägten Verhältnis, Wechselseitigkeit setzt aber ihrerseits die Gleichheit der Freunde voraus. Mit der Erkenntnis, dass sich die Freunde letztlich stets nur auf der inneren Ebene, in ihrer Freiheit also, gleich sind, stellt sich aber die Frage nach der Möglichkeit der Freundschaft zwischen Ungleichen als einer Herausforderung für die Normativität der Freundschaft.

Zwischen Ungleichen kann dort Freundschaft realisiert werden, wo gegenseitige, wohlwollende und wohltuende Liebe im Rahmen der jeweils individuellen Möglichkeit und nach Maßgabe der *ratio* besteht. In der Freundschaft zwischen Ungleichen lieben der Unterlegene und der Überlegene auf je andere Weise. Der Überlegene ist ob seiner Überlegenheit eher bereit und in der Lage, den Unterlegenen um seiner selbst willen zu lieben als umgekehrt der Unterlegene ihm diese Liebe entgegenbringen könnte. Zwar muss auch der Unterlegene den Überlegenen um seiner selbst willen lieben, er ist hierzu (als Unterlegener) sogar in höherem Maße verpflichtet, deswegen muss er aber nicht mehr tun. Der Überlegene aber ist dazu verpflichtet, mehr zu tun, weil er mehr tun *kann*. Mit der Beschreibung naturaler Verhältnisse am Beispiel der Vater-Sohn-Beziehung als einer Liebe unter der naturalen Bedingung der Ungleichheit spricht Buridan eines von zwei möglichen Ungleichheitsverhältnissen an: neben der sozialen ist es die naturale Struktur, in der wir mit anderen Menschen verbunden sind. Diese unterscheidet sich gerade von der sozialen dadurch, dass sie nicht eigentlich gestaltbar ist, sondern nur vorgefunden wird; dementsprechend kann ihr in der Freundschaft nur noch Rechnung getragen werden. Buridan führt hier die *amicitia humana* ein, deren Eigenheit darin besteht, zwar selbst in der Vernunft zu gründen, aber durch ebendiese Vernunft zu gewährleisten, dass keine Ansprüche an das Verhältnis gestellt werden, die die Beteiligten in ihrer natürlichen Ungleichheit überfordern würden. Das bedeutet konkret eine Rechtfertigung des Ungleichgewichts der Liebe und die Forderung an den Sohn als Unterlegenen, lediglich in höherem Maße dazu verpflichtet zu sein, den Vater zu lieben, jedoch nicht zur größeren Liebe verpflichtet zu sein, weil der Vater seinen Sohn mehr liebt als dieser ihn und mehr geben kann als er.

Das Ungleichheitsverhältnis zwischen Herrscher und Sklave erweist sich als beispielhafte Gegenüberstellung für jene zwei Aspekte der Freiheit, die beide zusammen für die Freundschaft konstitutiv sind und damit auch Buridans Antwort auf die Frage nach dem Grund der Entscheidung für einen bestimmten Menschen ergeben. Der Sklave wird als ein guter Mensch beschrieben, der durch einen Tyrannen in seine Gewalt gebracht wurde. In seiner Befähigung zum Guten ist der Sklave trotz seiner äußerlichen Unfreiheit doch ein freier Mensch; als solcher könnte er sich aus freien Stücken zur Freundschaft mit seinem Herrscher entschließen, und auch der Herrscher ist in seiner Befähigung zur Moralität ursprünglich frei, er unterliegt aber einer selbstverschuldeten Unfreiheit, insofern er ein Sklave seiner *passiones* ist. In dieser Konstellation erweist sich der Herrscher also als der eigentlich Unfreie und der Sklave als eigentlich frei; deshalb gibt es keine Gleichheit zwischen den beiden und damit auch keine Freundschaft. Die Freundschaft zum Tyrannen wäre ein Selbstwiderspruch der Vernunft, die nur Freiheit zum Ziel haben kann. Umgekehrt hat der Herrscher zwar den Körper des Sklaven in seiner Gewalt, nicht aber dessen Seele. Buridan verdeutlicht hier zum einen erneut die Voraussetzung der Freundschaft, die in der Freiheit als Befähigung zum Guten liegt; zum anderen zeigt er aber auf, dass Freiheit den Grund und das Ziel der Freundschaft bilden. Konstitutiv für die Freundschaft ist die freie Hingabe des Willens um des Freundes willen. Darüber hinaus wird bei Buridan deutlich, dass die äußeren Bedingungen – seien es naturale oder auch soziale – eine Grenze der Freundschaftspraxis und damit eine Grenze der Freiheit darstellen. Der Unterschied liegt im Grad der Gestaltbarkeit: bei naturalen Verhältnissen kann den Bedingungen nur Rechnung getragen werden, soziale Verhältnisse sind dagegen grundsätzlich veränderbar.

Immanuel Kant: Die Vergewisserung der Gesinnung als Grund der Freundschaft

Immanuel Kant identifiziert das moralisch Gute mit dem guten Willen und betont, dass Handlungen nur dann von moralischem Wert sind, wenn sie aus Pflicht, *nicht* aber aus Neigung, vollzogen werden. Das Prinzip einer Handlung aus Pflicht ist die Achtung vor der Gesetzmäßigkeit als solcher. In der von materiellen Triebfedern unabhängigen Bestimmung durch Gesetzmäßigkeit, die der kategorische Imperativ vorschreibt, liegt daher der eigentümliche Charakter des guten Willens. Wenn der Wille bloß als einem Gesetz unterworfen vorgestellt wird, dann erscheint er als passiv und unfrei. Doch der Wille gibt sich selbst dieses Gesetz und ist deshalb nur sich selbst unterworfen, also frei. Das Bewusstsein dieses Gesetzes ist nach Kant eine unhintergehbare Tatsache. Als Ursache seiner selbst als „sich gänzlich von selbst bestimmende Causalität"[4] besitzt er Freiheit im Sinne „eines Vermögens absoluter Spontaneität"[5]. Doch auch Kant berücksichtigt die Hinsicht der Zweckgerichtetheit von Handlungen, auch freie Handlungen, die dem Willen entspringen, sind zweckgeleitet. Analog zum (allerdings natural gegebenen) aristotelischen Endziel al-

---

[4]   KpV, AA V 48, 20.
[5]   KpV, AA V 48, 21.

ler Handlungen bestimmt Kant den letzten Zweck aller freien Handlung in Form einer Pflicht als die „[e]igene Vollkommenheit und fremde Glückseligkeit"[6].

Die Achtung bildet bei Kant das Motiv des guten Willens. Sie steht als vernünftige Einsicht in den Wert, der keinen Preis hat, der Liebe als Neigung geradezu entgegen, doch bildet die Verbindung von Liebe und Achtung in der Definition des kantischen Freundschaftsbegriffes als einer Idee. Achtung geht auf Menschen, *insofern* sie Personen sind. Die Achtung vor einem Menschen gilt seiner Person, d.h. seiner Vernunftbegabung und Moralität. Menschen hingegen sind auch das Objekt der Liebe. Im Gegensatz zur Liebe verdankt sich die Achtung der vernünftigen Einsicht in den Wert der Person, Achtung ist daher frei, Liebe hingegen ein unwillkürliches Gefühl. Um die Verbindung dieser Gegensätze in der Freundschaft näher zu erläutern, unterscheidet Kant zwei Arten von Liebe: einerseits Liebe als Neigung, als pathologische Liebe und andererseits praktische Liebe. Die pathologische Liebe als Zuneigung besteht ganz unwillkürlich oder eben nicht. Die praktische Liebe ist hingegen als eine Handlungsmaxime des Wohlwollens, auf die ein Wohltun folgt, zu verstehen. Sie kann geboten werden, weil sie kein unwillkürliches Gefühl ist, sondern eine Haltung aus Einsicht in die Pflicht gegenüber jedem Menschen als Person; die zweite Pflicht, die gegenüber allen Personen besteht, ist die Achtung.

Freundschaft als Idee, die zu erstreben eine Forderung der Vernunft ist, bestimmt sich bei Kant durch gleiche und wechselseitige Liebe und Achtung. Die Freunde werden gekennzeichnet durch einen guten Willen und begegnen einander mit guter Gesinnung. Was die Freundschaft in erster Linie zur Idee macht, ist die Forderung der Gleichheit in Bezug auf Liebe und Achtung. Ein weiteres Problem stellt grundsätzlich das Gefühl im Zusammenhang mit dem moralischen Verhältnis der Freundschaft dar; nur, wenn Freundschaft in der Vernunft gründet, kann sie sich als dauerhaft erweisen. Mit der moralischen Freundschaft beschreibt Kant hingegen einen Typ von Beziehung, der zwar selten vorkommt, aber doch realisierbar ist. Auf der Grundlage gegenseitigen Vertrauens bestimmt sich diese Beziehung durch die Offenbarung des Innersten der Freunde. Die Voraussetzung dieser Offenheit ist wiederum die Gleichheit der moralischen Einstellungen und der moralischen Urteile, die Moralität der Freunde bildet also zugleich den Gegenstand, den Grund und Ziel des Verhältnisses. Der Austausch der Gedanken, Urteile und Ansichten dient der Übereinkunft der Sittlichkeit. Die Entscheidung zur moralischen Freundschaft gründet daher in der Ver-

---

6   MS, AA VI 385, 32.

nunft (dem Urteil, das mein Gegenüber meine moralischen Einstellungen teilt) und erfordert keine *pathologische* Liebe.

Bereits in der *Vorlesung über allgemeine praktische Philosophie und Ethik* legt Kant ein Konzept von Freundschaft vor, das sich auf die aristotelische Freundschaftseinteilung bezieht. Im Mittelpunkt steht, als Pendant zur Tugendfreundschaft, die Freundschaft der Gesinnung oder auch des Sentiments, der Empfindung. Parallel zur Diskussion in *MS* wird die gegenseitige Offenbarung der Gedanken und Urteile zum bestimmenden Merkmal. Auch hier ist die Gleichheit in Bezug auf die Moralität die Bedingung des Verhältnisses und zugleich ihr Grund und ihr Zweck.

Moralität und Freundschaft: Buridan und Kant im Vergleich

Eine erste Gemeinsamkeit zwischen Buridan und Kant betrifft grundsätzliche Überlegungen zum menschlichen Willen und der Moralität: Beide nehmen an, dass allein der Wille (sittlich) gut ist. Entscheidend für die moralische Qualität einer Handlung ist nicht ihr Ergebnis, sondern ihr Ursprung, der in einem Willensakt liegt. Bei beiden Autoren bildet die Vernunft, die durch den Willen praktisch wird, die wesentliche moralische Instanz. Sowohl für Buridan als auch für Kant ist dieser Wille ganz wesentlich durch Freiheit bestimmt. Der Gesichtspunkt des moralischen Gesetzes, wie er bei Kant ausgeprägt ist, findet sich auch bei Buridan, wenngleich nicht in der Ausdrucksform, die bei Kant zu lesen ist; doch auch bei Buridan orientiert sich der Wille als praktische Vernunft an einem Vernunfturteil, das als solches von Allgemeinheit und Notwendigkeit gekennzeichnet ist und deshalb potentiell uneingeschränkte Verbindlichkeit hat; Kant drückt ebendiesen Aspekt in der Formulierung des moralischen Gesetzes aus, dem gegenüber wir aufgrund von Achtung verpflichtet sind und das uns unmittelbar in Form eines Imperativs zum freien Handeln (auf)fordert.

Für Buridan wie für Kant ist der Wille ganz wesentlich ein reflexives Vermögen, das aufgrund seiner Fähigkeit, selbst seine eigene Kausalität zu verursachen, als frei beschrieben werden kann. Aufgrund dieser Spontaneität befähigt der freie Wille zu einem Handeln, das sich unabhängig von sinnlichen Neigungen aufgrund vernünftiger Überlegungen gestalten lässt und den Menschen moralisch auszeichnet. Das letzte Ziel dieses Handelns liegt für Buridan in der Wahrung der Freiheit des Willens, also in einem selbstbezogenen Ziel, in dem das Glück besteht. Für Kant zielt der freie und daher moralische Wille letztlich auf „eigene Vervollkommnung" und „fremde Glückseligkeit" und damit auf eine größere Sinndimension. Beide Autoren stellen gleichzeitig die naturale Bedingung in Rechnung, unter der der Mensch steht; Triebe und Affekte sollen aber nicht der letzte Grund der Willensbestimmung sein. Letztlich sind Kants Überlegungen zur Freiheit des Willens im Rahmen eines philosophischen Systems zu verstehen, dessen archimedischer Punkt der Begriff des Subjekts bildet. Buridan steht diese die Neuzeit einleitende Perspektive wohl schon vor Augen, seine Analyse des Willensprozesses lässt das Bewusstsein der Bedeutung des Subjekts deutlich erkennen.

Die Analyse des kantischen Freundschaftsbegriffs ging von der Hypothese einer Parallele zwischen Willensfreiheit und Freundschaftsverständnis aus. Sowohl bei Buridan als auch bei Kant ist die Freundschaft eine moralische Institution, die zwar auch Zuneigung erlaubt, aber in erster Linie in der *vernünftigen* Einsicht der moralischen Güte der Person des Freundes fundiert wird. Das Wohlwollen als Folge dieser Einsicht und das vertraute und vertrauliche Zusammenleben bilden jeweils den Kern der Freundschaftserfahrung, beide betonen die Bedeutung der Gleichheit und der Wechselseitigkeit. Der Anerkennung der Freiheit des Freundes bei Buridan entspricht das, was Kant als Achtung vor der Würde des Freundes beschreibt. Sowohl für Buridan als auch für Kant ist Freundschaft die Realisierung von Sittlichkeit und auch der Grund des Verhältnisses, bei beiden Autoren wird Freundschaft zu einer Selbstvergewisserung der Moralität. Freundschaft begründet sich bei beiden in ihrem Entstehen im Subjekt und dessen praktischer Vernunft: Buridan formuliert explizit die Freundschaft als *„actus voluntatis"* und *„virtus"*, die sich *„secundum electionem"* vollzieht, bei Kant verweist schon der Begriff der Achtung auf den Ursprung des ihr entsprechenden Verhältnisses in der praktischen Vernunft. Buridan und auch Kant erkennen den normativen Anspruch, der sich mit der Freundschaft verbindet, bei Kant steht sie der Vernunft gar als „ehrenvolle Pflicht" als Aufgabe vor Augen. An diesem Punkt – der Problematik der Freundschaft zwischen Ungleichen – wird aber auch ein Unterschied zwischen den beiden Autoren erkennbar. Während die Herausforderung dieser Normativität bei Buridan in der Diskussion um die Freundschaft zwischen Ungleichen zu einem Ringen um eine universelle menschliche Fähigkeit (und schließlich zu deren Ausdruck) wird, spielt der Gedanke der Möglichkeit einer Beziehung unter der Bedingung des sozialen Gefälles für Kant keine Rolle, Kant stellt gar nicht die Frage nach den sozialen Verhältnissen, da die Anforderung der Gleichheit im Sinne eines Anspruchs zu verstehen ist, der nicht unter dem Einfluss äußerer Bedingungen gedacht werden kann.

Ganzer Mensch und moralische Person: Freundschaft bei Thomas von Aquin und Johannes Buridan

Mit Thomas von Aquin und Johannes Buridan sind in dieser Arbeit zwei nicht aufeinander abbildbare Konzeptionen zur Freundschaft vorgestellt worden, deren äußerliche Gemeinsamkeit zum einen in ihrer jeweiligen Vorlage, der *Nikomachischen Ethik* des Aristoteles, liegt, zum anderen in ihrer Zuordnung zur Epoche des Mittelalters. Vor dem Hintergrund der

Frage nach dem Grund der Entstehung einer Freundschaftsbeziehung, die letztlich eine Frage nach der Bedeutung des Individuums für die Freundschaft ist, wurde deutlich, dass Thomas die Liebe zum Freund und die Entscheidung für ihn mit der Erkenntnis der Güte des Freundes in seiner Ganzheit begründet. Der Freund wird als der geliebt, der er ist, und dies ist weit mehr als bloß seine Tugend. Die Vorstellung von der Einzigartigkeit und Würde des Menschen, aufgrund deren er über alle Tugendleistung hinaus geliebt wird, selbst, wenn nicht alles an ihr liebenswert erscheint, entspringt bei Thomas seinem christlichen Glauben. Andererseits transzendiert er die Implikationen der *caritas* gerade mit dieser Vorstellung: Die Liebe, mit der der Mensch in seiner Einzigartigkeit geliebt wird, sprengt den Rahmen einer bloßen Heilserwartung, der Sinn der Freundschaft erfüllt sich hier und jetzt. Der Ansatz des Thomas ist schließlich historisch bedeutsam als Alternative zum Verständnis der Freundschaft in neuzeitlicher und somit in gegenwärtiger Perspektive.

Bei Johannes Buridan steht der individuelle Mensch ebenfalls im Mittelpunkt der Begründung der Freundschaft. Als freie Person, als moralisches Subjekt, dem die Fähigkeit zum Guten unableitbar und unverletzlich gegeben ist, entscheidet der Einzelne sich in einem freien Akt des Willens für ein Individuum, d. h. für die Anerkennung seiner Freiheit. Dass diese Entscheidung unableitbar ist, heißt nicht, dass die Wahl beliebig wäre, im Gegenteil ist sie, weil sie aus Freiheit und um der Freiheit willen getroffen wird, wohlbegründet. Sie ist nicht voraussetzungslos, neben der Anerkennung der Freiheit ist eine gegenseitige Praxis, die die soziale Konstellation berücksichtigt, unabdingbar. Sie bleibt kontingenten Bedingungen unterworfen, die gerade nicht der Verfügbarkeit der Freunde unterliegen. Doch Buridan nimmt in einer Weise, wie es auch Thomas und Kant nicht tun, diese kontingenten Bedingungen in den Blick und zeigt, dass das Gestaltungspotential der Freundschaftsbeziehungen in ihrer Normativität auch unter den genannten Bedingungen genutzt werden kann. Die wichtige, grundsätzliche philosophische Übereinstimmung zwischen Thomas und Buridan liegt – bei allen in der Arbeit ausführlich dargelegten Differenzen – in der Hervorhebung des Individuums als des eigentlichen Akteurs und Grund der Freundschaftsbeziehung. Beide Perspektiven – die des Thomas, die zeigt, dass die Liebe sich auf den ganzen Menschen richtet, wie auch die des Buridan, die verdeutlicht, dass es die moralische Person ist, die sich aus Freiheit zur Freundschaft entscheidet – betonen die Bedeutung des Individuums für ein Verhältnis, in dem wir dem Freund im Bewusstsein seiner Einzigartigkeit so begegnen wie sonst nur uns selbst, weshalb es auch möglich und angemessen ist, ihn als *alter ipse* wahrzunehmen.

VI. LITERATUR

Quellen

Aristoteles: Ethica Nicomachea, rec. Ingram Bywater, Oxford 1894.

Aristoteles: Philosophische Schriften in sechs Bänden, Bd. 3: Nikomachi-sche Ethik. Nach der Übersetzung von Eugen Rolfes, bearbeitet von Günther Bien, Darmstadt 1995.

Aristoteles: Die Nikomachische Ethik, Griechisch-Deutsch, Übersetzt von Olof Gigon, herausgegeben von Rainer Nickel, Düsseldorf / Zürich 2001.

Buridanus, Johannes: Super decem libros ethicorum. Paris 1513. Unver-änderter Nachdruck, Frankfurt 1968.

Kant, Immanuel: Werke (Akademie Textausgabe). Bd. IV: Grundlegung zur Metaphysik der Sitten, Berlin 1968.

Kant, Immanuel: Werke (Akademie Textausgabe). Bd. V: Kritik der prak-tischen Vernunft, Berlin 1968.

Kant, Immanuel: Werke (Akademie Textausgabe). Bd. VI: Die Metaphy-sik der Sitten, Berlin 1968.

Kant, Immanuel, Vorlesung über Moralphilosophie, hrsg. Von Werner Stark, Berlin 2004.

Thomas von Aquin: Summa Theologica (Die Deutsche Thomas-Ausgabe). Herausgegeben unter der Leitung von P. Heinrich M. Christmann OP. Salzburg u. a. 1933ff.

S. Thomae Aquinatis Doctoris Angelici: Summa Theologiae. Pars Prima et Prima Secundae. Cura et Studio Sac. Petri Caramello, cum Textu ex Recensione Leonina, Turin 1986.

Sekundärliteratur

Allison, Henry E.: Kant's theory of freedom, Cambridge 1990.

Ameriks, Karl / Sturma, Dieter (Hrsg.): Kant's Ethik, Paderborn 2004.

Ameriks, Karl: Zu Kants Argumentation am Anfang des Dritten Ab-schnitts der Grundlegung, S. 24-54, in: Baumgarten / Held 2001.

Annas, Julia: The Morality of Happiness, Oxford 1993.

Baron, Marcia W.: Love and Respect in the Doctrine of Virtue, S. 391-407, in: Timmons 2002.

Baumgarten, Hans-Ulrich / Held, Carsten (Hrsg.): Systematische Ethik mit Kant, Freiburg 2001.

Betzler, Monika (Hrsg.): Kant's Ethics of Virtue, Berlin / New York 2008.

Bos, Egbert. P. und Krop, Henri A. (Hrsg.): John Buridan. A Master of Arts. (Acts of the second Symposium organized by the Dutch Society for Medieval Philosophy Medium Aevum on the occasion of its 15th Anniversary), Nijmegen 1993.

Brown, Stephen F. (Hrsg.): Meeting of the minds. The relations between medieval and classical modern European philosophy, Turnhout 1999.

Cassidy, Eoin G.: ‚He who has Friends can have no Friend': Classical and Christian Perspectives on the Limits of Friendship. S. 45-68, in: Haseldine 1999.

Cicovacki, Predrag: Zwischen gutem Willen und Kategorischem Imperativ: Die Zweideutigkeit der menschlichen Natur in Kants Moralphilosophie, S. 330-354, in: Baumgarten / Held 2001.

Cooper, John M.: Aristotle on Friendship, S. 302-340, in: Rorty 1980.

Cooper, John M.: Aristotle on the Forms of Friendship, in: The Review of Metaphysics Nr. 30, 1976 / 1977, S. 619-648.

Darge, Rolf: Habitus per actus cognoscuntur. Die Erkenntnis des Habitus und die Funktion des moralischen Habitus im Aufbau der Handlung nach Thomas von Aquin, Bonn 1996.

Di Muzio, Gianluca: Aristotle on Improving One's Character, in: Phronesis Nr. 45, 2000, S. 205-219.

Engelhardt, Paulus, (Hrsg.): Sein und Ēthos. Untersuchungen zur Grundlegung der Ethik, Mainz 1963.

Eucken, Rudolf: Aristoteles' Anschauung von Freundschaft und von Lebensgütern, Berlin 1884.

Fasching, Maria: Zum Begriff der Freundschaft bei Aristoteles und Kant, Würzburg 1990.

Fiedrowicz, Michael (Hrsg.): Unruhig ist unser Herz. Interpretationen zu Augustins Confessiones, Trier 2004.

Frierson, Patrick: Freedom and anthropology in Kant's moral philosophy, Cambridge 2003.

Geismann, Georg: Die Formeln des kategorischen Imperativs nach H. J. Paton, N.N., Klaus Reich und Julius Ebbinghaus, in: Kant-Studien 93, 2002, S. 374-384.

Ders.: Der Kategorische Imperativ – eine Leerformel? S. 197-206, in: ders. 2009.

Ders.: Über Pflicht und Neigung in Kants Moralphilosophie, S. 143-157, in: ders. 2009.

Ders.: Kant und kein Ende, Studien zur Moral-, Religions- und Geschichtsphilosophie Bd. 1, Würzburg 2009.

Guyer, Paul: Kant's system of nature and freedom, Oxford / New York 2005.

Haseldine, Julian (Hrsg.): Friendship in Medieval Europe, Phoenix Mill 1999.

Hedwig, Klaus: Alter Ipse. Über die Rezeption eines aristotelischen Begriffes bei Thomas von Aquin, in: Archiv für Geschichte der Philosophie Bd. 72, 1990, S. 253-274.

Held, Carsten: Kant über Willensfreiheit und Moralität, S. 124-161, in: Baumgarten / Held 2001.

Hill, Jr., Thomas E.: Die Bedeutung der Autonomie, S. 179-189, in: Ameriks / Sturma 2004.

Höffe, Otfried: Art. ,Freundschaft', S. 445-448, in: ders. 2005.

Höffe, Otfried: Aristoteles-Lexikon, Stuttgart 2005.

Höffe, Otfried: Praktische Philosophie. Das Modell des Aristoteles. Berlin[3] 2008.

Höffe, Otfried (Hrsg.): Immanuel Kant, Kritik der praktischen Vernunft, Berlin [2]2011.

Höffe, Otfried: Einführung in die Kritik der praktischen Vernunft, S. 1-20, in: ders. 2011.

Horn, Christoph: The Concept of Love in Kant's Virtue Ethics. S. 147-173, in: Betzler 2008.

Jones, Gregory L.: The Theological Transformation of Aristotelian Friendship in the Thought of St. Thomas Aquinas, in: The New Scholasticism. No. 61, 1987, S. 373-399.

Jordan, Stefan / Mojsisch, Burkhard (Hrsg.): Philosophenlexikon, Stuttgart 2009.

Keaty, Anthony W.: Thomas' Authority for identifying Charity as Friendship: Aristotle or John 15?, in: The Thomist. No.62, 1998, S. 581-601.

Klima, Gyula: John Buridan, Oxford 2008.

Kluxen, Wolfgang: Philosophische Ethik bei Thomas von Aquin, Hamburg [3]1998.

Korolec, Jerzy, B.: La Philosophie de la Liberté de Jean Buridan, in: Studia Mediewistyczne 15, 1974, S. 109-152.

Korsgaard, Christine: Die Konstruktion des Reichs der Zwecke. Gegenseitigkeit und Verantwortung in persönlichen Beziehungen, S. 213-244, in: Ameriks / Sturma 2004.

Kraut, Richard (Hrsg.): The Blackwell guide to Aristotle's Nicomachean ethics. Oxford 2006.

Krieger, Gerhard: Der Begriff der praktischen Vernunft nach Johannes Buridanus, Münster 1986.

Krieger, Gerhard: Die Stellung und Bedeutung der philosophischen Ethik bei Johannes Buridanus, in: Medioevo XII, 1986, S. 131-195.

Krieger, Gerhard: Subjekt und Metaphysik. Die Metaphysik des Johannes Buridan, Münster 2003.

Krieger, Gerhard, „Selig, wer Dich liebt und den Freund in Dir". Augustin und die Freundschaft, S. 41-58, in: Fiedrowicz 2004.

212

Krieger, Gerhard: Art. Johannes Buridan, S. 286f, in: Jordan / Mojsisch 2009.

Leppin, Volker: Thomas von Aquin, Münster 2009.

Maier, Anneliese: Metaphysische Hintergründe der spätscholastischen Naturphilosophie, Rom 1955.

McEvoy, James: Zur Rezeption des aristotelischen Freundschaftsbegriffs in der Scholastik, in: Freiburger Zeitschrift für Philosophie und Theologie No. 43, 1996, S. 287-303.

McEvoy, James: Friendship and the transcendental Ego: Kantian *Freundschaft* and Medieval *Amicitia*, S. 403-435, in: Brown 1999.

McEvoy, James: The Theory of Friendship in the Latin Middle Ages. Hermeneutics, Contextualization and the Transmission and Reception of Ancient Texts and Ideas from c. AD 350 to c. 1500. S. 3-45, in: Haseldine 1999.

McEvoy, James: Freundschaft und Liebe, S. 298-321, in: Speer 2005.

Meyer, Susan Sauvé: Aristotle on moral responsibility: character and cause, Oxford 1993.

Meyer, Susan Sauvé: Aristotle on the Voluntary, S. 137-157, in: Kraut 2006.

Michael, Bernd: Johannes Buridan. Studien zu seinem Leben, seinen Werken und zur Rezeption seiner Theorien im Europa des späten Mittelalters. 2 Bände, Berlin 1985.

Monahan, E.: Human liberty and the free will according to John Buridan, in: Medieval Studies 16, 1954, S. 72-86.

Mühlum, Christoph: Zum Wohl des Menschen. Glück, Gesetz, Gerechtigkeit und Gnade als Bausteine einer theologischen Ethik bei Thomas von Aquin, Bonn 2009.

Müller, Armin / Nitschke, August / Seidel, Christa: Art. ‚Freundschaft‘, in: Ritter, Joachim (Hrsg.): Historisches Wörterbuch der Philosophie, Bd. 2, Sp. 1105-1114, Basel 1972.

Özmen, Elif: Art. ‚Freundschaft‘, in: Kolmer, Petra / Wildfeuer, Armin G. (Hrsg.): Neues Handbuch philosophischer Grundbegriffe, S. 833-841, München 2011.

Pakaluk, Michael: Aristotle's Nicomachean Ethics. An Introduction, Cambridge 2005.

Paton, Herbert James: Kant on Friendship, in: Proceedings of the British Academy London Nr. 62, Oxford 1956, S. 46-66.

Pieper, Annemarie: Einführung in die Ethik. Tübingen [6]2007.

Pinckaers, Servais: Der Sinn für die Freundschaftsliebe als Urtatsache der thomistischen Ethik, S. 228-235, in: Engelhardt 1963.

Pironet, Fabienne: The notion of „non velle" in Buridan's Ethics, S. 199-219, in: Thijssen / Zupko 2001.

Pluta, Olaf: Einige Bemerkungen zur Deutung der Unsterblichkeitsdiskussion bei Johannes Buridan. S. 107-119, in: Bos / Krop 1993.

Price, A.W.: Love and friendship in Plato and Aristotle, New York 1989.

Rescher, Nicholas: Choice without preference. A Study of the History and the Logic of the Problem of ‚Buridan's Ass'", in: Kant-Studien 51, 1959 / 60, S. 142-175.

Rhonheimer, Martin: Praktische Vernunft und Vernünftigkeit der Praxis. Handlungstheorie bei Thomas von Aquin in ihrer Entstehung aus dem Problemkontext der aristotelischen Ethik, Berlin 1994.

Ricken, Friedo: Ist Freundschaft eine Tugend? Die Einheit des Freundschaftsbegriffs in der Nikomachischen Ethik, in: Theologie und Philosophie 2000, S. 481-492.

Ritter, Joachim / Pieper, Annemarie: Art. ‚Ethik',in: Ritter, Joachim (Hrsg.): Historisches Wörterbuch der Philosophie, Bd. 2, Sp. 759-809, Basel / Stuttgart 1972.

Ritter, Joachim / Spaemann, Robert: Art. ‚Glück, Glückseligkeit ', in: Ritter, Joachim (Hrsg.): Historisches Wörterbuch der Philosophie. Basel, Bd. 3, Sp. 679-707, Stuttgart 1974.

Römpp, Georg: Kants Kritik der reinen Freiheit. Eine Erörterung der ‚Metaphysik der Sitten', Berlin 2006.

Rorty, Amélie (Hrsg.): Essays on Aristotle's Ethics, Berkeley / Los Angeles 1980.

Rowe, Christopher / Broadie, Sarah: Aristotle – Nicomachean Ethics, Oxford 2002.

Schönecker, Dieter / Wood, Allen W.: Kants „Grundlegung zur Metaphysik der Sitten". Ein einführender Kommentar, Paderborn ³2007.

Schulz, Peter: Freundschaft und Selbstliebe bei Platon und Aristoteles: semantische Studien zur Subjektivität und Intersubjektivität, Freiburg 2000.

Seidel, Christa / Pongratz, Ludwig J.: Art. ‚Charakter ', in: Ritter, Joachim (Hrsg.): Historisches Wörterbuch der Philosophie, Bd. 1, Sp. 984-993, Basel / Stuttgart 1971.

Sère, Bénédicte: Penser l'amitié au Moyen Âge. Étude historique des commentaires sur les livres VIII et IX de l'Éthique à Nicomaque (XIIIᵉ-XVᵉ siècle), Turnhout 2007.

Sherman, Nancy: The fabric of character. Aristotle's theory of virtue. New York 1989.

Von Siemens, Nathalie: Aristoteles über Freundschaft. Untersuchungen zur Nikomachischen Ethik VIII und IX. Freiburg / München 2007.

Smith, A. D: Character and Intellect in Aristotle's Ethics, in: Phronesis Nr. 41, 1996, S.56-74.

Speer, Andreas (Hrsg.): Thomas von Aquin: Die *Summa theologiae*. Werkinterpretationen, Berlin 2005.

Städtler, Michael: Die Freiheit der Reflexion, Berlin 2003.

Stemmer, Peter / Schönberger, Rolf / Höffe, Otfried / Rapp, Christof: Art. ‚Tugend‘, in: Ritter, Joachim (Hrsg.): Historisches Wörterbuch der Philosophie, Bd. 10, Sp. 1532-1570, Basel / Stuttgart 1971.

Sturma, Dieter: Kant's Ethik der Autonomie, S. 160-177, in: Ameriks / Sturma 2004.

Sullivan, Roger J.: Immanuel Kant's moral theory. Cambridge 1989.

Thijssen, J. M. M. H. Hans / Zupko, Jack (Hrsg.): The Metaphysics and Natural Philosophy of John Buridan. Leiden / Boston / Köln 2001.

Timmons, Mark (ed.): Kant's Metaphysics of morals: interpretative essays, Oxford / New York 2002.

Urmson, James Opie: Aristotle's Doctrine oft he Mean, S. 157-187, in: Rorty 1980.

Utz, Konrad: Freundschaft und Wohlwollen bei Aristoteles, in: Zeitschrift für philosophische Forschung Nr. 4, 2003, S. 543-570.

Walsh, J. J.: Is Buridan sceptic about free will?, in: Vivarium 11, 1964, S. 50-61.

Whiting, Jennifer: Impersonal Friends, in: The Monist 1991, S. 3-29.

Whiting, Jennifer: The Nicomachean Account of Philia, S. 276-304, in: Kraut 2006.

Wood, Allen W.: Preface and Introduction (3-16), S. 21-35, in: Höffe 2011.

Wood, Allen, Kant's Ethical Thought, Cambridge 1999.

Zupko, Jack: Freedom of Choice in Buridan's Moral Psychology, in: Medieval Studies 1995, S. 75-99.

Zupko, Jack: John Buridan: portrait of a fourteenth-century arts master, Notre Dame, 2003.